Denise Uwimana-Reinhardt

Mit Gott in der Hölle des ruandischen Völkermords

Widmung

Ich widme dieses Buch den Opfern der Genozide in Ruanda und überall in der Welt, meinen lieben Eltern, meiner Schwiegermutter und den Verwandten, meinen drei Söhnen, die nur durch ein Wunder überlebt haben, sowie vier Waisenkindern und Wolfgang, meinem zweiten Traum-Mann. Danke für deine Liebe und Ermutigung. Sowie meinen lieben Schwestern, Brüdern und Kindern bei «Iriba Shalom».

Schalom!

In Erinnerung …

… besonders an meinen lieben ersten Mann, Charles: Ich werde dich im Himmel treffen, ebenso wie die liebe Tante Priscille, die Großeltern Ephraim und Damaris, Großonkel Seka Heka und Sefuku, die Cousinen Thérèse, Aline und Cousin Manasse.

… an die Freunde Viateur, Oscar, Consolée und an dich, lieber Onkel Josias, der du mir vor deinem Tod die Botschaft schriebst: «Er ist dein Gott, der vor deinen Augen große Wunder tut.»

Denise Uwimana-Reinhardt
(mit Johannes Pfründer und Wolfgang Reinhardt)

Mit Gott in der Hölle des ruandischen Völkermords

Sie war, was man eine Tutsi nannte.
Und sie war eine Christin. Mitten im Inferno wurde sie wundersam bewahrt.
Mit gutem Grund:
Auf sie wartete ein Auftrag der Liebe …

BRUNNEN
Verlag Basel · Giessen

Bibliografische Information der Deutschen Nationalbibliothek
Die Deutsche Nationalbibliothek verzeichnet diese Publikation in der Deutschen Nationalbibliografie; detaillierte bibliografische Daten sind im Internet über www.dnb.de abrufbar.

Umschlag: Spoon Design, Olaf Johannson, Langgöns
Foto Umschlag: Davide Mazzoran / Shutterstock.com
Foto hintere Umschlagseite: Lucian Coman / Shutterstock.com
Alle Fotos im Bildteil: Denise und Wolfgang Uwimana-Reinhardt
Satz: InnoSet AG, Justin Messmer, Basel
Druck: CPI – Ebner & Spiegel, Ulm
Printed in Germany

ISBN 978-3-7655-1552-1

Inhalt

1. Den Tod vor Augen

Samstag, 16. April 1994, 13.00 Uhr. Eine kleine Arbeitersiedlung der Zementfabrik CIMERWA (CIMENTS DU RWANDA) im äußersten Südwesten von Ruanda, nahe der Stadt Bugarama, im Dreiländereck, nur wenige Kilometer von der Grenze nach Burundi und dem Kongo entfernt. Ein sonniger, nachösterlicher Frühlingstag mit angenehmen Temperaturen. Es könnte ein gemütlicher, arbeitsfreier Samstag sein. Stattdessen wird dies der grausamste und unvergesslichste Tag meines ganzen Lebens. Der Horror ist kaum zu beschreiben. Immer wieder läuft er vor meinen inneren Augen ab …

«Komm, Denise! Ich bin noch am Leben», flüstert Manasse, mein Cousin, unter dem Bett.

Ich bücke mich und versuche, unter das Bett zu kriechen. Als ich den Boden berühre, liegt mein Körper im Blut meiner Verwandten. Ich versuche, mich seitlich zwischen dem Zementboden und dem Brett, auf dem die Matratze liegt, unter das Bett zu schieben. Aber es ist viel zu eng.

«Nein, ich kann nicht!»

«Bitte versuche es noch einmal!», ermutigt mich Manasse.

Mühsam quäle ich mich ein zweites Mal unter das Bett. Mein Puls pocht im ganzen Körper. Jeder einzelne Knochen schmerzt mich auf dem rauen Zementboden. Ich bin bemüht, meinen großen, runden Bauch vollkommen unter dem Bett zu verstecken. Das Baby kann jederzeit kommen. An meinem Rücken spüre ich die Wärme, die von Manasse ausgeht.

«Oh, Mann! Unsere Zeit ist gekommen!», hatte Wasiwasi vor neun Tagen gesagt.

Manasse sagt hinter meinem Rücken: «Warum bin ich unter dem Bett? Nur weil ich als Tutsi geboren bin? Gott, hilf mir! Wie geht es meiner Frau Valerie? Sie ist ebenfalls schwanger. Ich werde mein Baby niemals sehen! Oh, Gott! Ich lege meine Frau und mein Kind in deine Hände!»

Mein Cousin liegt völlig regungslos neben mir. Er getraut sich kaum zu atmen. Sein Herz klopft in Todesangst. Wir wissen, dass sie wiederkommen werden, früher oder später.

Manasse, der arme, war von Rwamatamu nach Bugarama umgezogen, um eine Arbeit in der Zementfabrik zu bekommen. Wegen einer Bestimmung, die der Volksgruppe der Hutu den Vorrang gab, konnte er seine Schule nicht beenden. Schon vor dem Völkermord wurden in Ruanda seit Jahrzehnten Tausende von Tutsi-Schülern benachteiligt. In der Zementfabrik arbeitete Manasse in der Abteilung, in der Säcke hergestellt wurden.

Bugarama ist ein fruchtbarer Ort. Viele Leute aus Gikongoro und Kibuye waren nach Bugarama umgezogen, um hier auf den Reisfeldern oder in der Zementfabrik zu arbeiten oder sonst wie Geld zu verdienen.

Sie werden uns suchen, und – da bin ich mir sicher – sie werden uns finden. Ich habe kein großes Vertrauen in dieses Versteck. Immerhin hat Manasse den ersten Angriff hier unter dem Bett überlebt. Er sagt mir, dass das meine einzige Chance sei. Das Haus zu verlassen wäre Selbstmord. Sie sind überall, auf der Straße, auf dem Nachbargrundstück, am Zaun. Wie ein Heuschreckenschwarm bedecken sie das Land.

Sie, das sind Fremde, Nachbarn, Kollegen, Menschen der Bevölkerungsgruppe der Hutu aus Ruanda und den umliegenden Gebieten. Sie haben sich versammelt, um uns Tutsi zu töten. Sie haben sich zu Milizen zusammengeschlossen und nennen sich «Interahamwe», was so viel wie «die gemeinsam kämpfen» bedeutet.

Die Nachmittagssonne spiegelt sich in dem dunklen Rot an den Wänden. Schmierige Schlieren und großflächige Spritzer glänzen wie frischer Nagellack. Überall Blut. Jetzt erst spüre ich die Feuchtigkeit um mich herum und unter mir. Mein Kitenge-Kleid hat sich längst mit dem Blut meiner Verwandten vollgesogen. Die Luft ist erfüllt vom Geruch des frischen Blutes. Sind sie alle tot?

«Jesus von Nazareth, hilf mir!»

Das ist die Stimme von Thérèse, meiner sechzehnjährigen Cousine. Sie lebt noch. Ihr Hilferuf geht in ein Stöhnen über und erstirbt. Ich getraue mich nicht, nach ihr zu sehen. Dann höre ich ein leises Klirren. Es klingt, als ob ein Windhauch die Kleiderbügel im Schrank leicht gegeneinanderstößt.

«Was war das?», flüstere ich kaum hörbar.

Manasse antwortet hauchend: «Der Student. Er hat sich im Schrank versteckt. Sie haben ihn nicht entdeckt.»

Epa, der siebzehnjährige Student, besuchte seine Verwandten in der Nähe. Als der Angriff der Interahamwe begann, tauchte er plötzlich in meinem Haus auf. Ich habe ihn nie zuvor gesehen.

Wir sind zehn Personen in meinem Haus: Manasse, 29, mein Cousin; Thérèse, sechzehn, und Aline, fünfzehn, meine Cousinen; Anselm, mein Schwager; die vierjährige Josiane; die Tochter von Gasore, eines Arbeitskollegen meines Mannes; der siebzehnjährige Samuel, der mir im Haus und im Garten hilft; Epa, der Student; meine beiden Kinder Fiston, vier Jahre, und Christian, eineinhalb Jahre, und ich, Sakina Denise Uwimana, 29.

Ich vermisse Charles, meinen Mann, so sehr. Vor elf Tagen habe ich ihn zum letzten Mal gesehen. Er arbeitet jetzt im Ministerium für Handel, Industrie und Bergbau und hatte über Ostern ein paar Tage Urlaub. Charles ist Tutsi, wie ich. Sein Leben ist ebenso in Gefahr wie meines. Er hatte, wie ich, in der Zementfabrik gearbeitet, wo wir uns auch kennenlernten. Er war im Oktober 1990 mit anderen intellektuellen Tutsi verhaftet und ins Gefängnis gesteckt worden, nur weil er Tutsi ist. Als er aus dem Gefängnis entlassen worden war, ließen ihn die Direktoren, allesamt radikale Hutu, nicht mehr in der Zementfabrik arbeiten. Sie wollten ihn nicht mehr sehen und wünschten seinen Tod.

Lebt mein Mann noch? Charles wohnt in Kamembe, wenige Kilometer vom Kivu-See entfernt, der Ruanda vom Kongo trennt. Charles kann schwimmen. Vielleicht kann er sich über den See in den Kongo retten? Ich hoffe, dass er zu meinen Eltern nach Bwegera im Kongo fliehen kann.

«Jesus von Nazareth, hilf mir!»

Thérèse lebt noch. Aber ihr Rufen klingt schwächer. Sie ist mehrere Male von einer Machete oder einem Schwert getroffen worden und verblutet langsam. Ich habe sie vor mir liegen sehen, als ich vor einer Stunde aus dem Badezimmer kam, wo ich mich eingeschlossen hatte, als der Angriff begann.

Was ist geschehen? Ich versuche mich zu konzentrieren. Das Grauen um mich her und die Todesangst in meinem Innern machen es mir schwer, einen klaren Gedanken zu fassen. *Oh, Gott! Was ist hier nur los?* Ich kann kaum mehr beten. Alles ist so schwer zu verstehen. Aber alles, was heute passiert, ist wahr, ist Wirklichkeit. Langsam nehmen die Ereignisse der vergangenen Minuten klare Formen in meinem Gedächtnis an.

Als der Angriff auf mein Haus erfolgte, kauerten wir uns alle im Flur auf den Boden. Wir hörten, wie die Milizen in die Luft schossen und die ersten Häuser der Tutsi in unserer Siedlung angriffen. Sie wollten in der ganzen Umgebung Angst und Schrecken verbreiten, damit es kein Hutu wagte, den Tutsi zu helfen. Wir befürchteten, dass sie zuerst Handgranaten ins Haus werfen würden. Im Flur fühlten wir uns am sichersten.

Aber dieses Mal gab es nirgendwo Sicherheit. Sie wollten uns eigenhändig töten und schlugen die Hintertür mit ihren Äxten ein. Das schrille Schrammen des berstenden Metalls, als die Stahläxte der Mörder in die mit Blech verkleidete Tür an der Rückwand des Hauses fuhren, gellt mir noch immer in den Ohren.

Als sie das Haus betraten, floh ich ins Badezimmer. Ich war innerlich tief verwundet und sagte zu Gott: «Oh Gott, du enttäuschst mich! Warum hast du mir nicht vorher gesagt, dass ich sterben muss und deine Braut sein werde? Dann hätte ich mich auf meinen Tod vorbereiten können. Stattdessen hast du mir versprochen, mich zu beschützen. Jetzt werde ich sterben und in den Himmel zu dir gehen. Dennoch enttäuschst du mich, weil du es mir nicht gesagt hast.»

Nachdem ich Gott meine Enttäuschung entgegengerufen hatte, verschwand meine Angst vor dem Tod. Ich spürte eine neue Kraft in mir und würde den Milizen entgegentreten.

Wenig später zertrümmerten die Interahamwe in wenigen Sekunden die Holztür zum Badezimmer mit ihren Stahläxten. Dann standen sie unmittelbar vor mir. Fünf Männer drängten sich in den winzigen Raum und behinderten sich dabei gegenseitig. Ich trat ihnen äußerlich ruhig und gefasst entgegen. Auf dem Rücken trug ich, in ein Tuch gebunden, meinen kleinen Christian. Meine Arme hielt ich verschränkt über meinem Bauch, der sich unnatürlich von meinem durch Hunger abgemagerten Körper abhob und in dem mein drittes Kind darauf drängte, das Licht einer unendlich grausamen Welt zu erblicken.

Einer der Angreifer hielt ein langes Schwert, von dem frisches Blut tropfte, in der Hand. Die Angst- und Todesschreie meiner Mitbewohner gellten mir noch in den Ohren. Die Mordwaffe blitzte direkt vor meinen Augen.

Ich blickte in ein von der grausamen körperlichen Schwerarbeit schweißnasses, wutverzerrtes Gesicht. Die tiefdunkle Haut des unbekleideten Oberkörpers und die weißen, böse funkelnden Augäpfel des Angreifers hatten etwas Dämonisches an sich. Er trug einen breiten Gürtel, an dem eine ganze Reihe von Handgranaten bei jeder seiner Bewegungen hin- und herschwangen und mit klackenden Geräuschen gegeneinanderstießen. Auf der nackten Brust kreuzten sich zwei Patronengurte, die lückenlos mit Gewehrmunition gefüllt waren. Die Bande brauchte nicht zu schießen. Sie verrichteten ihre Arbeit mit dem blanken Stahl und ließen ein Meer von Blut zurück.

«Wir werden dich töten!», bestimmte der Mann mit dem Schwert.

«Warum wollt ihr mich töten?», fragte ich und versuchte, meiner Stimme einen festen Klang zu geben. Ich war bereit zu sterben, aber ich würde mich nicht einfach abschlachten lassen.

«Du gehörst zu den Leuten, die Präsident Ndadaye von Burundi getötet haben.»

Das war schon im vergangenen Jahr geschehen. An seinen Worten erkannte ich, dass die Mörder in meinem Haus zu einer Hutu-Miliz aus Burundi gehörten, die in Ruanda lebten und sich dem Mordfeldzug der Hutu aus Ruanda angeschlossen hatten.

«Damit habe ich nichts zu tun. Ndadaye hat die Grenze für uns geöffnet, und wir konnten in Burundi einkaufen. Das hat uns geholfen. Ich würde niemals etwas gegen ihn unternommen haben.»

Nachdem Präsident Ndadaye die Grenze zu Ruanda geöffnet hatte, konnten wir, was vorher nicht möglich war, nach Cibitoke in Burundi fahren und dort auf dem Markt einkaufen. Dort gab es bessere Waren und eine größere Auswahl. Bugarama, wo wir lebten, war nur wenige Kilometer von der Grenze zu Burundi entfernt.

Während der Schwertträger kurz überlegte, drängte sich ein anderer nach vorn und rief: «Gib uns Geld!»

«Ich habe kein Geld. Nehmt alles, was ihr im Haus findet. Ich schenke es euch!»

«Wir wollen keine Sachen. Wir wollen Geld!»

«Tut mir leid. Ich habe kein Geld!»

«Dann musst du sterben!»

Der Mann hob seine Waffe. Ich spürte, dass er es ernst meinte, und beschwichtigte ihn: «Doch, ich habe Geld. Lasst es mich holen. Es ist in meinem Schlafzimmer.»

Die fünf Mörder hatten sich, soweit es ging, in das winzige Badezimmer hineingedrängt und sich dabei gegenseitig blockiert. Unter Fluchen, Schimpfen und gegenseitigem Stoßen schafften sie es schließlich, den Türrahmen freizugeben und an die Wand des Hausflures zurückzuweichen. Ich konnte zwischen ihnen hindurchgehen. Sie folgten mir dicht auf den Fersen.

Die Tür zum Schlafzimmer war halb offen. Gleich dahinter saß mein Schwager Anselm zusammengekauert bewusstlos auf dem Boden mit dem Rücken zur Wand. Er war schwer am Kopf verletzt, und die Wand war voll mit seinem Blut. Obwohl er sich nicht bewegte, lebte er vermutlich noch, als ich über ihn stieg, um an mein Bett heranzukommen. Neben ihm lagen Thérèse und Aline. Anselm und Thérèse waren über und über mit Blut verschmiert. Aline hatte keine sichtbaren Verletzungen. Wahrscheinlich war sie mit einer Keule niedergeschlagen worden. Die beiden Mädchen lagen stöhnend im Sterben.

Als ich meine Freunde in ihrem Blut liegen und die Agonie in ihren Augen sah, spürte ich die finstere Macht des Todes, die sich in meinem Haus festgesetzt hatte. Die fünf Mörder, die eine auch für Afrikaner sehr dunkle Haut hatten, waren dunkle Todesschatten, die in wildem Fanatismus alle ihnen verhassten Tutsi, die sie finden konnten, grausam abschlachteten. Später hörte ich, wie jemand sagte, dass alle Teufel der Hölle in diesen Tagen in Ruanda wüteten. Fünf dieser Teufel standen hinter mir, bereit, auch mich in Stücke zu hauen.

Unter meinem Kopfkissen hatte ich meine Rettungsmappe. Darin befanden sich meine Papiere und 170.000 Ruanda-Francs im Wert von 400 US-Dollar. Ich hatte die Hoffnung nicht aufgegeben, vor den Milizen in den Kongo fliehen zu können. Daher hatte ich den Milizionären die Existenz des Geldes verschwiegen. Schweren Herzens holte ich die Mappe unter dem Kopfkissen hervor und reichte das Geld dem Anführer der Gruppe. Die Summe bestand aus 5000-Francs-Scheinen, die sich die Mörder zu gleichen Teilen aneigneten.

Nachdem jeder seinen Anteil eingesteckt hatte, sagte der Anführer zu den anderen: «Reka sha! Ntaco atwaye! Macht euch keine Gedanken wegen ihr. Lasst sie in Ruhe!»

Die anderen waren nicht damit einverstanden, dass ich am Leben blieb. Einer rief: «Umugore w'umu Tutsikazi ga yemwe? Warum willst du, dass wir gehen? Sie ist eine Tutsi-Frau! Wir müssen sie töten!»

Der Mann hob sein Schwert gegen mich. Doch der Anführer hielt seine Hand fest und zog ihn nach draußen. Die anderen folgten den beiden.

Für kurze Zeit verlor ich das Bewusstsein. Als ich wieder zu mir kam und mich umschaute, begriff ich nicht gleich, ob das Blutbad um mich herum Wirklichkeit war oder nur ein böser Traum. Nachdem ich meine Sinne wieder einigermaßen beisammen hatte, blickte ich an mir hinab und wunderte mich, dass ich noch lebte. Schwach, vom Hunger gezeichnet und von der Schwangerschaft belastet, hatte ich die Kraft bekommen, den

Mördern entgegenzutreten. Dafür dankte ich Gott in meinem Herzen.

Die Mörder gingen in ein anderes Haus, um dort ihre grausame Arbeit fortzusetzen. Christian war die ganze Zeit still und regungslos auf meinem Rücken geblieben. Ich suchte Fiston, meinen ältesten Sohn, und Josiane. Sie befanden sich nicht unter den Toten und Schwerverwundeten. Ich ging mit Christian nach draußen, wo ich die beiden zusammen mit Samuel, meinem Hausgehilfen, erblickte.

Als Samuel mich sah, fuchtelte er mit den Armen und schrie voller Angst: «Mama Fiston!», so nannte er mich immer, da mein ältester Sohn Fiston heißt. «Mama Fiston! Geh ins Haus zurück! Sie sagten, sie kämen wieder, um dich zu töten. Ich will dich nicht vor meinen Augen sterben sehen!»

Ich gab Samuel den kleinen Christian und ging ins Haus zurück. Würde ich meine Kinder noch einmal sehen? Es brach mir das Herz, als ich sie bei Samuel zurückließ. Doch solange sie bei mir waren, schwebten sie in der größten Gefahr. Ohne mich hatten sie vielleicht eine Chance. In meinem Haus fand ich kein geeignetes Versteck, bis Manasse mich unter dem Bett hervor zu sich rief.

Inzwischen ist es dunkel geworden. Ich liege noch immer unter dem Bett, eingezwängt zwischen der Matratze, die von oben drückt, und Manasse, der neben mir liegt. Ich habe noch nicht wirklich begriffen, was mit mir und meinen Freunden geschieht. Träume ich das alles nur? Aber warum liege ich dann unter meinem Bett und nicht *in* meinem Bett und spüre, rieche und atme den Geruch des Blutes ein, in dem ich hier liege und das nicht mein Blut ist? Der Tod ist ganz nah, und er ist Wirklichkeit. Er hat mich bisher verschont. Aber wie lange noch?

Ich getraue mich nicht, mein Versteck zu verlassen. Die Mörder haben Samuel gesagt, dass sie wiederkommen werden, um mich zu töten. Ich fühle mich schwach und elend. Jetzt zu sterben wäre eine Erlösung. Doch ich darf nicht sterben, weil ich zwei kleine Kinder habe, die mich brauchen, wenn wir das alles überleben; dazu mein ungeborenes Kind, das ein Recht hat, zur Welt zu kommen. Ich spüre alle Knochen und sehnte mich danach, auf dem Bett anstatt unter dem Bett zu liegen. Dennoch versuche ich zu schlafen, was mir nicht gelingt.

«Jesus von Nazareth, hilf mir!»

Thérèse lebt immer noch. Ihr Hilferuf ist kaum hörbar. Dennoch verstehe ich jedes Wort, und ihr Klagen zerreißt mir das Herz. Würde ich nach draußen gehen, um Hilfe zu holen, wäre das mein sicherer Tod. Ich muss an meine Kinder denken, die mich brauchen. Also verhalte ich mich ruhig und versuche, meine unbequeme Position so gut wie möglich zu ertragen.

Im Haus ist es dunkel, keine Lampe brennt. Außer Thérèses Stöhnen und Manasses kaum hörbarem Atmen ist es im wahrsten Sinne des Wortes totenstill.

Draußen herrscht eine andere Welt. Mein Haus, eine Doppelhaushälfte, liegt an einer Erdstraße. Auf der anderen Seite befindet sich der Zugang zur Zementfabrik, in der ich arbeite und in der auch Charles gearbeitet hat, bevor er zunächst nach Kigali und dann nach Cyangugu versetzt wurde. Auf der Straßenseite, wo die Zementfabrik steht, befindet sich auch die Kantinenbar von CIMERWA, in der abends gerne ein oder mehrere Biere getrunken werden. Normalerweise erholen sich dort die Arbeiter der Fabrik von ihrem Tagwerk.

In dieser Nacht erholen sich dort die Interahamwe von *ihrem* Tagwerk. Sie machen sich keine Mühe, ihre Schandtaten geheim zu halten. Ganz im Gegenteil, sie brüsten sich ihrer Arbeit und singen laut ihre Kampflieder. Das Bier fließt dazu in Strömen. Am nächsten Tag werden sie wieder nüchtern genug sein, um ihr Mordhandwerk wohlüberlegt und systematisch weiterzuführen. Sie trinken nicht, um ungehemmt morden zu können, sondern sie trinken, nachdem sie nüchtern und überlegt gemordet haben.

Eingeklemmt unter dem flachen Bett klingen Wortfetzen an mein Ohr.

«… Inyenzi die Kehle durchgeschnitten, in Stücke gehauen, aufgespießt, gepfählt, aufgehängt, erschlagen …»

Mit Inyenzi, Kakerlaken, meinen sie uns Tutsi.

Einer der Mörder grölt so laut, dass es in der ganzen Nachbarschaft verstanden werden kann: «Wir werden alle Kakerlaken finden, ganz gleich, wo sie sich versteckt haben. Wir werden sie alle töten, in Ruanda und anderswo. Unsere Kinder werden uns fragen: Was ist ein Tutsi? Wir werden ihnen erzählen, dass es dieses Volk einmal gegeben hat, aber heute nicht mehr gibt.»

Beifallsgebrüll dringt durch die Nacht. Lautes Grölen unterstreicht die unbedingte Absicht, das Volk der Tutsi vom Erdboden auszuradieren.

Wieder wechselt das Singen von Kampfliedern, in denen wir Tutsi verhöhnt werden, mit hässlichem Lachen und wilden Sprüchen. Das geht stundenlang so weiter. Ich höre mich müde.

Plötzlich bin ich wieder hellwach. Mein Name ist gefallen.

«Morgen holen wir uns Denise. Auch der Manasse muss noch irgendwo hier stecken. Wir werden die beiden finden. Morgen werden sie sterben.»

Immer noch liege ich unter dem Bett im Blut und fühle mich unendlich müde und elend. Dann zerplatzt etwas in mir. Eine warme Flüssigkeit fließt aus meinem Unterleib. Die Fruchtblase ist geplatzt.

«Manasse, hilf mir! Ich muss hier raus. Hilf mir ins Bad!»

Ich kann mich kaum bewegen. Manasse hilft mir vorsichtig unter dem Bett hervor. Ich richte mich mühsam auf und schaue durch das gegenüberliegende Fenster zwischen den Vorhängen hindurch vorsichtig nach draußen. Einer der Arbeiter der Zementfabrik, den ich gut kenne, kommt gerade aus dem Haus meiner Nachbarin, und Freundin Goretti und trägt eine Matratze auf dem Kopf. Die Hutu sind dabei, die Häuser der Tutsi zu plündern. Gorettis Fenster haben keine Vorhänge mehr. Diese sind von den Plünderern schon mitgenommen worden. In ihrem Haus brennen alle Lichter, damit die Plünderer nichts von Wert übersehen.

Wo sind Goretti und die anderen Hausbewohner? Sind sie alle tot? Zum Glück brennt nirgends in meinem Haus ein Licht. Ich komme, von außen ungesehen, ins Badezimmer, wo ich mich wasche und neu einkleide. Die Wehen setzen ein, werden immer stärker und kommen dann in immer kürzeren Abständen. Was soll ich tun? Bald kommt das Kind.

Goretti wohnt im benachbarten Doppelhaus. In der Doppelhaushälfte neben ihr wohnt Marcel, ein medizinischer Assistent und Leiter der Krankenstation des Zementwerkes. Ich bitte Manasse, Marcel zu holen, damit er mir bei der Geburt hilft. Manasse geht vorsichtig aus dem Haus. Aber er kommt kurz darauf wieder zurück.

«Denise, überall wimmelt es von Interahamwe. Es ist unmöglich, zu Marcel zu gehen, ohne von ihnen gesehen zu werden.»

Ich weiß, dass die Interahamwe Manasse suchen. Sie kennen ihn persönlich. Viele Interahamwe sind Nachbarn von uns und Arbeiter der Zementfabrik. Wenn sie Manasse sehen, ist es um ihn geschehen.

Inzwischen ist es schon 3.00 Uhr am Morgen. Hinter meinem Haus ist das Quartier der chinesischen Ingenieure. Sie leben für sich in einem umzäunten Gelände, das normalerweise von Wachmännern und Hunden gesichert wird. Manasse hat am Vortag ein Loch in den Zaun geschnitten, damit wir notfalls dorthin flüchten können. Der Hutu-Direktor der Zementfabrik hat die Chinesen evakuieren lassen, um die Tutsi ungestört töten zu lassen. Viateur, der Ehemann von Goretti und Leiter der Autowerkstatt, hat die Chinesen nach Bujumbura, zur Hauptstadt Burundis, gefahren und ist danach wieder zurückgekehrt. Drei Tage später wird er ermordet werden …

Weil die Chinesen nicht mehr da sind, wird das Gelände nicht mehr bewacht. Ich schlüpfe durch das Loch im Zaun und verstecke mich in einem kleinen Bananenhain auf dem Gelände der Chinesen. Doch ich kann und will mein Kind nicht in dieser Umgebung und allein zur Welt bringen. Dann denke ich an meine Nachbarin, an Madame Kibuye und ihren Mann Kibuye, die wir so nennen, weil sie beide aus Kibuye kommen. Beide sind Hutu.

Kibuye wohnt direkt neben mir, in der zweiten Doppelhaushälfte. Ihr Mann ist nicht da. Die Frau arbeitet als Putzkraft im Muganza-Gesundheitszentrum. Ich hoffe, dass sie mir helfen kann.

Manasse hebt den Zaun aus Schilfrohr zum Nachbargrundstück etwas in die Höhe. Ich bücke mich und schlüpfe durch die Öffnung in den Garten hinter dem Haus von Kibuye. Es dämmert bereits, als ich an die Hintertür von Kibuyes Haus klopfe. Sie hört mich und fragt, wer da sei. Ich sage ihr, dass ich es sei, Denise.

«Was, du lebst noch, Denise? Aber ich kann dir nicht öffnen. Wenn ich dich hereinlasse und die Interahamwe es erfahren, töten sie mich auch.»

Ich antworte nicht und warte. Wenig später öffnet sie dann doch die Tür. Besorgt blickt sie mich an: «Kommt das Baby?»

Ich nicke. Zögernd lässt sie mich herein und wiederholt: «Ich habe gehört, dass sie dich suchen. Wenn sie dich bei mir finden, töten sie mich und dich. Ich werde dich verstecken.»

Kibuye holt zwei Hocker und stellt sie im Hausflur vorsichtig aufeinander.

«Steig rasch hier hinauf und versteck dich im Zwischenraum unter dem Dach!»

Ich blicke sie ratlos an und erwidere: «Schau mich an! Glaubst du, dass ich in der Lage bin, nach oben zu steigen? Jeden Augenblick kommt mein Kind.»

Gleichzeitig höre ich scharrende und knirschende Geräusche aus meinem Haus, das nur durch eine Wand von Kibuyes Haus getrennt ist. Plünderer sind am Werk. Sie stehlen meine Möbel, die sie schiebend und ziehend auf die Straße schleppen und in ihre nahen Häuser schaffen. Es sind unsere Nachbarn, mit denen wir viele Jahre in Frieden zusammengelebt haben …

Dann geht alles ganz schnell. In wenigen Minuten kommt das Kind in Kibuyes Gästezimmer am frühen Morgen des 17. April 1994, einem Sonntag, zur Welt. Die Nachbarin hilft mir, so gut sie kann. Das neugeborene Baby scheint sich der Gefahr vollkommen bewusst zu sein, in der es und seine Mutter schweben. Es stößt nur einen kurzen Schrei aus, lange genug, um seine kleinen Lungen zu entfalten, und nicht zu lange, um nicht die Aufmerksamkeit der Interahamwe zu erregen, die sich draußen auf der Straße tummeln. Danach ist das Baby vollkommen ruhig.

Um die Nabelschnur durchzutrennen, besitzt die Nachbarin nur ein angerostetes Messer, das sie zum Schneiden von Bananen verwendet. Sie hat das Messer nicht gereinigt. Es ist durch oxidiertes, schwarz gewordenes Bananenfleisch nicht nur ekelhaft anzusehen, sondern auch absolut unhygienisch. Zum Reinigen ist aber keine Zeit. Die Nabelschnur wird mit diesem grässlichen Besteck durchtrennt. Die Wunde entzündet sich später und braucht lange Zeit, um zu heilen.

Inzwischen ist es Tag geworden. Im Nachbarhaus, also in meinem Haus, wird weiter geplündert, und die Milizen werden auch wieder nach mir suchen. Kibuye beschwört mich, ihr Haus zu verlassen. Sie fürchtet um ihr eigenes Leben. Ich blute, und mir ist schwindlig. Ich kann kaum gehen und schon gar nicht fliehen.

Manasse ist durch die Plünderer aus seinem Versteck aufgeschreckt worden. Ohne ein Wort zu verlieren, kommt er in das Haus von Kibuye, sieht sich kurz um und entdeckt die aufeinandergestellten Hocker. So rasch er kann klettert er auf den Zwischenboden und versteckt sich unter dem Dach. Leider vergisst Madame Kibuye, die Hocker wegzunehmen.

Was soll ich tun? Jeden Augenblick können die Milizen eindringen. Da kommt mir eine Idee. Ich gehe zum Vorratsraum der Kibuyes und öffne die Tür so weit, dass ich dahinter gerade Platz habe. Hinter der halboffenen Tür kauere ich mich auf den Boden und lege mein soeben geborenes Baby an die Brust, damit es nicht schreit. Während ich in dieser unbequemen Stellung regungslos verharre, höre ich H., den Anführer der Miliz, der auch ein Angestellter der Zementfabrik ist, mit einem Polizisten vor dem Haus reden. Später erfahre ich, dass sie von einer Menschenmenge umgeben sind, in der sich auch meine beiden Kinder befinden.

H. ruft: «Wem gehören diese beiden Kinder?»

Er muss bei seinen Worten auf Fiston und Christian gedeutet haben, denn die Antwort kommt von verschiedenen Leuten:

«Das sind Denises Kinder!»

H. weist den Polizisten an: «Behalte die beiden im Auge!»

Danach fragt er in die Menge: «Hat sich jemand im Haus von Kibuye versteckt?»

Verschiedene rufen: «Nein, niemand!»

H. gibt sich mit dieser Antwort nicht zufrieden. Er ruft erneut: «Weiß jemand, ob sich in diesem Haus ein Tutsi versteckt hat?»

Schließlich höre ich eine Stimme antworten: «Ich habe gesehen, wie Manasse in diesem Haus verschwunden ist.»

Wenig später dringen die Milizionäre in Kibuyes Haus ein. Sie gehen durch den Vorratsraum, ohne mich hinter der halbgeöffneten Tür zu bemerken. Sie kommen in das Gästezimmer, in dem ich mein Baby zur Welt gebracht habe.

Einer ruft: «Was ist hier passiert?»

Keiner der Leute, die mit hereingekommen sind, will oder kann die Frage beantworten. Einige Hutu machen nicht bei der Mordjagd mit. Sie schützen uns, so gut sie können, ohne zu sehr ins Visier der Interahamwe zu geraten. Die Milizen kennen keine Gnade mit Hutu, die Tutsi schützen. Diese werden ebenso ermordet wie die Tutsi.

Sie sehen sich weiter um.

Einem Interahamwe fallen die aufeinandergestellten Hocker auf. Er blickt nach oben zu der Luke, durch die man in das Zwischendach gelangen kann, und ruft: «Da ist doch jemand hochgeklettert? Wer ist da oben?»

Die mit hereindrängenden Menschen rufen: «Manasse ist da oben!»

Sie rufen nach Manasse und sagen, er solle herunterkommen. Doch Manasse verhält sich vollkommen ruhig.

Nach einer Weile ruft der Polizist: «Geht alle aus dem Haus und bringt euch in Sicherheit!»

Die Interahamwe und die Schaulustigen verlassen das Haus und suchen Deckung. Der Polizist wirft eine Handgranate ins Haus. Sie rollt auf mein Versteck zu. Ich kann sie deutlich sehen.

Ich bete leise zu Gott und sage ihm, dass ich lieber durch eine Granate sterben will als durch eine Machete. Dabei drücke ich mein Baby an mich, schließe die Augen und halte den Atem an. Gleich wird mich die Explosion zerreißen, und ich werde bei Gott im Himmel sein.

Die Sekunden vergehen im Zeitlupentempo. Ich habe das Gefühl, dass die Zeit stillsteht. Gibt es so etwas wirklich? Die Zeit bleibt einfach stehen. Dann höre ich ärgerliche Stimmen.

«Was hast du gemacht? Das Ding explodiert nicht? Weißt du überhaupt, wie man eine Handgranate scharfmacht?»

Der Polizist antwortet wütend: «Halt deinen Mund! Ich weiß genau, was ich tue. Das passiert schon mal, dass eine Granate nicht explodiert. Aber das haben wir gleich.»

Eine weitere Handgranate fliegt durch die Luft, schlägt im Flur auf und kullert über den Boden. Jetzt kann mich nichts und niemand mehr retten. Ich schicke ein Stoßgebet zum Himmel und erwarte meinen Tod. Doch auch die zweite Granate explodiert nicht. Die Menge ruft wütend durcheinander. Einige machen den Polizisten verantwortlich, andere verlangen, dass man Manasse gewaltsam vom Dach holen muss.

Einer der Interahamwe sagt zu Madame Kibuye, der Frau, der das Haus gehört: «Wir gehen kurz weg. Aber wir kommen in ein paar Minuten wieder. Du passt auf, dass Manasse nicht entkommt!»

Ich sitze immer noch in meiner Kauerstellung hinter der Tür und habe einen Krampf im Bein. Madame Kibuye, die weiß, wo ich bin, kommt zu mir. Ich bitte sie, mich in die Küche gehen zu lassen, damit ich meine Beine ausstrecken kann. Die Küche ist ein separates kleines Gebäude hinter dem Haus im Garten.

Um nicht sofort erkannt zu werden, bitte ich Madame Kibuye um ein Tuch, das ich mir über Kopf und Oberkörper legen kann. Weil meine Kleider durchnässt von Blut sind, gibt sie mir eine frische Kitenge, das typische afrikanische Kleidungsstück. Dann schaut sie aus dem Haus, ob jemand von den Milizionären und der fanatischen Menge zurückgeblieben ist und das Haus beobachtet. Niemand ist zu sehen. Madame Kibuye lässt mich in ihre

Küche gehen, die sehr schmutzig ist und aussieht, als wäre sie noch nie aufgeräumt und geputzt worden.

Dort legt sie einen Sack auf den Boden und meint: «Du kannst dich hinlegen, bis der Krampf vorüber ist.»

Ich liege etwa eine halbe Stunde auf dem Sack. Meine Gedanken drehen sich im Kreis. Das Erlebte der letzten Stunden geht über meine Kraft, und ich beginne daran zu zweifeln, dass ich das alles wirklich erlebe. Doch die Wirklichkeit holt mich schnell wieder ein. Von der Küche aus sehe ich, wie die Interahamwe zurückkommen. Einer von ihnen, ich erkenne ihn, es ist V., ein junger Mann, der im Generatorhaus arbeitet, hat eine Lampe mit einem langen Elektrokabel dabei. Mit dieser Lampe wollen sie das Zwischendach nach Manasse absuchen.

Einige Schaulustige begleiten die Milizionäre. Darunter ist eine Frau, die mich in der Küche entdeckt und mit ernster Stimme zu mir sagt: «Denise, sie werden dich töten. Das haben sie mehrfach gesagt.»

Dann sieht sie mein Baby. Ihr Blick wird wärmer. Sie fährt fort: «Vielleicht verschonen sie dich, wenn sie diesen kleinen Engel sehen, den du in deinen Armen hältst?» Dabei schaut sie mein Baby zärtlich an.

Die Frau geht wieder nach draußen. Ich höre, wie sie ruft: «Tötet sie nicht! Sie hat gerade erst ein Baby bekommen!»

Ich höre den Polizisten antworten: «Wir werden sie nicht töten. Ich werde sie in die Krankenstation der Fabrik bringen.»

Dann wird die Tür zur Küche geöffnet. Die Frau, die mich entdeckt hat, kommt mit anderen herein. Sie sagen, dass sie mich in die Klinik bringen werden. Ich verstehe nicht, was hier vorgeht und warum sie mich plötzlich am Leben lassen. Sie hassen mich, weil ich eine Tutsi bin, und sie hassen auch unsere Kinder. Sie wollen das Volk der Tutsi ausrotten. Warum sollten sie ausgerechnet mich verschonen und mir sogar helfen?

Was soll ich machen? Sie haben mich entdeckt, und ich bin ihnen ausgeliefert. Es bleibt mir nichts anderes übrig, als mit ihnen zu gehen. Zum Davonlaufen ist mein Körper zu schwach und meine Seele zu leer.

Auf der Straße stehe ich plötzlich meinen beiden Kindern Fiston und Christian gegenüber. Josiane und Samuel sind auch mit dabei.

Meine Kinder rufen: «Mama, Mama!»

Sie wissen nicht, wie sie sich verhalten sollen.

Schließlich sagt einer der Interahamwe: «Lasst sie mit ihrer Mutter gehen!»

Ich stehe kraftlos mit meinen drei Kindern neben dem Polizisten auf der staubigen Erdstraße. Wie geht es jetzt weiter? Gibt es für mich eine Chance zu überleben, oder ist mein Tod bereits bestimmt und nur aufgeschoben? Ich versuche, nicht weiterzudenken. Josephine nimmt mein Baby in ihre Arme. Zwei Frauen stellen sich rechts und links an meine Seite und tragen mich, weil ich zu schwach bin, auf ihren Händen zur Klinik. Josephine nimmt mein Baby auf ihren Rücken.

Plötzlich erscheint eine Gruppe junger, wild aussehender Interahamwe, die sich aus dem Buschland einen Weg auf die Straße bahnen. Sie schleppen Francine mit sich, die ihr Baby auf dem Arm trägt und ein zweites kleines Kind an der Hand hält. Francine ist die Frau von Lambert, der auch in der Fabrik arbeitet und in unserer Nachbarschaft wohnt. Sie hatte sich mit ihren Kindern vor den Mörderbanden in einem Maniokfeld versteckt.

Die Milizionäre sind mit Macheten, Äxten, Schwertern und anderen Mordgeräten bewaffnet. Einige haben ihre Köpfe mit frischen grünen Bananenblättern bedeckt, die bis weit über ihre nackten Oberkörper herabhängen, wodurch ihre Gesichtszüge nur schwer erkennbar sind. Sie sind von der Suche im Busch über und über mit Dreck verschmiert und recken ihre Waffen grimmig und siegesgewiss in die Höhe. Damit wollen sie deutlich machen, dass sie zu allem fähig sind. Francine führen sie in ihrer Mitte. Sie packen sie grob an ihren Armen und ziehen sie auf die Straße, direkt bis zu uns. Sie denken wohl, dass der Polizist mich und meine Kinder zur Exekution abführt.

In diesem Augenblick kommt Celestin die Straße entlang. Celestin arbeitet wie ich in der Zementfabrik. Er wohnt ebenfalls in der Siedlung der Angestellten, nicht weit von mir entfernt. Celestin ist ein Hutu. Er war aktives Mitglied der MRND, der radikalen Hutu-Partei, die maßgeblich an der Planung und Ausführung des Völkermords beteiligt war. Als die Massaker begannen, wandte er sich von den radikalen Hutu ab, trat aus der Partei aus und wurde ein bewusster Christ.

Celestin ist ein großer, kräftiger Mann, der eine gewisse Autorität ausstrahlt. Er tritt auf den Anführer der jungen Milizionäre zu und fragt ihn mit fester Stimme: «Was macht ihr mit der Frau und den Kindern?»

«Wir haben sie im Wald gefunden, wo sie sich mit ihren Kindern versteckte. Jetzt werden wir sie töten. Sie muss sterben, wie all die anderen Kakerlaken auch.»

«Warum habt ihr sie nicht im Wald getötet?», fragt Celestin.

«Das wollten wir. Doch dann sahen wir den Polizisten, wie er die Frau mit ihren Kindern abführte. Wir dachten, dass …»

«Nichts habt ihr gedacht!», fährt ihm Celestin dazwischen. «Jetzt ist es zu spät. Ihr könnt sie hier nicht in der Öffentlichkeit töten. Überlasst das uns. Die Frau und ihre Kinder kommen mit uns.»

Celestin kann sich nicht offen gegen die Miliz stellen. Die Gefahr ist zu groß, dass sie ihn als Sympathisanten der Tutsi einstufen und ihn, was nach ihrer Meinung ihr gutes Recht ist, sofort töten. Celestin lässt sie in dem Glauben, dass er sich jetzt, zusammen mit dem Polizisten, um die Frauen und Kinder im Sinne einer «Endlösung» für die Tutsi kümmern wird.

Die Interahamwe blicken böse auf Celestin und den Polizisten und überlegen, ob sie Celestins Aufforderung nachkommen sollen. Celestins festes Auftreten muss sie beeindruckt haben. Sie geben Francine einen Stoß in unsere Richtung und verschwinden wieder im Buschland, um ihre grausame Suche nach versteckten Tutsi fortzuführen.

Ich bin so froh, Francine lebend zu sehen. Lambert, ihr Mann, war vor einer Woche zu mir gekommen und hatte mich gefragt, ob er mir seine Frau und die zwei Kinder bringen könnte, damit sie in Sicherheit sind. Ich hatte ihm gesagt, dass das keine gute Idee sei, weil mein Haus sicher ebenfalls angegriffen werden würde und wir damit rechnen mussten, ebenfalls getötet zu werden.

In diesem Augenblick führen die Interahamwe Manasse hinter das Eingangstor von Kibuyes Grundstück und schlagen ihn mit einer Keule nieder. Danach schneiden sie ihm den Kopf mit einem langen Schwert ab.

Inzwischen haben sie auch Epa, den jungen Studenten, im Schrank in meinem Schlafzimmer gefunden. Sie haben seinen Ausweis unter dem Fuß in seinem Schuh entdeckt und festgestellt, dass er ein Tutsi ist. Sie führen ihn auf die Straße. Ich kann nicht hinsehen, als die Milizionäre ihm die Kehle durchschneiden. Auch verstehe ich nicht, warum Manasse und Epa sterben müssen – und ich mit meinen Kindern am Leben bleibe.

Von den zehn Menschen, die in meinem Haus Zuflucht gesucht haben, werden fünf ermordet. Ich überlebe mit meinen Kindern. Mein Mann Charles wird in Kamembe, einer Stadt in der Präfektur Cyangugu, an der Grenze zum Kongo, ermordet. Aber das erfahre ich erst sehr viel später.

2. In ständiger Todesangst

Sonntag, 17. April 1994. Wie am Vortag ist es wieder angenehm warm. Das Wetter kümmert sich nicht um das blutige Geschehen in unserer kleinen Siedlung. Die Sonne scheint, als ob nichts geschehen wäre.

Von meinem Haus bis zur Firmenklinik sind es gerade einmal zweihundert Meter. Wir gehen durch ein Tor, das zur Kantinenbar der Zementfabrik führt. Direkt neben der Kantine befindet sich eine Reihe kleiner, strohgedeckter Unterstände. Hier sitzen normalerweise die Arbeiter nach Feierabend, trinken ihr Bier und essen Fleischspießchen. Jetzt ist hier niemand zu sehen.

Das nächste Gebäude ist die firmeneigene Krankenstation. Als wir dort ankommen, erlebe ich eine freudige Überraschung. Meine totgeglaubte Nachbarin und Freundin Goretti befindet sich, zusammen mit ihrer Tochter Diane, bereits dort. Die Freude wird getrübt, als ich sehe, dass Diane mit einer Machete am Arm verwundet worden ist, und erfahre, dass Gorettis Mann Viateur und ihr Sohn Fiston ermordet worden sind. Gorettis Sohn Kim konnte fliehen und sich in Sicherheit bringen.

Später erfahre ich, wie Kim fliehen konnte. Einer der Milizionäre hatte von ihm wissen wollen, wo sein Vater Geld versteckt hatte. Kim hatte gesehen, wie sein Vater und sein Bruder ermordet worden waren, und wollte zunächst durch den Hintereingang fliehen. Dann hatte er eine bessere Idee und forderte die Milizionäre auf, ihm zu folgen; er würde sie zu dem Geld führen. Kim wählte einen verschlammten Pfad, der auch noch unter Wasser stand und somit sehr schlüpfrig war. Anfangs ging er langsam voran. Doch plötzlich rannte er los. Die Milizionäre versuchten ihm zu folgen, rutschten aber einer nach dem anderen aus und fielen in den Schlamm, so dass Kim entkommen konnte.

In der Klinik treffe ich noch andere Tutsi-Frauen, die schlimme Dinge erlebt haben. Unter ihnen befindet sich Pascasie, Samuels Frau, die mit ihrem ersten Kind schwanger ist. Sie war nach dem Tod ihres Mannes hierher gebracht worden. Azera, auch eine Tutsi-Frau, die ich hier antreffe, ist schon alt. Francine hat auch so schon viel Schlimmes durchgemacht, als sie mit mir auf der Krankenstation ankommt. Später, im Nyarushishi-Camp, stirbt auch noch ihr Baby.

Ich sehe, dass die schwangere Goretti mit einer Machete schwer am Kopf verwundet worden ist. Durch den Schock stirbt ihr ungeborenes Baby und bleibt noch zwei Wochen leblos in ihrem Körper.

Ich frage Goretti, wie sie es geschafft hat, in der Nacht hierherzukommen. Sie erzählt mir, dass ein Mann mit dem Spitznamen Rupaca in der vorigen Nacht zu ihr gekommen war und sie zur Krankenstation geführt hatte. Goretti hofft, dass Marcel, der Leiter der Krankenstation, ihre Wunden behandeln kann. Aber das ist zunächst nicht möglich.

Sandra, die Tochter von Jean Bapfakurer, dessen Großeltern

Nachbarn meiner Eltern in Bwegera sind, ist ebenfalls hier. Sandras Mutter und ihre beiden Brüder sind ermordet worden. Ihr Vater konnte fliehen. Sandra wurde schwer verwundet unter den Toten auf dem Daihatsu-Transporter gefunden und hierhergebracht. Ihr Bauch ist so sehr zerschnitten, dass die Därme zu sehen sind. Sie fragt nach Wasser, und ich gebe ihr zu trinken.

Furaha, die Tochter von Oscar und Consolée, denen ich so viel verdanke und die ebenfalls beide tot sind, ist auch hier, zusammen mit ihren beiden Schwestern Mapendo und Ruth. Furaha hatte zunächst bewusstlos unter den Toten auf einem Transporter gelegen. Als die Leichen in den Fluss geworfen wurden, kam sie zu sich und rief nach Wasser. Marko kam gerade vorbei und bat die Interahamwe inständig, Furaha nicht lebendig in den Fluss zu werfen. Erstaunlicherweise gaben sie nach und erlaubten, dass Furaha in die Krankenstation gebracht wurde.

Als ich erfahre, dass die Kinder von Oscar und Consolée im Zimmer nebenan untergebracht sind, gehe ich sofort zu ihnen, um sie zu sehen und ihnen zu zeigen, dass ich noch am Leben bin. Furaha hat eine tiefe Macheten-Wunde am Kopf, aber sie kann reden.

Sie erzählt: «Als die Interahamwe unser Haus angriffen, sagte Vater, dass wir sterben müssen. Er sagte, wir sollen für die Milizionäre beten. Und er sagte, wir sollen auch für dich, Denise, und für deine Kinder beten, weil dein Mann Charles nicht da ist und du allein mit deinen Kindern bist. Als wir mit Beten fertig waren, schlugen die Interahamwe die Türe ein und töteten meine Eltern.»

Ich erinnere mich an Oscars Worte, als er nachts zu uns zu Besuch kam. Seine Stimme klang leer und hoffnungslos, als er sagte: «Die Hutu-Milizen werden uns ausrotten!»

Diese Hutu-Milizen haben, aus welchen Gründen auch immer, unser Leben vorerst verschont. Wir wissen, dass diese kleine Klinik uns keine wirkliche Sicherheit bieten kann. Unsere Ermordung ist aufgeschoben, aber nicht aufgehoben.

Zusammen mit Goretti, ihrer Tochter Diane, Francine mit ihren zwei Kindern, der älteren Frau Azera, Pascasie, meinem Hausboy Samuel und Josiane werden ich und meine Kinder Christian, Fiston und Petit in einem kleinen Raum untergebracht.

Die schrecklichen Ereignisse verwirren auch die Kinder. Mein vierjähriger Sohn Fiston fragt mich: «Mama, ist das das Ende der Welt?»

Ich kann ihm keine Antwort auf diese Frage geben und leide wie er unter der aussichtslosen Lage.

In meinen Gedanken gehe ich zehn Tage zurück.

Am 7. April 1994, morgens um 6.00 Uhr, schaltete ich das Radio ein, um die Nachrichten zu hören. Doch es wurde nur klassische Musik gespielt. Nicht einmal die seit vier Jahren übliche Propaganda gegen uns Tutsi wurde an diesem Morgen gesendet. Mich überkam eine unbestimmte Furcht. Etwas Schreckliches musste geschehen sein.

Ich ging aus dem Haus und trat an den Zaun, der mein Grundstück von dem meiner Nachbarin Goretti trennte, und rief nach ihr. Sie kam auch gleich aus ihrem Haus und sagte, dass Habyarimana, der Präsident Ruandas, ermordet worden sei. Sein Flugzeug war beim Landeanflug auf den Flughafen von Kigali, der Hauptstadt Ruandas, mit einer Rakete abgeschossen worden. Sofort wurden die Tutsi beschuldigt, das Attentat an dem Hutu-Präsidenten verübt zu haben.

Diese Theorie hielt sich auch noch viele Jahre nach dem Völkermord. Erst sehr viel später konnte durch verschiedene internationale Untersuchungen, zuletzt von französischen Experten, minutiös bewiesen werden, dass Habyarimanas Flugzeug, in dem auch der Präsident Burundis saß, von einer Militärbasis aus von einer Hutu-Einheit abgeschossen worden war.

Der Präsident hatte sich, wenn auch widerwillig, unter dem internationalen Druck um Einheit und Frieden zwischen den verfeindeten Gruppen im Land bemüht. Das war den radikalen Hutu, die in der Armee dominierten, ein Dorn im Auge. Sie wollten keine Versöhnung. Sie wollten die Vernichtung aller Tutsi. Habyarimana war ihnen dabei im Weg.

Ich hatte große Angst und ging sofort in mein Haus zurück. Mein Gartentor war noch von der Nacht her mit einem Vorhängeschloss verriegelt. Wenig später kam eine Horde von Arbeitern der Zementfabrik vor mein Gartentor. Wüste Rufe waren zu hören. Sie rüttelten an dem Tor, konnten es aber nicht öffnen. Der Gartenzaun und das Tor bestanden aus einem stabilen Eisengerüst, auf dem, als Sichtschutz, eine Wand aus Schilfrohr befestigt worden war. Einer der Angreifer, ich erkannte ihn an seiner Stimme, war Hu., ein Arbeitskollege von Manasse in der Fabrik, der Säcke für den Zement herstellte. Hu. war ein fanatischer Hutu.

Er rief: «He, Denise! Glaub ja nicht, dass du wichtiger bist als Agathe, die Premierministerin. Es wird dir nicht besser ergehen als ihr! Eure Zeit ist gekommen. Ihr müsst alle sterben, so wie auch sie sterben musste, als sie vor uns fliehen wollte!»

Die mutige Premierministerin Uwilingiyimana hatte Stellung gegen die Ermordung der Tutsi bezogen. Dafür wurde sie umgebracht, obwohl sie eine Hutu war.

Glücklicherweise hielten das Hoftor und der Zaun stand. So zog die Horde wieder ab.

Wenig später kamen mein Schwager Anselm und mein Cousin Manasse, die sich in ihren Häusern nicht mehr sicher fühlten, zu mir. Als alle zehn Menschen in meinem Haus versammelt waren, hörten wir im Radio, dass die Regierung eine Ausgangssperre verhängt hatte.

Die folgenden Tage waren eine grausame Vorbereitung auf das, was uns bald bevorstehen sollte. Ich erfahre später von Joram, einem Tutsi und Mitarbeiter in der Zementfabrik, dass die Familienmitglieder meiner Mutter sich mit mehr als tausend Tutsi, darunter auch die Verwandten von Joram, in der katholischen Kirche von Hanika in Cyangugu versammelt hatten. Dort fühlten sie sich halbwegs sicher.

Es hatte in Ruanda immer wieder Massaker an Tutsi gegeben. Da sich fast alle Ruander als Christen bezeichneten, hatten die Mörder es bisher nicht gewagt, in Kirchengebäuden Blut zu vergießen. Doch dieses Mal war alles anders. Die Milizen umstellten die Kirche von Hanika und warfen Handgranaten hinein. Die aus der Kirche fliehenden Tutsi wurden mit Macheten niedergemacht.

Viele Tutsi fürchteten, dass sie nachts im Schlaf in ihren Häusern überfallen werden würden. Sie verließen bei Anbruch der Dunkelheit ihre Häuser und versteckten sich im Wald. Wir wohnten direkt neben den Wohnungen der Chinesen, die unsere Fabrik betrieben. Am 13. April verließen die Chinesen ihre Wohnungen und flohen nach Burundi. Spätestens da erkannten wir, dass es zum Schlimmsten kommen würde.

In diesen Tagen erfuhr ich auch, was mit Immaculée, einer Vertrauten von mir, mit der zusammen ich oft betete, geschehen war. Immaculée hatte sich in ihrer Gemeinde im Taufbecken versteckt. Dort wurde sie von den Interahamwe gefunden und ermordet. Immaculée war eine Tutsi. Ihr Mann war Hutu aus Burundi. Während meines Schwangerschaftsurlaubs hatte sie mich zu Hause besucht und mit mir gebetet. Man erzählte sich, dass ihr eigener Mann sie verraten hatte. Viele unserer Freunde und Bekannten wurden systematisch umgebracht. Wir erfuhren, dass die Hutu-Milizen eine Todesliste besaßen, die sie nach und nach abarbeiteten.

In einer der darauffolgenden Nächte suchte ich meine Uhr auf dem Schrank im Wohnzimmer meines Hauses. Dabei fand ich ein kleines Stück Papier, das Fiston in der Sonntagsschule erhalten hatte. Auf dem Papier war ein Mann gezeichnet, der einem Behinderten half, mit Krücken zu gehen. Darüber stand die Überschrift: «Gott tröstet sein Volk im Leiden.» Weiter unten standen mehrere Trostworte aus der Bibel.

Ich ging zu Manasse, zeigte ihm das Blatt Papier und sagte zu ihm: «Manasse, Gott wird mich beschützen. Ich werde nicht sterben.»

Manasse schüttelte den Kopf und erwiderte: «Nein, Denise. Das ist unmöglich! Jetzt ist die Zeit gekommen, in der wir Tutsi alle sterben müssen.»

Ich ließ mich nicht beirren: «Das ist nicht wahr, Manasse! Dieses Blatt ist ein Zeichen Gottes. Er verspricht mir, dass ich nicht sterben werde.»

Dann erinnere ich mich, wie dieser schreckliche 16. April, als die Interahamwe in mein Haus eindrangen und fünf Menschen ermordeten, begann.

Am Morgen um 8.00 Uhr kam Faina, eine Hutu-Frau, mit der ich oft zum Beten zusammen war, und fragte mich, ob sie mir etwas vom Markt in Nyakabuye mitbringen solle, wohin sie zu Fuß gehen wollte. Wir hatten nichts mehr zu essen und konnten unser Haus nicht verlassen, ohne getötet zu werden. Ich war froh, dass sie für uns einkaufen wollte, und gab ihr Geld mit.

Um 11.00 Uhr kam T., ein Hutu. Er war von unserer Gemeinde und gehörte zu meiner Gebetsgruppe. T. gab sich hilfsbereit. Er bot an, meine Wertsachen bei sich zu verstecken. Ich durchschaute ihn und gab ihm nichts. Er wusste, dass wir sterben sollten, und wollte sich an mir bereichern.

Um zwölf kam Faina zurück. Sie war völlig verstört und erzählte unter Tränen: «Denise, es war schrecklich! Auf dem Heimweg sah ich deine Tante Priscilla mit ihren beiden Söhnen und ihrem Schwiegervater. Sie lagen tödlich verwundet im Straßengraben. Priscilla lebte noch. Sie bat um einen Schluck Wasser. Sie konnte mir noch sagen, dass die Miliz auf dem Weg zu dir sei, um dich und alle Tutsi in der Umgebung zu töten.»

Fainas Nachricht löste eine Panik in mir aus. Die Luft blieb mir weg, und mir wurde schwarz vor den Augen. Als ich wieder einigermaßen klar denken konnte, schleppte ich mich zu meiner Nachbarin und Freundin Goretti: «Goretti, wir werden alle bald sterben. Wir müssen uns auf den Himmel vorbereiten. Lass uns einander unsere Sünden bekennen!»

Von der Straße ertönte großer Lärm. Menschen riefen durcheinander: «Die Interahamwe kommen! Die Interahamwe kommen!»

Schüsse ertönten. Es war inzwischen 13.00 Uhr, und ich ging rasch in mein Haus zurück. Dort rief ich alle zehn Bewohner zusammen. Wir kauerten uns auf dem Hausflur auf den Boden, beteten laut und baten einander und Gott um Vergebung unserer Sünden.

Ich fühlte mich für alle, die in meinem Haus Zuflucht gesucht hatten, verantwortlich und sagte zu ihnen: «Ich spüre, dass einige von uns sterben werden, andere werden überleben. Für diejenigen, die sterben werden, gilt die Abmachung, dass wir uns später im Himmel treffen, wir werden ein ‹Rendez-vous au ciel› haben!»

Während ich dies sagte, hörte ich Diane, Gorettis Tochter, im Nachbarhaus weinen. Die Milizionäre kamen aus Gorettis Haus, zerstörten in wenigen Augenblicken den Zaun zwischen Gorettis Grundstück und meinem und erreichten mein Haus von hinten. Sie waren mit Hämmern, Macheten, Gewehren, Äxten, Hacken, Schwertern und großen, mit Nägeln gespickten Keulen, die «nta mpongano y'umwanzi» genannt wurden, bewaffnet.

Sie zertrümmerten die Blechtüre des Hintereingangs und drangen rasch ins Haus ein, um ihr mörderisches Werk zu beginnen. Ich floh mit Christian ins Badezimmer und schloss die Tür von innen.

Die Erinnerung an diesen Tag übermannt mich.

Jetzt, wo ich in relativer Sicherheit in dem kleinen Zimmer in der Klinik auf einem einfachen Bett sitze, tun mir meine negativen Gedanken und Empfindungen Gott gegenüber leid, die ich beim Eindringen der Mörder hatte.

Ich lebe noch. Das verdanke ich allein Gott.

Der Frieden in der Klinik dauert keine Stunde. Als die Leute hören, dass meine Kinder und ich noch am Leben sind und ich auch noch ein Baby bekommen habe, sind sie erbost und wütend. Ich bin eine Tutsi und habe kein Recht zu leben. Sie schicken einen Milizionär der Interahamwe, um mich und meine Kinder zu töten. Der Mann betritt die Klinik. In der einen Hand hält er eine Handgranate, in der anderen ein blutiges Schwert.

«Wo ist die Frau, die ein Baby geboren hat?», ruft er.

Ich trete auf ihn zu und sage: «Das bin ich.»

Er betrachtet mich prüfend und fragt: «Ist es ein Junge oder ein Mädchen?»

Ich sehe aus den Augenwinkeln, wie Goretti mir ein Zeichen macht. Ich soll lügen und sagen, dass es ein Mädchen ist. Mädchen werden eher verschont als Jungen. Ich mache mich auf mein nahes Ende gefasst und will so kurz vor meinem Tod nicht lügen: «Es ist ein Junge.»

Er antwortet nur mit einem wissenden: «Ah!»

Dann hebt er seinen Arm mit dem Schwert und setzt dessen Spitze auf meine Brust. Ich spüre keine Angst und warte darauf, dass der Stahl in meine Brust eindringt. Es ist, als ob eine unsichtbare Macht den Arm des Milizionärs festhält. Der Mann lässt seinen Arm kraftlos sinken und schaut sich um. Dabei fixiert er meine beiden Söhne, so als ob er sie kennen würde. Wahrscheinlich hat ihm jemand meine Kinder genau beschrieben. Schließlich deutet er auf Christian: «Ist er dein Sohn?»

«Ja.»

«Er ist ein Junge?»

«Ja.»

Er hebt wieder seinen Arm und sagt: «Ich könnte ihn jetzt sofort töten.»

Doch er tut es aus unerklärlichen Gründen nicht. Dann macht er dasselbe Spielchen mit Fiston, meinem ältesten Sohn. Er schaut mit einem frechen Grinsen in die Runde. Die anderen Frauen waren vorsichtig nähergekommen, da ruft er: «Ich kann euch alle zu meinen Frauen machen. Wisst ihr, was wir in Mukoma-Gafunzo am Kivu-See gemacht haben? Wir töteten alle Tutsi-Kakerlaken-Männer und ihre Söhne und nahmen uns ihre Frauen. Ihr alle hier werdet meine Frauen sein!»

Dabei beschreibt er mit seinem Schwert drohend einen Kreis in der Luft. Wir wissen, dass er uns vergewaltigen will. Meine Freundin Goretti versucht, mit ihm zu diskutieren.

«Bitte tu das nicht! Ich bin schwanger und schwer verwundet. Meine Freundin Denise hat doch gerade erst ein Kind bekommen, und Francine hat ein zwei Wochen altes Baby.»

Der Milizionär denkt nach. Er blickt sich um und deutet dann auf die elf Jahre alte Diane, die ebenfalls verwundet ist.

«Ich nehme sie!»

Wir versuchen ruhig zu bleiben, um den Interahamwe nicht zu provozieren. Ich bete in meinem Herzen zu Gott. Ich bin bereit zu sterben, aber ich werde es nicht erlauben, vergewaltigt zu werden.

Plötzlich ändert der Milizionär seinen Sinn und ruft: «Gebt mir Geld!»

Wir haben kein Geld. Wir sind völlig mittellos und sagen es ihm auch. Er antwortet: «Ich komme um sechs Uhr wieder. Wenn ihr bis dahin immer noch kein Geld habt, werde ich euch alle töten.»

Dann verschwindet er.

Goretti geht zu Marcel, dem Leiter der kleinen Klinik, und bittet ihn, Ezechias von unserer Notlage zu berichten. Ezechias ist ein weiser, gottesfürchtiger Mann, ein katholischer Hutu. Ich erinnere mich an ein Ereignis, das vier Jahre zurückliegt. Damals wollten viele Tutsi aus den umliegenden Ländern nach Ruanda kommen, um hier zu arbeiten. Eine der Hutu-Frauen in der Fabrik war strikt dagegen. Sie sagte, dass die Tutsi den Hutu die Arbeit wegnehmen würden. Ezechias erwiderte, dass es genug Arbeit für alle gäbe. Man solle die Tutsi kommen lassen. Sie könnten helfen, das Land aufzubauen.

Ezechias ist ein Mann des Ausgleichs und der Versöhnung. Er zögert keinen Augenblick, uns zu helfen. Er schickt uns sechstausend Ruanda-Francs, um unser Leben zu retten. Am Abend kommt der Milizionär wieder. Wir geben ihm das Geld.

Bevor er geht, frage ich ihn: «Warum wolltest du meine Kinder töten?»

Der Mann erwidert: «Jemand hat mich darum gebeten.»

«Ich habe mit niemandem hier jemals Probleme gehabt. Du kannst gerne herumfragen. Alle werden es dir bestätigen. Man will uns nur deshalb töten, weil wir Tutsi sind. Ist es nicht so?»

Der Milizionär schweigt. Er sagt mir nicht, wer ihm den Auftrag gegeben hat. Später erfahre ich den Namen des Mannes, so wie ich alle Namen der Personen erfahre, die mich tot sehen wollen. Nach dem Völkermord treffe ich alle Menschen wieder, die gegen uns waren. Die meisten grüßen mich heuchlerisch, so als wäre nichts gewesen. Doch dieser Mann, der uns unbedingt sterben lassen will, grüßt mich auch dann nicht. Ich lasse ihn in Ruhe, weil ich weiß, dass Jesus Christus seine Mordpläne vereitelt hat.

Ezechias hat uns oft geholfen. Doch es ist nicht er, der unser Leben rettet. Viele hatten den Interahamwe Geld gegeben, um ihr Leben zu retten, und mussten dennoch sterben. Manche Tutsi erreichten durch hohe Geldbeträge, dass sie schnell getötet wurden.

Anderen half auch das Geld nichts; sie wurden langsam zu Tode gemartert. Dabei gingen die Milizen mit großer Grausamkeit vor. In einem Fall schnitten sie einem Tutsi morgens ein Bein ab. Am Nachmittag kamen sie wieder und schnitten das andere Bein ab. Am nächsten Tag kam ein Arm an die Reihe und so weiter.

Eine Tutsi wurde vergewaltigt und anschließend an einem Baum aufgehängt.

Schwangere Frauen wurden vergewaltigt. Danach wurde ihnen der Bauch aufgeschlitzt. Die Interahamwe sagten, dass sie sehen wollten, wie ein Tutsi-Baby im Bauch seiner Mutter liegt.

Assier, ein Arbeiter der Zementfabrik, wurde in Kibangila ermordet. Die Mörder steckten Fleischstücke aus seinem Körper auf einen Spieß und brieten es. Die Mörder benahmen sich nicht mehr wie Menschen, sondern wie Tiere. Sie aßen das Fleisch ihrer Opfer.

Viele Tutsi suchten Zuflucht in Kirchen. Dort fühlten sie sich sicher, weil ein Gesetz besagte, dass dort niemand getötet werden darf. Die Interahamwe hielten sich nicht an dieses Gesetz.

Bürgermeister K. befahl den Polizisten, die toten Tutsi aus ihren Häusern zu holen und von den Straßen aufzuheben und mit dem Daihatsu-Transporter wegzuschaffen. Die Leichen sollten in die Flüsse Rubyiro, Rusizi und Ruhwa geworfen werden. Manche Leute flüsterten, dass der Bürgermeister Angst davor hatte, dass Menschenrechtsorganisationen eines Tages die Massengräber entdecken würden.

Für uns ist es ein unerklärliches Wunder, dass wir Frauen und Kinder in der kleinen Klinik noch immer am Leben sind. Das verdanken wir allein Gott.

Die Tage in der Klinik verstreichen. Wir leben weiter in ständiger Angst um unser Leben. Dennoch kehrt eine gewisse Normalität in unserem Alltag ein.

Meine Gedanken kommen etwas zur Ruhe. Manche Nacht liege ich wach auf meinem Bett. Ich höre das regelmäßige Atmen meiner drei Kinder und danke Gott für sie und für seine Bewahrung. Wenn ich wach liege, gehen meine Gedanken weit zurück, bis in meine frühe Kindheit.

3. Meine Kindheit in Burundi

Am 13. Dezember 1964, dem 3. Advent, wurde ich in Kibuye, in der Provinz Gitega, etwa einhundertfünfzig Straßenkilometer südöstlich der Hauptstadt Bujumbura in Burundi geboren. Mein Vater arbeitete als medizinischer Assistent im Kibuye-Hospital, das im Jahre 1946 von der amerikanischen Ärztin Dr. Esther Kuhn gegründet worden war. In Kibuye gab es außerdem eine Schule und eine Kirche, die um einen großen Erdplatz herum gebaut worden waren und deren Träger die amerikanische Missionsgesellschaft FMWM (Free Methodist World Missions) war.

Der kleine Ort Kibuye war durch das Hospital so bedeutend, dass er eine geteerte Zufahrtsstraße besaß, die ihn mit der Hauptstadt verband. Das Hospital versorgte das Umland mit einer Viertelmillion Menschen.

Obwohl Kibuye sich nur vier Grad vom Äquator entfernt befindet, hat der Ort das ganze Jahr über ein angenehmes, sommerliches und trockenes Klima, weil er auf 1800 Metern Höhe liegt.

Unser Haus lag nicht weit vom zentralen Platz entfernt. Der viereckige Bau bestand aus einer Balkenkonstruktion. Die Wände waren aus Lehm, das Dach war mit Ziegeln gedeckt.

Meine Eltern stammen beide aus Ruanda. Sie hatten insgesamt

neun Kinder, von denen fünf, darunter ich als zweites Kind, in Burundi und vier später im Kongo geboren wurden.

Vater war ein gebildeter Mann. Er stammte aus Karengera, etwa zwanzig Kilometer östlich der Stadt Cyangugu, im Südwesten Ruandas. Er hatte sich zum medizinischen Assistenten ausbilden lassen und assistierte den Ärzten bei Operationen. Er hatte eine geachtete Position in der Gesellschaft.

Mutter war Hausfrau und kümmerte sich um uns Kinder und den Haushalt. Sie konnte weder lesen noch schreiben. Allerdings hatte sie eine lebhafte Fantasie, erzählte uns Kindern viele Geschichten und verfasste ihr ganzes Leben lang Gedichte, die sie bei besonderen Gelegenheiten vortrug. Sie erzählte uns, dass sie als Mädchen oft die Kühe hüten musste. In dieser Zeit dachte sie sich viele Gedichte über Kühe aus, die sie uns immer wieder vortrug.

Mutter stammte aus Hanika in der Provinz Cyangugu, am Ufer des Kivu-Sees. Von ihrem Heimatort aus konnte sie die Vulkane im Osten des Kongo sehen. Oft blickte sie nachts über den Kivu-See und sah den Feuerschein der Vulkankrater, der sich in den Wolken spiegelte. Immer wieder wurde sie Zeugin eines Vulkanausbruchs.

Diese Erlebnisse prägten nicht nur ihre eigene Kindheit, sondern ein Stück weit auch die Kindheit von mir und meinen Geschwistern, weil Mutter uns schaurig schöne Fabeln und Legenden über die Vulkane erzählte. Darin war die Rede von Dämonen, die das Feuer aus dem Erdinneren durch die Krater jagen, und von Menschen, die den Dämonen in großen Tongefäßen Opfer bringen, die sie im Feuer der Vulkane verbrennen.

Obwohl die Muttersprache meiner Eltern Kinyarwanda war, die Sprache Ruandas, brachten sie meinen Geschwistern und mir als erstes Kirundi, die Sprache Burundis, bei. Somit war Kirundi unsere Muttersprache, auch wenn ich sie später wieder vergaß, da sie außerhalb von Burundi kaum eine Rolle spielte.

Zuhause wiederholte sich ein tägliches morgendliches Zeremoniell, das uns Kindern sehr wichtig war. Derjenige, der zuerst aufwachte, weckte die anderen. Gemeinsam rannten wir erwartungsvoll und voller Freude ins elterliche Schlafzimmer. Dort knieten wir uns vor dem Bett zum Gebet nieder, um den Segen für den Tag zu empfangen.

Am Abend versammelten wir uns im Wohnzimmer. Mein Vater zeigte uns, wie wir die Bibel lesen sollten, und brachte uns Lieder aus dem Kirundi-Liederbuch bei. Leider hatten wir damals keine Kinderbibel. Mein Vater tat sein Bestes, um uns die Geschichten der Bibel so zu erzählen, dass wir sie verstanden. Danach beteten wir zusammen. Jeden Abend mussten wir einen bestimmten Vers aus den Sprüchen Salomos aufsagen. Die Worte prägten sich mir tief ein:

«Mein Kind, bitte höre auf mein Wort, damit die Jahre deines Lebens viele sein werden! Gehorche deinem Vater und deiner Mutter, damit du lange lebst in dem Land, das dir Gott geben wird!»

Meine Eltern legten großen Wert auf Sitte und Anstand. Sie verboten uns, mit den Kindern zu spielen, die nicht zu unserem Anwesen gehörten. Persönlich hatten sie nichts gegen diese Kinder und ihre Eltern. Aber sie waren der Ansicht, dass wir im Umgang mit ihnen schlechtes Benehmen und schlechte Worte kennenlernen und uns vielleicht auch aneignen würden.

Meine Familie und ich waren Teil der Ortsgemeinschaft und somit auch Teil der Kirche der freien Methodisten. Die Kirchengemeinde war ziemlich groß. Hutu und Tutsi feierten gemeinsam Gottesdienste. Wir kleinen Kinder bekamen allerdings nicht viel von den Gemeindeaktivitäten mit. Die Drei- bis Fünfjährigen, zu denen ich in dieser Zeit gehörte, besuchten die Sonntagsschule ihrer Altersklasse und gingen danach sofort wieder nach Hause. Wir alle trugen schöne und saubere Kleider. Allerdings besaß keines der Kinder Schuhe, alle gingen barfuß.

Wir freuten uns die ganze Woche über auf die Sonntagsschule, die für uns wie ein Ausflug ins Paradies war. Das lag einerseits an den wunderschönen biblischen Geschichten, die uns eine liebe Missionarin erzählte; andererseits hatte es wohl auch damit etwas zu tun, dass diese Frau jedem Kind, das teilgenommen hatte, ein schönes Tuch schenkte.

Nach dem, was meine Eltern sagten, muss ich ein fröhliches Kind gewesen sein.

Wir spielten gerne mit Kazungu, einem Mitarbeiter des amerikanischen Missionars Dr. Leonhard und seiner Frau Marti. Manchmal rief Kazungu uns Kinder zusammen. Dann zeigte er uns einen Haufen wunderschöner, frischer Orangen und begann sofort mit seinem Spiel, indem er die Orangen nacheinander in verschiedene Richtungen in die Höhe warf. Wir rannten hinter den köstlichen Früchten her und versuchten sie zu fangen. Wer eine Orange erwischte, durfte sie essen. Kazungu meinte es gut mit uns und warf die Orangen so, dass wir sie alle fangen konnten, bevor sie auf dem Boden aufschlugen.

Eines unserer Lieblingsspiele war, was man hierzulande «Der Fuchs geht rum» oder «Faules Ei» nennt. Dazu setzten wir uns im Kreis in die Hocke. Einer der Mitspieler rannte um den Kreis herum und ließ ein Pfand hinter dem Rücken eines Mitspielers unauffällig fallen. Wenn der betreffende Mitspieler aufmerksam war, hob er das Pfand auf und rannte dem anderen nach. Wenn er ihn einholte, bevor der erste Spieler seinen Platz erreichte, hatte er gewonnen. Wenn der Spieler das Pfand hinter seinem Rücken nicht entdeckte und der umherlaufende Spieler wieder zu ihm kam, musste der unaufmerksame Spieler die Rolle des Kreisläufers übernehmen.

Ein anderes Spiel hatte viel mit Geschicklichkeit zu tun. Wir Mädchen zeichneten mit einem Stock ein großes Viereck in den Staub der Straße, das in zehn Felder unterteilt wurde. Die Spielerin musste auf einem Bein hüpfend einen Gegenstand mit dem Fuß, auf dem sie hüpfte, von Feld zu Feld kicken, bis der Gegenstand im Zielfeld lag. Gelang ihr das, ohne das andere Bein zu benutzen und ohne den Gegenstand aus dem Feld zu kicken, hatte sie gewonnen.

Meine Mutter war eine kluge Frau. Als ich ein kleines Kind war, trank ich am liebsten Kuhmilch. Eines Tages hatte sie keine Milch mehr. Ich wollte unbedingt Milch haben und schrie, damit ich welche bekam. Mutter bot mir alles Mögliche zu trinken an: Wasser, Saft und was sie sonst noch fand. Ich wies alles zurück und schrie nur noch mehr. Schließlich fand Mutter einen Ausweg. Sie nahm weißes Mehl und mischte es so mit Wasser in einem Glas, dass daraus eine weiße Flüssigkeit entstand. Ich war zufrieden und trank die weiße Flüssigkeit, weil ich dachte, es sei Milch.

Als ich fünf Jahre alt war, erkrankte ich an Masern. Das war damals in Ostafrika eine Krankheit, die tödlich verlaufen konnte. Ich erinnere mich noch heute daran, dass viele Menschen um mein Bett standen und mit ernsten Mienen sagten: «Yarwaye agasama. Sie leidet an Masern.» Es musste mir sehr schlecht gegangen sein; so schlecht, dass Mutter mir sogar mein absolutes Lieblingsgetränk zubereitete: Schokoladenmilch.

Mit fünf Jahren und neun Monaten kam ich in die Schule. Wir waren dreißig Schüler. Mein Schulweg war kurz. Die Schule lag, zusammen mit der Klinik und der Kirche, an dem großen Platz, wo wir als Kinder oft spielten. Ich freute mich sehr darauf, Lesen und Schreiben zu lernen, und bekam dazu in der Schule eine Tafel und einen Stift. Nach dem Unterricht ging ich sofort nach Hause, um die gelernten Buchstaben zu üben. Dazu schrieb ich stolz Buchstaben und Zahlen mit Kreide auf den Zementfußboden unseres Wohnzimmers.

Da mein Bruder und ich mit biblischen Geschichten aufwuchsen, wollten wir so früh wie möglich selbst in der Bibel lesen. Nach den ersten Unterrichtstagen, als ich die meisten Buchstaben lesen konnte, ohne allerdings die Worte, die sie bildeten, zu verstehen, holte ich die Bibel meines Vaters aus dem Schrank und setzte mich mit meinem älteren Bruder zusammen. Wir waren stolz darauf, dass wir die Bibel jetzt selbst lesen konnten.

Gemeinsam entzifferten wir Buchstaben für Buchstaben. Leider blieb uns der Sinn der Worte weiterhin fremd, was uns beide sehr irritierte. Wir hatten doch Lesen gelernt? Warum reichte es nicht aus, die Buchstaben, jedenfalls die meisten, zu kennen, um die damit gebildeten Worte und Sätze zu verstehen? Seufzend stellte ich die Bibel wieder an ihren Ort zurück. Ich würde doch noch ein paar Tage länger zur Schule gehen müssen, um so Lesen zu lernen wie die Erwachsenen.

Eines Tages traf ich auf dem kurzen Nachhauseweg von der Schule auf eine Schafherde. Eines der Schafe rannte auf mich zu. In panischer Angst lief ich schreiend davon. Doch niemand hörte mich und kam mir zu Hilfe. Ich war der «Bestie» schutzlos ausgeliefert, weil das Schaf viel schneller rannte als ich.

Bald hatte es mich erreicht und stieß mich von hinten zu Boden. Sofort stand ich wieder auf und rannte, jetzt nicht nur aus Angst, sondern auch vor Schmerzen schreiend, so rasch ich konnte, ziellos umher. Das Schaf holte mich immer wieder ein und schubste mich erneut zu Boden.

In meiner Not erblickte ich schließlich das rettende Elternhaus und setzte meine Flucht endlich zielgerichtet fort. Am Leib verwundet und in der Seele verletzt und gekränkt, kam ich schließlich nach Hause und brachte mich dort in Sicherheit. Ärgerlich sah ich vom Fenster aus, wie das Schaf mit erhobenem Kopf, sich seines Sieges bewusst, langsam zu seiner Herde zurücktrabte.

Immer wieder verschwanden Bewohner aus Kibuye und aus den Nachbardörfern. Wir hatten keine Ahnung, was mit ihnen passiert war. Vater fragte jeden Gast, der zu uns kam, ob er etwas über die verschwunden Leute wisse. Da wir ab und zu Besuch aus dem Ausland hatten, erfuhren wir, dass einige der Verschwundenen nach Uganda gegangen waren, um dort Arbeit zu finden. Man erzählte sich, dass Uganda, im Vergleich zu Burundi, ein reiches Land war, in dem man viel Geld verdienen konnte.

4. Umzug nach Kaziba im Kongo

Die politische Situation spitzte sich Anfang der 70er-Jahre in Burundi zu. Sekabarata Heka, ein Onkel väterlicherseits, riet meinem Vater, Burundi zu verlassen und im kongolesischen Kaziba eine Fortbildung zu machen. Kaziba ist ein Dorf des Bashi-Stammes und liegt im Walungu-Gebiet etwa 45 Kilometer südwestlich von Bukavu, der Hauptstadt der kongolesischen Provinz Süd-Kivu. Kaziba besaß ein großes Krankenhaus und eine Schule für Krankenschwestern und medizinische Assistenten. Mein Vater nahm den Rat seines Onkels an.

Wir packten das Nötigste zusammen und verließen Kibuye, den Ort meiner Kindheit. Ich war inzwischen sieben Jahre alt und machte zum ersten Mal in meinem Leben eine große Reise. Zuerst fuhren wir nach Bujumbura, der Hauptstadt Burundis. Bujumbura liegt östlich des Tanganjika-Sees und besaß trotz einer Einwohnerzahl von mehreren hunderttausend Menschen einen eher dörflichen Charakter. Wir übernachteten bei der älteren Schwester meiner Mutter Beatrice und ihrem Mann Aloys Mangala.

Am nächsten Tag fuhren wir mit dem Auto von Bujumbura nach Cibitoke, am Rusizi, dem Grenzfluss zum Kongo. In Cibitoke übernachteten wir bei Sevumbu, einem weiteren Onkel meines Vaters mütterlicherseits.

Am darauffolgenden Tag gingen wir zu Fuß zum Grenzfluss. Mit großen Augen betrachtete ich den breiten Fluss, weil ich nie zuvor ein vergleichbares Gewässer gesehen hatte. Ich fürchtete mich davor, das Boot, das uns auf die andere Seite bringen sollte, zu betreten. Die Leute sagten, dass es in dem Fluss viele Krokodile und Nilpferde gäbe. Die Nilpferde könnten unser Boot umstoßen, und die Krokodile würden uns auffressen. Meine Eltern beruhigten mich und meinten, das Boot wäre viel zu groß für die Tiere; sie würden uns ganz sicher in Ruhe lassen. Zitternd bestieg ich das schwankende Boot und betete in meinem Herzen, dass Gott uns helfen sollte, das andere Ufer unbeschadet zu erreichen. Die Überfahrt verlief ohne Probleme.

Als wir auf der kongolesischen Seite des Rusizi ankamen, setzte ich das mir anvertraute Gepäckstück, eine leere Teekanne aus Metall, auf meinen Kopf und verließ glücklich das Boot.

Wir marschierten bis zur Nationalstraße, die wir bei Rubirizi erreichten. Die N5, eine gut ausgebaute und geteerte Fernstraße, verbindet die Provinzhauptstadt Bukavu am Südufer des Kivu-Sees mit der Stadt Uvira, am Nordwestufer des Tankanjika-Sees, auf der kongolesischen Seite.

Am Straßenrand sah ich einen riesigen Lastkraftwagen. Nie zuvor hatte ich ein Fahrzeug von solchen Ausmaßen gesehen. Fasziniert näherte ich mich dem Koloss, um den schon eine große Menge von Kindern stand, um ihn zu bestaunen. Wir begannen die Räder zu zählen, kamen dabei aber zu unterschiedlichen Ergebnissen. Wieder und wieder zählten wir die endlose Reihe von Rädern und einigten uns schließlich auf die Zahl 72. Wenig später riefen mich meine Eltern, um mit mir die Ladefläche eines anderen, normalen Lastwagens zu besteigen. Traurig blickte ich dem Ungetüm mit den 72 Rädern nach, auf dem ich gerne mitgefahren wäre. Unser Transporter brachte uns bis nach Kaziba.

In Bukavu bog eine Nebenstraße nach Nkomo ab. Sie war in einem katastrophalen Zustand; ein Schlagloch reihte sich an das andere. Der Lastwagen schwankte bedrohlich hin und her und wurde in kurzen Abständen heftig durcheinandergerüttelt. Auf der rechten Seite der Straße begleitete uns über längere Zeit ein tiefes, sumpfiges Tal. Wenn sich das Fahrzeug auf der unebenen Straße gefährlich nach rechts neigte, hatte ich große Angst, dass es umkippen und zusammen mit uns allen in die Tiefe stürzen würde. Die Fahrt schien kein Ende nehmen zu wollen. Schließlich kamen wir durchgerüttelt und todmüde in Kaziba, unserer neuen Heimat, an.

In Kaziba fühlten wir Kinder uns fremd. Hier lebten Menschen vom Bashi-Stamm, deren Sprache war das Mashi. Wir Kinder kannten nur Kirundi, die Sprache Burundis. Glücklicherweise hatten wir Verwandte am Ort, Kinder von Vaters Onkel Sekabarata Heka, die für uns übersetzten. In der Schule wurde in Französisch und Swahili unterrichtet. Beides waren Sprachen, die ich erst noch lernen musste. Meine Tante Marie, die ebenfalls in Kaziba lebte, begleitete mich und half mir, wo es nötig war.

Mein Großonkel Sekabarate Abel war ein guter Christ und bei allen Bewohnern im Ort hoch angesehen. Er und seine Frau

Marthe halfen vielen jungen Tutsi aus Ruanda, über Burundi in den Kongo zu kommen. Diese jungen Männer und Frauen durften in Ruanda nicht studieren, weil ein neues Gesetz der Hutu-Regierung es ihnen verbot.

Dieses Gesetz wurde «ethnisches Gleichgewicht» genannt. In der Vergangenheit studierten in Ruanda prozentual wesentlich mehr Tutsi als Hutu. Die Hutu stellten über achtzig Prozent der Bevölkerung in Ruanda, während die Tutsi nur deutlich unter zwanzig Prozent ausmachten. Um den Einfluss der Hutu in Ruanda zu stärken, wurden sie bevorzugt zum Studium zugelassen. Viele Tutsi gingen daher zum Studieren ins Ausland. Mein Großonkel, der im Missionshospital von Kaziba arbeitete, besorgte vielen Tutsi einen Studienplatz in der medizinischen Hochschule, die dem Missionshospital angeschlossen war.

In den Bergen von Rurambo, nicht weit von Kaziba entfernt, wohnte der Stamm der Banyamulenge. Dieser Stamm von Viehzüchtern lebte seit mehr als vierhundert Jahren im Kongo. Ursprünglich kamen die Banyamulenge von Osten aus Ruanda und sind mit den Tutsi eng verwandt. Die Welt der Banyamulenge besteht aus hohen, steilen Bergen und steinigem Gelände. Ackerbau ist hier unmöglich. Die Kühe finden jedoch ausreichend Gras.

In den Bergen ist es meist kalt. Die Banyamulenge-Männer schützten sich mit langen Stoffmänteln vor der Kälte und trugen dazu wärmende Filzhüte auf den Köpfen. Ein Wanderstock gab ihnen zusätzlichen Halt auf ihren langen Wegen in unwegsamem Gelände. Die Frauen waren mit dem weiten Tuch der Afrikaner, der Kitenge, bekleidet, das sie in einer bestimmten Art und Weise um ihren Körper wickelten. Ihren Kopf hüllten sie, kulturell bedingt, mit einem Tuch so ein, dass nur ihr Gesicht zu sehen war.

Die Banyamulenge waren ein stolzes Volk. Die Menschen sahen ärmlich aus. Viele hatten nicht einmal Schuhe. Doch sie besaßen viele Kühe, die in ihrer Kultur ein Zeichen von Reichtum bedeuteten. Die Wände ihrer Rundhäuser waren aus Lehm, das Dach war mit Stroh gedeckt. Im Innern des Hauses brannte ständig ein Feuer. Es diente zum Kochen und als Heizung. Da die Banyamulenge sich meist hockend um das Feuer versammelten, hatten viele verbrannte Schienbeine. In den Bergen, wo sie lebten, gab es keine Zivilisation. Daher kamen sie nach Kaziba, um sich ärztlich behandeln zu lassen oder ihre Kinder zur Schule zu schicken. Dazu mussten sie einige Kühe verkaufen. Wenn ein junger Mann heiraten wollte, sollte er mindestens zwölf Kühe besitzen.

Meine Eltern waren glücklich, als sie erfuhren, dass einige der Banyamulenge-Leute, die sie in Kaziba trafen, dieselben Vorfahren hatten wie sie.

Die Banyamulenge stellten zur Begrüßung die Frage: «Uri uwo kwande Muntu? Wem gehörst du, Mensch?»

Sie wollten wissen, ob man zu ihrer Stammesfamilie gehörte. Durch diese Frage erfuhren mein Vater und meine Mutter, dass sie mit einigen der Banyamulenge weitläufig verwandt waren.

Diese Leute sprachen ein Kinyarwanda, die Sprache Ruandas, das dem Kinyarwanda meiner Eltern ähnlich war.

Flüchtlinge hatten es im Kongo und anderswo sehr schwer. Daher beschlossen meine Eltern, sich dem Banyamulenge-Stamm, der eine anerkannte Volksgruppe im Kongo darstellte, anzuschließen. Dadurch verloren sie ihren Status als Flüchtlinge und bekamen die kongolesische Staatsbürgerschaft.

Mein Großonkel hatte ein besonderes Herz für die Banyamulenge und nahm sie gerne im Hospital auf, wenn sie Hilfe brauchten. Die Banyamulenge waren ein Hirtenvolk. Sie züchteten Kühe und bemaßen ihren Reichtum an der Anzahl der Kühe, die sie besaßen. Daher wurden die Kühe auch nur selten geschlachtet.

Die Milch ihrer Kühe spielte bei der Ernährung und in der Kultur der Banyamulenge eine wichtige Rolle. Wenn wir Banyamulenge zu Gast hatten, roch das ganze Haus unangenehm nach ranziger Butter. Die Banyamulenge kochten nicht nur mit Butter, sondern sie rieben sich auch mit Butter ein.

Mein Großonkel baute ein spezielles Gästehaus für die Banyamulenge, die sich im Hospital behandeln ließen, weil er sie nicht mehr alle in seinem eigenen Haus unterbringen konnte.

Mein Vater machte in Kaziba eine Zusatzausbildung und wurde danach zum Direktor des Gesundheitszentrums in Kalambi, in der Provinz Mwenga, befördert.

5. Mein Leben in Kalambi

Als ich zehn Jahre alt war, zogen wir von Kaziba nach Kalambi um. Kalambi ist ein Dorf an der Nationalstraße, die von Bukavu am Südufer des Kivu-Sees, der etwa achtzig Kilometer weiter nördlich liegt, über Walungu und Mwenga nach Kamituga im Südwesten führte. Kalambi lag in einem großen Waldgebiet und war für uns Kinder ein Paradies.

Nicht so angenehm dagegen war, dass wir uns in unserem neuen Umfeld wieder mit anderen Dialekten auseinandersetzen mussten. Dazu gehörten das Kirega des Barega-Stammes, das Kinyindu der Banyindu und das Kibenge der Babembe.

In Kalambi sprachen wir im Umgang mit den Menschen das Kirega. Bald schon lernten wir, wie man die Leute begrüßt.

«Mwabyua!» («Guten Morgen!»)

Die Antwort war ebenfalls: «Mwabyua!»

Oder wir fragten: «Misau benyi?» («Wie geht's?»), und erhielten die Antwort: «Misoka!» («Es geht mir gut!»)

Besonders wichtig war es für uns Kinder, unsere Kenntnisse des Swahili zu verbessern. Zum einen brauchten wir es auch hier, neben Französisch, für die Schule. Zum andern war die Bibel, die hier in der Gemeinde gebraucht wurde, ebenfalls in Swahili geschrieben.

Nicht weit von uns entfernt befand sich die Stadt Kamituga. Dort schürfte die SOMINKI (Société Minière du Kivu) in einem kleinen, von Hügeln umgebenen Tal nach Bodenschätzen. Neben Gold und Diamanten gab es dort Mineralien wie Kassiterit (Zinnstein) und Columbit-Tantalit (Coltan), das heute eine so wichtige Rolle für die Herstellung von Handys spielt und blutige Kämpfe ausgelöst hat.

Eines Tages ging ich mit ein paar Mädchen zum Bach in unserem Dorf. Wir stiegen ins Wasser und fanden dort viele schwarze Steine. Später erfuhren wir, dass sie Coltan genannt wurden. Auch Zinnstein konnte man in den Bächen bei Kalambi finden. Die Bewohner kannten den Wert dieser Mineralien damals noch nicht. Erst später suchten sie systematisch danach und verkauften ihren Fund.

Der riesige Wald war eine besondere Attraktion für uns.

Eines Morgens schaute mein Onkel Nsabimana, der gerade aus Ruanda zu Besuch bei uns war, aus dem Fenster und fragte mich erstaunt: «Habt ihr hier einen See?»

«Nein!», erwiderte ich.

Aber warum fragte er? Ich blickte ebenfalls aus dem Fenster und konnte nichts sehen. Die Landschaft wurde durch einen dichten Nebel vollständig bedeckt. Im Lauf des Vormittags verzog sich der Nebel und gab einen dunklen Wald frei.

Aber der Wald war ein gefährliches Paradies. Hinter jedem Busch konnte eine Schlange verborgen sein. Die meisten waren hochgiftig. Die häufigste Art war eine grüne Schlange, die gewöhnliche Mamba, hier Nakase genannt. Es gab sie überall. Aber es gab auch andere giftige Schlangenarten, unter ihnen auch Kobras. Die Bewohner Kalambis sagten uns, dass ein Mensch, der von einer Schlange gebissen worden war, nur dann gerettet werden konnte, wenn er sofort zu einem Heilkundigen ging, der ihn mit den traditionellen Kräutern gegen das Schlangengift behandeln konnte.

Um Kalambi herum gab es viele Flüsse und Bäche mit sauberem Wasser. Oft gingen wir mit den Kindern vom Dorf zu den Bächen, um Krebse zu fangen. Die Schalentiere versteckten sich unter den Steinen am Grund des Gewässers. Unseren Fang brachten wir zu unseren Freunden. Deren Mütter kochten die Tiere, und wir aßen sie gemeinsam. Sie schmeckten köstlich.

Maniok, eines der Grundnahrungsmittel, schmeckte etwas

sauer. Daher kochten die Frauen den Maniok, packten ihn in ein Tuch und legten ihn in das Wasser der Bäche. Nach drei Tagen holten sie den Maniok wieder heraus, der inzwischen seinen sauren Geschmack verloren hatte. Zusammen mit Kindakinda (geröstete, gesalzene und zerriebene Erdnüsse) oder mit einem anderen Gemüse schmeckte der Maniok jetzt wunderbar.

Die meisten Häuser in der Provinz Mwenga, im Osten des Kongo, bestanden aus Lehmmauern und waren mit Stroh gedeckt. Nur wenige Gebäude hatten Mauern aus Ziegelsteinen und Dächer aus Wellblech. Dazu gehörten Krankenhäuser, Schulen, Kirchen und die Häuser hochgestellter Menschen wie Lehrer und Direktoren.

Die einfachen Menschen in Kalambi lebten hauptsächlich von der Fischzucht. Die Fische wurden in einem künstlichen Teich aufgezogen. Wenn sie groß genug waren, wurde das Wasser abgelassen und die Fische verkauft.

Ab und zu kam ein eigenartiger Mann in unser Dorf. Er war schon ziemlich alt und dürr und fast vollständig nackt. Seine Bekleidung bestand aus einem kleinen Stück Stoff, mit dem er sein Geschlechtsteil bedeckte. Auf dem Kopf trug er einen runden, nach oben hin spitz verlaufenden Hut. Gestützt auf einen Stock ging er die Straße entlang. Er grüßte niemanden und sprach auch mit keinem Menschen. Wir Kinder hatten große Angst vor ihm und versteckten uns im Gebüsch oder im Haus. Die Leute sagten, dass der alte Mann jeden in einen Fetisch verwandeln würde, der ihn auslachte.

Im Dorf gab es einen seltsamen Gebrauch. Wenn ein Junge zwölf Jahre alt war, musste er mit den erwachsenen Männern für zwei Wochen in den Wald gehen. Dort wurde er beschnitten und traf zum ersten Mal die «Gottheit Kimbiligiti». Wenn die Männer zurückkamen, ging ein einzelner Bote voraus und rief, dass Frauen und Kinder in die Häuser gehen sollten, weil jeder, dem Kimbiligiti noch nicht begegnet war und der sich auf der Straße aufhielt, sterben müsste, wenn die Männer aus dem Wald zurückkamen.

Mein Vater wurde als medizinischer Assistent von allen Menschen respektiert und freundlich behandelt, obwohl wir Flüchtlinge waren. Für uns Kinder machte dieser Umstand unser Leben nicht einfacher. Die Kinder in der Dorfschule starrten uns an, als sie uns zum ersten Mal sahen. Sie hatten nie zuvor Menschen gesehen, die aus Ruanda oder Burundi kamen. Sie fragten uns verwundert und abfällig, aus welcher Welt wir kämen.

Im Schulunterricht wurden wir jedoch nicht benachteiligt. Unser kongolesischer Lehrer behandelte uns nicht anders als die einheimischen Kinder. Außerhalb der Schule sangen die Kinder aber oft Spottlieder über uns. Eines davon habe ich noch im Ohr. Es ging so: «Wanyarwanda wote warudiye kwabo.» Mit diesem Lied forderten sie uns auf, nach Ruanda zurückzukehren. Für sie waren wir als Tutsi Ruander. Dabei spielte es keine Rolle, dass wir aus Burundi kamen.

Kongos Präsident Mobutu forderte im Jahr 1974 alle Einwohner des Landes auf, ihre Vornamen zu ändern, weil diese aus Europa kämen. Alle Kongolesen sollten Namen wählen, die aus ihrer eigenen Kultur stammen. Mobutu ging mit gutem Beispiel voran, indem er den Namen des Landes änderte. Von nun an hieß der Kongo Zaire. Mein Vorname, Denise, war – wie die meisten anderen Vornamen – nicht mehr zeit- und volksgemäß. Nachdem diese präsidiale Anordnung erfolgt war, gab mein Vater mir den Namen Sakina. Als ich ihn fragte, was der Name bedeutet, erwiderte er nur, dass es ein schöner Name sei. Mehr sagte er nicht dazu. Ich akzeptierte den neuen Namen, und er wurde von diesem Augenblick an in allen offiziellen Papieren, die mich betrafen, genannt.

Als ich sechzehn Jahre alt wurde, brauchte ich einen Personalausweis, den mir mein Vater besorgte. Als ich das Dokument in den Händen hielt, las ich, dass ich offiziell zu den Banyamulenge gehörte. Weil wir Flüchtlinge waren, brauchten wir eine neue Identität, die es uns erlaubte, im Land zu bleiben. Die Banyamulenge waren ein anerkannter Volksstamm im Kongo. Als Angehörige dieses Stammes hatten wir das Recht, im Kongo zu leben und zu arbeiten.

Vater hatte sogar meinen Geburtsort geändert. In meinem Ausweis stand, dass ich in Kaziba geboren worden sei. Auf meine Frage hin erklärte Vater mir, dass ich nur dann im Kongo eine weiterführende Schule besuchen könnte, wenn mein Geburtsort im Kongo liegt.

Als Flüchtling war es schwierig, immer die ganze Wahrheit zu sagen. Ich hatte ein schlechtes Gewissen, weil diese Lüge in meinem Ausweis stand. Ich fragte Gott, wie ich mich verhalten sollte. Nach einiger Zeit machte Gott mir klar, dass es das Wichtigste sei, zu erkennen, was die *entscheidende* Wahrheit in meinem Leben ist. Entscheidend für mich war und wird immer sein, dass ich Jesus Christus gehöre und ihm nachfolge.

Tiere waren in Kalambi eine gefährdete Spezies. Die Barega, die Bewohner von Kalambi, aßen nicht nur für ihr Leben gerne Fleisch, sondern sie waren auch nicht besonders wählerisch, was deren Auswahl betraf. Die Essenskultur der Barega war den Ruandern, zu denen wir uns zählten und zu denen wir auch von den Barega trotz unserer Herkunft aus Burundi gezählt wurden, fremd. Als Ruander aßen wir nur das Fleisch von Rind, Lamm, Ziegen und Geflügel. Im Gegensatz zum Kongo isst man in Ruanda auch nur zu Hause oder im Restaurant, aber nicht unterwegs oder auf der Straße.

Die Erde in und um Kalambi war schwarz und fruchtbar. Wir wunderten uns, dass sogar an den Straßenrändern Nutzpflanzen wie Süßkartoffeln, Maniok und Yamswurzeln, Ananas, Papaya, Gemüse wie Lengalenga, eine Art Spinat, und Zuckerrohr wild wuchsen, ohne ausgesät worden zu sein.

In der Trockenzeit ernährten sich die Menschen von dem, was der Wald zu bieten hatte. Besonders begehrt waren die Chenille, eine große Raupenart. Die Chenille-Jagd war ein Fest für das ganze Dorf. Chenille gab es überall. Sie kletterten auf den Bäumen des Waldes herum und mussten nur eingesammelt werden.

Als wir die Chenille zum ersten Mal sahen, konnten wir nicht glauben, dass sie essbar waren. Die Chenille wurden mit großer Hitze gekocht. Kokoliko, die Samen der Zucchini, wurden an der Sonne getrocknet und dann zu Mehl zerrieben. Danach wurde das Mehl mit den Chenille zusammen gekocht.

Meine beste Freundin in Kalambi war Bishoshi. Ihr Name bedeutet «Träne» auf Barega. Sie lebte zusammen mit ihrer Mutter, Großmutter und Nichte im Nachbarhaus. Bishoshi war älter als ich und mochte die Kinder des Dorfes sehr. Die Kinder spürten das und kamen gerne zu ihr. Wenn Bishoshi kochte, teilte sie das Essen mit denjenigen, die gerade da waren. Bishoshi kochte gerne Chenille und bot es auch mir an. Es schmeckte köstlich.

Zu den Chenille gab es Cassavabrot, das aus Maniok hergestellt wurde. Dazu wurde Maniokmehl in kochendes Wasser gegeben und so lange umgerührt, bis es zu einer festen weißen Masse wurde.

Meine Eltern erlaubten uns allerdings nicht, bei uns zu Hause Chenille zu essen. Sie sagten, dass es gegen die ruandische Kultur verstoße.

Die Barega gaben meinem Vater ein großes Stück Land, das wir als Familie gemeinsam bearbeiteten. Wir bauten hauptsächlich Maniok, Mais, Zucchini, Ananas, Bananen, Reis und grünes Gemüse an.

Wenn die Barega neues Ackerland benötigten, rodeten sie den Wald. Nach der Ernte ließen sie das Feld für einige Monate ruhen. In den Ferien mussten wir Kinder auf dem Feld Unkraut jäten.

Einmal ging ich zusammen mit meiner Tante Priscilla, meinen Brüdern Phocas und Clement und mit Semudenge, der Cousine meines Vaters, aufs Feld. Als wir dort ankamen, hatte ich plötzlich große Angst vor den Schlangen, die sich dort versteckt halten konnten.

Ich sagte zu den anderen: «Können wir, bevor wir anfangen,

nicht Gott darum bitten, dass er uns vor den Schlangen beschützt?»

Die anderen waren einverstanden, und Tante Priscilla betete, bevor wir mit dem Jäten begannen. Einige von uns arbeiteten mit der Machete, andere mit den bloßen Händen. Das Unkraut konnte man leicht herausreißen, weil die Erde sehr weich war. Gott erhörte unser Gebet. Keiner von uns wurde von einer Schlange gebissen.

Manchmal gingen wir mit anderen Kindern zusammen in den Wald, um Feuerholz zu holen. Unter den Bäumen lagen immer abgebrochene Äste, die wir einsammelten. Nebenbei pflückten wir noch ein paar Pilze, die wir unterwegs fanden. Wenn wir mit dem Holzsammeln fertig waren, nahm jeder das Seil, das er dabeihatte, und band damit seinen Teil des Holzes zusammen. Wir halfen uns gegenseitig, die Holzbündel auf den Rücken zu hieven. Dann banden wir uns das freie Seilende um die Stirn und trugen so das Holz nach Hause.

6. Erfahrungen mit den Fetischfrauen

Für meine Eltern war es wichtig, dass wir im christlichen Glauben erzogen wurden. Wir trafen uns jeden Abend zum gemeinsamen Bibellesen und zum Beten. Darüber hinaus berichtete jedes Kind am Ende der Woche, was es erlebt hatte und wofür es Gott dankbar sein wollte. Während unserer Familientreffen sangen wir Lieder aus dem Kirundi- und aus dem Swahili-Liederbuch. In den Wochen vor Weihnachten, Ostern und Pfingsten lehrten uns die Eltern passende Lieder zu den großen Ereignissen der Christen. Außerdem wurden wir angehalten, die entsprechenden Berichte in der Bibel zu lesen.

Mein Vater konnte Noten lesen und brachte uns neue Lieder bei. Ein wichtiger Bestandteil unserer Familientreffen war das «Innere-Toilette-Machen». Damit war gemeint, dass wir unsere Sünden bekannten und einander um Vergebung baten. Wenn wir Streit mit unseren Eltern oder mit unseren Geschwistern hatten, mussten wir das spätestens am Ende der Woche in Ordnung bringen.

Ein Lied hat uns besonders gefallen. Es war von Billy Graham und hieß: «Mbega urukundo ry'Imana yacu» («Wie groß ist Gottes Liebe, keiner kann sie beschreiben»). Vater erzählte uns von Billy Grahams Evangelisation in Burundi in den 60er-Jahren, die ihn dazu bewegte, seinen Glauben und seine Beziehung zu Jesus Christus zu erneuern.

In unserer Gebetszeit baten wir Gott, uns den Glauben zu erhalten, unsere Mutter gesund zu machen, die oft krank war, und uns vor den Fetischen der Fetischfrauen zu schützen. Das mit den Fetischen war eine ernste Sache. Es war Teil der Kultur der Barega, Fetische anzubeten.

Wir beteten auch für die Arbeit meines Vaters im Hospital und für unser Lernen in der Schule. Wir beteten für schwangere Frauen, weil damals viele Frauen bei der Geburt starben. Wir beteten für die vielen Alkoholiker, die es in unserem Dorf gab. Die meisten Männer tranken viel zu viel Bier und begingen im Rausch schlimme Taten. Wir beteten für Bewahrung vor Hexerei, die Menschen zugrunde richten und sogar töten konnte. Viele Menschen trugen Amulette und hofften, sich damit vor der Hexerei schützen zu können.

Eines Tages fand mein Vater ein zusammengebundenes grünes Grasbündel im Elternschlafzimmer. Er fragte uns Kinder, ob wir wüssten, wer das Bündel ins Haus gebracht hatte. Wir hatten keine Ahnung und sahen uns das Gebinde erstaunt an. Vater warf das Bündel in die Toilette. Später fand er ein spiralförmiges Stück Metall im Schlafzimmer. Es war aufgerollt, und in seinem Innern befand sich eine kleine Perle. Niemand wusste, wer das eigenartige Ding hierhergelegt hatte. Schließlich erkannten wir, dass die beiden Gegenstände Fetische waren, die von Fetischfrauen in unser Haus gebracht worden waren. Es wurde uns schnell klar, dass es sich hierbei um einen Angriff auf unser Leben handelte.

Im Zusammenhang mit den Fetischfrauen erlebten wir erstaunliche und eigenartige Dinge.

Einmal hatten wir Besuch von einer Christin aus unserer Gemeinde. Sie erzählte uns, dass Gott unser Haus beschützt und es mit seinen Engeln umgibt. Sie hatte erfahren, was die Fetischfrauen erlebten, als sie uns angreifen wollten. Als diese sich unserem Haus näherten, trat ihnen ein Engel entgegen, der ein langes Schwert in den Händen hielt. Sie bekamen es mit der Angst zu tun und rannten weg. Ein anderes Mal näherte sich wieder eine Fetischfrau, um uns zu verfluchen. Als sie sah, dass unser Haus von einem Feuergürtel umgeben war, den allerdings nur sie sah, wich sie zurück und verschwand.

Fetischfrauen waren mit bösen Mächten im Bund. Sie waren oft Witwen, weil sie ihre eigenen Männer töteten. Bei ihren geheimen Zusammenkünften bestimmten sie einen von ihren Männern und beschlossen seinen Tod. Gemeinsam töteten sie den vorher bestimmten Ehemann und verspeisten ihn. Das Fleisch der Muzungu, der weißen Männer, schmeckte ihnen am besten.

Eine besonders eigenartige Geschichte machte bei uns die Runde. Es wurde raunend erzählt, dass ein katholischer Priester, ein weißer Mann aus Europa, gestorben und begraben worden war. Man erzählte sich, dass die Fetischfrauen ihn wieder ausgruben und zu neuem Leben erweckten. Danach töteten sie ihn wieder und teilten seinen Körper unter sich auf, um ihn zu verspeisen. Eine der Fetischfrauen beschwerte sich später, weil sie nur einen kleinen Finger bekommen hatte.

Noch andere seltsame Geschichten erzählte man sich in unserem Dorf. Einmal habe ein Christ einer Frau auf den Kopf hin gesagt, dass sie eine Fetischfrau sei. Daraufhin sei die Fetischfrau einfach davongeflogen.

Es gab viele Fetischfrauen in unserer Gegend. Meist wurden sie von ihren Müttern, die ebenfalls Fetischfrauen waren, im Handwerk der Fetischkunst unterwiesen.

In unserer Nachbarschaft lebten Missionare aus Norwegen. Sie taten ihren Dienst in dem Hospital, in dem auch Vater arbeitete.

Einer der Wachmänner im Hospital hieß Paulo. Wir Kinder nannten ihn Paulo Mutume. Das bedeutete «Jünger Paulus». Paulo kannte sich sehr gut mit Fetischen aus.

Als meine Eltern die Fetische in ihrem Haus fanden, rief mein Vater Paulo und fragte ihn nach seiner Meinung. Paulo betrachtete sich die Fetische und erklärte, dass er diese Art von Fetischen bei Frauen in der Gemeinde gesehen habe. Diese Frauen hätten aber ihren Umgang mit Fetischen vor Gott bekannt und sich davon abgewandt. Paulo rief eine dieser ehemaligen Fetischfrauen.

Als sie die Fetische sah, war sie sehr erstaunt und sagte zu meinem Vater: «Dein Gott ist sehr groß! Diese Fetische werden dazu benutzt, um jemanden zu töten. Normalerweise kann niemand, der nicht selbst Fetische herstellt, diese Fetische sehen. Die Tatsache, dass ihr nicht gestorben seid, zeigt, dass euer Gott für euch gekämpft und gesiegt hat. Denn sonst wärt ihr in dieser Nacht gestorben.»

Die Frau beschwor meinen Vater, alle Fetische wegzuwerfen. Vater nahm sie mit in die Klinik und zeigte sie seinem Mitarbeiter Ilombe. Ilombe bat Vater, die Fetische zu verbrennen. Vater erwiderte, dass er die Fetische als ein Zeichen für Gottes Bewahrung aufheben wolle. Er legte sie in seinen Metallspind und verschloss diesen mit dem einzigen Schlüssel, den es dafür gab.

Als er am nächsten Tag in das Hospital kam, lagen die Fetische vor seinem Spind auf dem Boden. Mein Vater fragte Ilombe, ob er die Fetische herausgenommen habe. Ilombe sagte, dass er es nicht war und dass er auch keinen Schlüssel zu Vaters Spind besäße. Dann beschwor er meinen Vater erneut, die Fetische endlich zu verbrennen. Schließlich übergoss Vater die Fetische mit Petroleum und zündete sie an. Sie verbrannten nur teilweise. Die Überreste warf er in die Toilette.

7. Zu Besuch bei den Großeltern in Ruanda

Mein Vater heißt Muganga Rugema Simeon. Er wurde im Jahr 1937 im Westen Ruandas in Kizenga bei Rwamatamu in der Präfektur Kibuye, nicht weit vom Kivu-See entfernt, geboren. Mein Großvater väterlicherseits hieß Muzungu Ephraim und meine Großmutter Damaris Mukamugambi. Meine Mutter hieß Kampogo Joyce. Nach der Geburt ihres ersten Sohnes nannte man sie Mwiza (die Schöne). Meine Großeltern hatten sieben Kinder, drei Mädchen und vier Jungs. Sie lebten alle als Nachbarn auf einem Hügel mit dem Namen Uwakibaba.

Im Jahr 1955 ging mein Vater, zusammen mit seinem Onkel Sekabarate Abel, zum Studium nach Burundi. Beide wollten medizinische Assistenten werden. 1961 kam mein Vater nach Ruanda zurück, um am Kibogora-Krankenhaus in Cyangugu, am Südufer des Kivu-Sees, zu arbeiten.

Im September 1961 gab es in Rwamatamu Wahlen. Vor den Wahlen ging es stets hoch her. Diese Situation wollte der Bürgermeister, ein Hutu, ausnutzen, um meinen Vater und andere Tutsi, die in Burundi studiert hatten und hier lebten, umbringen zu lassen. Die gebildeten Tutsi waren im Ort hoch angesehen. Das entfachte den Neid und den Hass der Hutu. Allerdings erschwerte die positive Einstellung der Öffentlichkeit es den radikalen Hutu, offen gegen die Tutsi vorzugehen. Die unruhige Zeit vor den Wahlen schien ihnen der beste Moment, um ihren schändlichen Plan auszuführen.

Rurangangabo, ein Hutu und guter Freund, warnte meinen Vater vor der geplanten Mordaktion. Daraufhin entschloss sich mein Vater, nach Burundi zu fliehen. Der Bürgermeister sandte einen Killertrupp, der meinen Vater suchen sollte. Doch der war bereits in Burundi in Sicherheit.

Nach einigen Monaten ging Vater wieder nach Ruanda zurück, um weiterhin im Kibogora-Hospital in Cyangugu zu arbeiten. Allerdings konnte Vater nicht sicher sein, dass die Hutu ihn in Ruhe ließen. Adamson, ein weißer Missionar, der ebenfalls in dem Hospital arbeitete, riet Vater, sich eine Arbeitsgenehmigung für Burundi zu besorgen. Damit könnten sie ihm eine Arbeit im Methodistenhospital in Kibuye in Burundi besorgen.

Am 27. Mai 1962 begleitete der Missionar meine Eltern nach Burundi. Am 1. Juni 1962 begann Vater, am Hospital in Kibuye, in der Provinz Gitega, das von der Mission der Freien Methodisten betrieben wurde, zu arbeiten. Eineinhalb Jahre später wurde ich in Kibuye, in Burundi, geboren.

Meine Eltern hatten neun Kinder, drei Mädchen und sechs Jungs. Ich war das zweite Kind und die erste Tochter meiner Eltern. Wir waren immer eine glückliche Familie. Wir Kinder wurden im christlichen Glauben erzogen. Obwohl meine Eltern Tutsi-Flüchtlinge aus Ruanda waren, wurden wir dazu angehalten, jedermann zu lieben und zu respektieren, ganz gleich zu welchem Volk er gehörte oder welche Religion er hatte. Meine Eltern brachten uns bei, unsere Feinde zu lieben und in allen Dingen auf Gott zu vertrauen, damit wir, gemäß einer biblischen Verheißung, in dem Land gesegnet seien, das Gott für uns vorbereitet hatte.

Als Kind träumte ich davon, fliegen zu können. Es war ein Traum, der immer wieder kam und den ich öfters träumte als jeden anderen Traum. Ich fragte meine Mutter, was das bedeutete. Sie meinte ganz beiläufig, dass es daran läge, dass ich wachsen würde. Sehr viel später sollte dieser Traum buchstäblich in Erfüllung gehen.

Als ich zwölf Jahre alt war, nahmen mich mein Vater und meine beiden Brüder Phocas und Clement mit zu einem Besuch bei meinen Großeltern in Karengera am ruandischen Ostufer des Kivu-Sees. Meine Großmutter Damaris kannte ich bereits. Sie hatte uns unter großen Gefahren, denen sie, wenn sie reiste, als Tutsi in Ruanda ausgeliefert war, in Kalambi im Kongo besucht. Sie wollte unbedingt zu uns kommen, weil sie ihren Sohn, meinen Vater, seit zehn Jahren nicht mehr gesehen hatte. Als wir sie in Kalambi begrüßten, war das nicht nur für meinen Vater, sondern auch für uns Kinder eine große Freude. Zudem kam sie aus einem Land, in dem wir Kinder noch nie gewesen waren, aus Ruanda. Als ich erfuhr, unter welchen Gefahren sie gereist war, bewunderte ich ihren Mut.

Jetzt durfte ich zum ersten Mal in meinem Leben nach Ruanda

reisen, dem Land meiner Vorfahren. Meine Großeltern wohnten nicht direkt in Karengera, sondern in einem Weiler mit dem Namen Uwakibaba. Von dort aus waren es 45 Minuten zu Fuß bis Karengera. Dazu musste man einen Fluss überqueren, wofür nur zwei parallel über den Wasserlauf gelegte Balken zur Verfügung standen.

Großmutter war eine Frau, die viel Wert auf Stil und Würde legte. Sonntags trug sie das traditionelle Gewand der Ruanderinnen, den Mishanana. Dazu zog sie Lederschuhe mit hohen Absätzen an. In dieser Kleidung überquerte sie den Fluss auf den zwei Balken und ging nach Karengera in den Gottesdienst.

Meine Großeltern lebten von dem, was sie selbst ernteten. Daneben hatten sie ein paar Kühe, Schafe, Ziegen und Hühner. Sie besaßen ein großes Stück Land und einen Garten. Auf dem Feld pflanzten sie Bohnen, Sorghum, Kaffee, Maniok, Soja, Kartoffeln und Igname an. In ihrem Garten wuchsen verschiedene Früchte wie Bananen, Pflaumen, Papaya, Guaven, Ananas und viele mehr.

Großmutter stand jeden Tag früh auf. Sie kochte das Frühstück für die Familie und für die Arbeiter, die tagsüber auf dem Feld halfen. Sie kochte besonders gerne eine Mehlsoße aus Soja.

Großmutters Tochter, meine Tante Priscilla, arbeitete in Karengera bei einer Schweizer Missionarsfamilie, Alfred und Lucie Tobler, als Babysitterin. Manches Mal brachte Tante Priscilla mir schöne Kleider mit, die sie von Lucie bekommen hatte. Bonero Josias, ein Bruder von Priscilla und der Vater von Thérèse, die in meinem Haus ermordet wurde, arbeitete als Grundschullehrer in Karengera.

Mein Großvater Ephraim kümmerte sich um das Vieh. Abends las er gerne in der Bibel.

Einmal, nachdem er in der Bibel gelesen hatte, sagte er zu mir: «Meine Tochter!»

Er nannte mich so, obwohl ich seine Enkelin war.

«Wenn ich die Bibel in Kinyarwanda lese, verstehe ich sie sehr gut. Es gibt keine schönere Sprache in der Welt als Kinyarwanda.»

Kinyarwanda ist die Landessprache von Ruanda.

Dann fuhr er fort: «Die Bibel lehrt mich im 2. Timotheusbrief,

Kapitel 3, in den Versen 1 bis 7, dass am Ende der Welt schwere Zeiten kommen werden. Die Menschen werden ihr Verhalten zum Bösen verändern.»

Ich erinnerte mich später wieder an diese Worte, als das große Morden in Ruanda begann.

Um 5.00 Uhr abends schloss Großvater das Tor zum Grundstück mit Zweigen. Die Kühe schliefen im Hof und waren so in der Nacht geschützt.

Die jungen Mädchen hatten den Auftrag, das Grundstück und den Weg zum Haus sauber zu halten. Während meines Besuchs in Karengera half ich meiner Großmutter, den Kot der Kühe zu entfernen. Sie brachte mir auch bei, mit dem Mühlstein Sorghum zu mahlen.

Meine Großeltern lebten mit allen Nachbarn im Frieden, ganz gleich, ob es Tutsi, Hutu oder Twa waren. Während des Völkermords aber sollte sich das ändern.

8. Erweckung unter den Kindern in Kalambi

Bishoshi, meine beste Freundin, liebte alle Kinder im Longela-Viertel in Kalambi. Manchmal saßen zehn Kinder und mehr vor ihrer Küche und schauten ihr beim Kochen zu. Ganz gleich, wie viele wir waren, sie beschwerte sich nie, und jeder von uns bekam etwas zu essen, wenn sie mit dem Kochen fertig war.

Marthe, Bishoshis Mutter, war Hebamme und arbeitete in derselben Klinik wie mein Vater. Mit zu unserer Gruppe von Kindern gehörte auch Wakulungwa. Sie war so alt wie ich, und wir verstanden uns sehr gut. Wakulungwas Eltern lebten in Bukavu, am Südufer des Kivu-Sees. Sie selbst lebte hier in Kalambi bei ihrer Großmutter Marthe. Auch Karin und ihre Schwester gehörten zu unserer Gruppe. Die beiden waren Kinder von Arthur, einem norwegischen Missionar.

Eines Tages spielten wir Hochzeit. Mein jüngerer Bruder Clement war der Bräutigam, Karin spielte die Braut. Wir schmückten das Brautpaar mit Blumen und zogen alle zusammen singend durch das Dorf. Die Leute liefen auf die Straße und freuten sich über unseren Aufzug. Manche machten uns kleine Geschenke, die wir am Schluss der norwegischen Missionarsfamilie überreichten.

Später zog Arthur nach Kasongo, um dort als Missionar zu arbeiten. Nachdem er einige Monate weg war, erhielten wir eine traurige Nachricht. Arthurs kleiner Hund hatte den Missionar gebissen. Der Hund war nicht geimpft und hatte wohl irgendeine Krankheit. Arthur ging ins Krankenhaus und wurde dort behandelt. Doch es war schon zu spät. Arthur starb kurz darauf. Wir waren alle sehr traurig darüber. Ich hatte noch einige Zeit Kontakt mit Karin, Arthurs Tochter. Später brach die Verbindung zu ihr leider ab.

Eines Tages wurde Bishoshi ernsthaft krank. Sie konnte nicht im Krankenhaus in Kalambi behandelt werden. Vater brachte sie in die Provinzhauptstadt Mwenga. Wir Kinder waren alle traurig, dass sie nicht mehr da war. Sie war ein wichtiger Bestandteil unseres Lebens gewesen. Täglich beteten wir zu Gott, dass er sie wieder gesund machte.

Vater sagte uns, dass Bishoshi an Meningitis erkrankt sei. Das sei eine sehr gefährliche Krankheit, erklärte er uns. Eine Woche später erfuhren wir, dass Bishoshi gestorben war. Für uns Kinder im Dorf war das ein großer Schock.

An dem Abend, an dem wir die schlimme Nachricht erhielten, kamen alle Kinder in das Haus von Bishoshi, um mit der Familie zu trauern. Wir weinten zusammen und baten Gott, Bishoshi bei sich aufzunehmen und uns zu trösten. Gott gab uns die Gewissheit, dass Bishoshi bei ihm war.

Am nächsten Tag kamen noch mehr Kinder zu uns. Wir beteten, sangen und weinten zusammen. Am übernächsten Tag trafen wir uns wieder zum Gebet, zum Singen und zum Bibellesen.

Jeden Tag kamen mehr Kinder. Sie alle bekannten, dass sie auch in den Himmel kommen wollten, um dort unsere Freundin Bishoshi wiederzusehen. Die Gruppe wuchs weiter. Sie bestand aus Kindern, Teenagern und Jugendlichen.

Die Kirchengemeinde erkannte, dass wir ernsthaft bemüht waren, Gott zu finden und ihm unser Leben anzuvertrauen. Sie sandte uns einen älteren Leiter, der uns betreuen sollte. Er hieß Byakubile und war ein weiser und gottesfürchtiger Mann. Auch erhielten wir die Erlaubnis, uns in einem geeigneten Raum in der Kirche zu treffen.

Wir beschlossen, dass jeder, der den Kirchenraum betreten wollte, um zu beten, zuvor sein Herz von allen Sünden gereinigt haben musste. Dazu bekannten wir uns gegenseitig unsere Sünden außerhalb des Gebetsraumes und sprachen uns danach Gottes Vergebung zu. Einer von uns stand immer vor der Tür des Gebetsraumes und sah sich jeden, der hineinwollte, genau an, um zu sehen, ob dieser seine Seele gereinigt hatte. Wer abgewiesen wurde, musste nochmals zu der Gruppe zurückgehen und auch die Sünden bekennen, die er verborgen halten wollte. War dies geschehen, durfte er in den Gebetsraum.

Es war eine wundervolle Zeit. Wir lernten, wie man ein reines Leben führt, indem man Sünden bekennt, demütig ist und den Nächsten liebt. Wir lernten auch zu fasten. Wir erkannten, dass es wichtig ist, ein Licht in dieser geistlich dunklen Welt zu sein und den Menschen von Jesus Christus zu erzählen. Wir lasen in der Bibel, dass die Gemeinde die Braut Jesu ist und ihr Kleid rein halten muss. Wenn unser Brautkleid durch Sünde verunreinigt wurde, konnte es durch Jesu Blut, das für die Vergebung unserer Schuld geflossen war, wieder gereinigt werden.

Da ich schon immer gerne sang, wurde ich Mitglied im Jugendchor. Wir erzählten den Menschen durch unsere Lieder von Gott. Manchmal wurde unser Chor in eine andere Gemeinde eingeladen, um dort zu singen.

Ich las sehr gerne in der Bibel. Gottes Wort war und ist für mich bis heute das Beste für mein Leben. In der Bibel stand alles, was ich wissen musste, um ein gutes Leben zu leben, das Gott gefiel. Ich bat Gott, mir zu zeigen, was ihm an mir nicht gefiel. Gott zeigte mir, wo mein Leben nicht in Ordnung war und ich noch unbereinigte Schuld auf mich geladen hatte. Ich nahm mir Zeit zum Beten und Fasten und bat Gott, mir zu helfen, meinen

Glauben nicht zu verlieren. Ich träumte immer davon, einen Mann zu bekommen, der, wie ich, Gott nachfolgte und ihm diente und mit dem zusammen ich meine Kinder christlich erziehen konnte.

Während dieser Zeit der geistlichen Erweckung wurde ich dreizehn Jahre alt. Ich beschloss, mich taufen zu lassen. Dazu nahm ich an einem Vorbereitungskurs für die Taufe teil, die am 24. Dezember 1977 stattfand.

Einige Jahre später, ich war inzwischen sechzehn, hatte ich ein seltsames Erlebnis. Auf der Straße traf ich einen behinderten Mitschüler aus meiner Klasse. Nie zuvor hatte ich mit ihm über mein Leben gesprochen. Er war älter als ich und ging in die Gebetsstunde in der Gemeinde.

Als ich an diesem Tag auf dem Weg nach Hause war, hielt er mich an und sagte zu mir: «Denise, ich habe eine Botschaft von Gott für dich!»

Verwundert erwiderte ich: «Du hast eine Botschaft von Gott für mich?»

«Es gibt einen jungen Mann. Er heißt Obi. Er möchte dich gerne heiraten.»

«Ja, ich weiß. Das hat er mir auch schon gesagt, aber ich habe ihm geantwortet, dass ich noch nicht bereit sei zu heiraten.»

«Obi hat sich einen Fetisch besorgt, der dich dazu bringen soll, ihn zu heiraten. Aber Gott hat dafür gesorgt, dass der Fetisch keine Macht über dich hat. Obi wird demnächst mit seinem Fetisch zu dir kommen. Vielleicht fragt er dich, ob du zusammen mit ihm für die Schule lernen willst. Vielleicht bringt er auch eine Zuckerdose und lädt dich ein, mit ihm zusammen daraus zu essen. Vielleicht will er sich auch deine Uhr ausleihen. Gott sagt dir, dass du keine Angst haben sollst, denn Gott selbst wird diesen teuflischen Zauber unwirksam machen.»

Ich nahm die Botschaft des jungen Mannes sehr ernst. Er war in unserer Kirchengemeinde als tiefgläubiger junger Mann geachtet und hatte durch seinen guten Charakter und seinen einwandfreien Lebenswandel bewiesen, dass er Gott fürchtete und ihm gehorsam war.

Am nächsten Tag kam Obi tatsächlich zu mir und wollte mit mir reden. Ich hörte ihm nicht zu. Als er aufdringlich wurde, sang ich christliche Lieder und zeigte ihm, dass ich kein Interesse an ihm hatte. Daraufhin ließ er mich in Ruhe.

Byakubile, der Mann, den die Gemeinde uns als seelsorgerlichen Berater nach Bishoshis Tod zur Seite stellte, war Lehrer an der Grundschule. Wir Kinder liebten und verehrten ihn. Ich erinnere mich noch an sein Lieblingslied. Es hieß: «Unser Retter gibt uns Freude in dieser Welt.» Wenn wir dieses Lied während unserer Gebetsstunde in der Gemeinde in Swahili sangen, hatte Byakubile stets Tränen der Freude in den Augen. Er sang das Lied nicht auf Swahili, sondern in einer uns fremden, himmlisch klingenden Sprache.

Byakubile war einer meiner Lehrer, bis ich die Grundschule nach der 8. Klasse beendete und in die Oberschule nach Bideka ging. Byakubile war Diabetiker und wurde von meinem Vater behandelt.

Eines Tages sagte er zu meinem Vater: «Ich brauche jetzt keine Behandlung mehr. Bald kommt ein Engel und bringt mich in den Himmel.»

Er gab meinem Vater seine Uhr als Zeichen der Dankbarkeit. Mein Vater akzeptierte den Willen Byakubiles, nahm die Uhr als Geschenk und bedankte sich bei Byakubile, der daraufhin nach Hause ging. Wenige Stunden später war Byakubile tot. Seine Frau und seine Kinder waren sehr traurig und weinten laut. Bald kamen auch die Nachbarn und weinten mit der Familie.

Als die Freunde der Familie vom Tod Byakubiles erfuhren, kamen sie zur Beerdigung. Bei den Barega war es üblich, dass alle Menschen im Umfeld des Toten über dessen Ableben große Trauer zeigten, auch wenn der Tote ihnen völlig gleichgültig war. Während der Trauerfeierlichkeiten lag der Verstorbene aufgebahrt inmitten einer großen Anzahl von Menschen, die um ihn herum weinten und klagten.

Plötzlich erwachte Byakubile wieder zum Leben, richtete sich auf und rief: «Warum weint ihr? Warum seid ihr traurig? Ihr habt meine Reise mit eurem Schreien unterbrochen. Die Engel waren bereit, mich in den Himmel zu bringen. Als sie euer Schreien hörten, weigerten sie sich, mich mitzunehmen. Bitte, hört auf zu schreien! Ich möchte in den Himmel gebracht werden. Die Engel warten schon und singen wunderschöne Lieder.»

Nachdem er ausgeredet hatte, legte er sich wieder hin und starb. Die anwesenden Menschen waren völlig überrascht von dem, was sie soeben erlebt hatten, und hörten auf zu weinen.

Mutter hatte ein schönes Motto: «Karibu Kwangu!» («Willkommen in meinem Haus!») Obwohl wir durch den Fetischzauber in ständiger Gefahr waren, hatten wir ein offenes Haus für jedermann. Jeder Besucher wurde bei uns freundlich aufgenommen und versorgt. Unser Haus stand an einem Weg, den viele Menschen benutzten, wenn sie auf den Markt oder zu einem öffentlichen Gebäude gehen mussten. Manche Leute waren durstig und fragten nach einem Glas Wasser. Meine Mutter hieß alle willkommen und gab ihnen auch etwas zu essen. Besonders schwangere Frauen hatten es ihr angetan. Wenn eine von ihnen an unserem Haus vorbeikam, bat Mutter sie herein und verköstigte sie.

Mutter konnte hervorragend kochen. Eines Tages machte sie ein Bohnengericht mit Fleisch. Ein vorbeigehender Mann roch das gute Essen und kam herein. Er ließ sich gerne etwas von dem Fleisch geben. Bohnen mochte er, wie die meisten Barega, nicht essen.

Mutter kümmerte sich auch besonders um die Armen, die sie mit Lebensmitteln, Medikamenten und Kleidung versorgte.

Da meine Mutter oft krank war, mussten wir Kinder alle im Haushalt mithelfen. Jeder musste Wasser aus dem Brunnen holen. Meine Hauptaufgabe war es, Maniok in einem Holzgefäß mit einem großen Stock zu zerstampfen. Aus dem Maniok gewannen wir Mehl, aus dem wir das Cassavabrot machten. Oft aßen wir das Cassavabrot zusammen mit Sombe. Sombe besteht aus den Blättern der Maniokpflanze mit einer Soße aus Fisch, Fleisch oder Gemüse.

9. Die Oberschule in Bideka

Im Jahr 1978 beendete ich meine ersten acht Schuljahre. Da es in Kalambi keine weiterführende Schule gab, schickten mich meine Eltern nach Bideka bei Walungu. Bideka liegt im Gebiet des Bashi-Stammes, 32 Kilometer südlich von Bukavu, der Hauptstadt der Provinz Süd-Kivu im Osten des Kongo. Die Bashi in Walungu hatten eine andere Kultur als die Barega in Kalambi. Um an der Oberschule in Bideka aufgenommen zu werden, musste ich eine Prüfung ablegen. Vater begleitete mich dazu nach Bideka. Die Prüfung bestand ich ohne große Probleme.

Die Oberschule in Bideka war ein Internat und eine reine Mädchenschule. Sie gehörte zu CELZA (Communauté des Églises Libres au Zaïre), dem Bund der freien Gemeinden in Zaire, wie der Kongo in dieser Zeit genannt wurde. Meine Eltern schickten mich hierher, weil es eine christliche Schule war. Sie waren der Meinung, dass wir hier nicht nur eine sehr gute Ausbildung bekamen, sondern auch in unserem Glauben gestärkt wurden. Meine Schwestern mussten leider auf eine andere Schule in Luvungi gehen.

Nicht weit entfernt, in Bagira, einem Stadtteil von Bukavu, gab es eine Parallelschule der CELZA für Jungs. Zu bestimmten Anlässen arbeiteten wir mit dieser Schule zusammen. Wir nannten die Schüler in Bukavu «Brüder in Christus», und sie nannten uns «Schwestern in Christus».

Jedes Mädchen hatte eine «große Schwester», eine ältere Schülerin, die sich um sie kümmerte. Ich hatte großes Glück, dass meine Tante Marie Uwimana aus Kaziba noch in Bideka zur Schule ging. Sie kümmerte sich rührend um mich. Leider war sie schon in der letzten Klasse und verließ ein Jahr später die Schule. Danach bekam ich eine andere «große Schwester». Sie hieß, wie ich, Denise.

In der Schule traf ich Mädchen aus verschiedenen Regionen des Kongo, aus Ruanda und Burundi. Die Mädchen hatten mich alle gern und wollten meinen Swahili-Kirega-Akzent hören. In den

Pausen wollten sie immer meine Haare, die sie sehr schön fanden, kämmen. Zusammen probten wir und führten Theaterstücke auf. Es gab damals unter uns keinerlei Hass oder Spaltung.

Wir durften normalerweise das Internatsgelände nicht verlassen. Während der Pausen standen wir oft am Zaun oder auf einem bestimmten Platz außerhalb des Zaunes, auf dem wir uns aufhalten durften. Dieser Platz wurde «bambone banshebe» genannt. Das bedeutete: «Lass sie mich sehen und heiraten.» Diese Bezeichnung war als Spaß für die Mädchen im Internat gedacht, weil sie kaum Gelegenheit hatten, mit den Menschen draußen in Kontakt zu kommen. Einmal im Monat erlaubte uns die Schulleitung, das Gelände zu verlassen und uns in der näheren Umgebung aufzuhalten.

Wenn Schülerinnen eine Auseinandersetzung mit den Vorgesetzten in der Schule hatten, traten sie öfters in Streik und aßen nichts mehr. Weil ich bei den meisten in der Schule beliebt war, erlaubte mir die streikende Gruppe, mich während der Mahlzeit zu ihnen zu setzen. Weil ich noch sehr jung war, ich war nur «la petite Uwimana», die kleine Uwimana, konnte ich sie leider nicht dazu bringen, ihren Streik aufzugeben. Meine Tante war «la grande Uwimana», die große Uwimana, und deutlich älter als ich.

Unsere Eltern durften uns an einem Tag im Monat besuchen. Mein Vater kam nicht jeden Monat, weil die Reise zu lang war und er nicht so lange von der Arbeit wegbleiben konnte. Ab und zu hatten wir kurze Ferien von drei bis vier Tagen. Diese Tage verbrachte ich bei Claudine, einer Mitschülerin, deren Eltern in einer Tee-Plantage in Ngweshe arbeiteten. Oder ich besuchte die Familie von Tete, einer Cousine meines Vaters, in Walungu. Manches Mal ging ich auch zur Banyamulenge-Familie Gaturuturu nach Bukavu, mit deren Tochter Evelyne ich in der Schule befreundet war.

Meine Eltern gehörten ebenfalls zu einer Banyamulenge-Familie, bei denen es üblich war, dass die Kinder früh heirateten. Die Banyamulenge heirateten fast nur einen Partner aus dem eigenen

Volksstamm. Während meiner Schulzeit bekam ich Besuch von einem jungen Banyamulenge, der mich heiraten wollte. Meine Mutter hatte das Ganze eingefädelt. Sie wollte die zwölf Kühe Mitgift haben, die bei den Banyamulenge üblich waren, weil es bei uns zu Hause keine Kühe und deshalb auch keine Milch gab.

Als ich in den Schulferien nach Hause kam, machten sich meine Geschwister über mich lustig und sagten: «Denise, Mama hat einen jungen Banyamulenge für dich gefunden!»

Wenn der junge Mann zu uns kam, umsorgte meine Mutter ihren zukünftigen Schwiegersohn. Schließlich fragte ich sie, ob sie will, dass ich diesen Mann heirate. Sie sagte, dass sie das möchte, auch wenn mein Vater nicht damit einverstanden war. Er war der Meinung, dass ich alleine meinen Mann finden sollte. Ich war sauer auf meine Mutter, weil ich nicht heiraten, sondern die Schule zu Ende machen und danach studieren wollte.

Meine beste Freundin in dieser Schule war Aurelie Mukamusoni. Ihre Eltern lebten im Flüchtlingslager in Kalonge. Aurelie sprach sehr gut Kinyarwanda. Es gab noch weitere Mädchen in der Schule, die aus dem Flüchtlingslager in Kalonge kamen. Es fiel mir auf, dass sie sehr liebevoll miteinander umgingen und auch mich im Internat immer herzlich grüßten.

Ich verstand einige Worte in der Kinyarwanda-Sprache, konnte diese Sprache aber nicht sprechen. Aurelie lehrte mich einige Worte in der Sprache Ruandas. Einmal schlug ich den Mädchen vor, mir das Beten in Kinyarwanda beizubringen. Ich brachte allerdings kaum einen Satz zusammen, und alle lachten über mich. Doch ich war nicht entmutigt, sondern mein Ehrgeiz packte mich. Ich wollte unbedingt Kinyarwanda lernen.

In der freien Zeit saßen wir oft auf dem Rasen und unterhielten uns. Ich erfuhr, dass Sara das erste Mädchen in unserer Gruppe war, das aus Ruanda hierhergekommen war. Zacharie, ihr Vater, war Pastor in Ruanda. Er war Hutu und ihre Mutter Tutsi. Sara war ein nettes Mädchen. Sie war eine gute Christin, hatte gegen niemanden Vorbehalte und war zu allen Mitschülerinnen nett. In ihrer Freizeit betete und fastete sie oft. Wenn sie nicht zum Mittagessen kam, wussten wir, dass sie betete und fastete. Später kam eine weitere Gruppe von Schülerinnen aus Ruanda zu uns.

Die Schülerinnen, die aus Ruanda kamen, brauchten Hilfe beim Erlernen der französischen Unterrichtssprache. Die Regierung in Ruanda hatte Französisch als Unterrichtssprache in der Grundschule abgeschafft und durch Kinyarwanda ersetzt. Daher konnten diese Schülerinnen kein Französisch sprechen und verstehen. Aurelie und ich unterstützten sie mit Nachhilfeunterricht.

Wir erlebten, dass schon in dieser kleinen Gruppe von jungen Mädchen aus Ruanda Vorbehalte, Absonderung und Hass zwischen Hutu und Tutsi an der Tagesordnung waren. Als die Lehrer davon erfuhren, wurde es noch schlimmer. Wir gaben den Mädchen den guten Rat, ihr Verhalten zu ändern und einander zu akzeptieren, andernfalls würden sie von der Schule verwiesen werden.

Wir waren schockiert von dem Hass, der deutlich spürbar war. Gleichzeitig begriffen wir ein wenig von dem, was in Ruanda seit vielen Jahren zwischen Hutu und Tutsi passierte. Immer wieder gab es Massaker, die meist von Hutu an Tutsi verübt wurden. Doch auch von Seiten der Tutsi gab es Übergriffe auf die Hutu.

10. Umzug von Kalambi nach Bwegera

Im Jahr 1984 zogen meine Eltern von Kalambi nach Bwegera, in der Imbo-Ebene, südlich des Kivu-Sees. Bwegera war ein Dorf der Banyamulenge, die mit uns Tutsi verwandt sind und eine ähnliche Sprache sprechen. In dieser Gegend gab es aber auch Mitglieder des Bafulero-Stammes. Bwegera liegt an der Hauptstraße, die von Bukavu nach Uvira am Tanganjika-See führt.

Die Banyamulenge waren Viehzüchter und produzierten viel Milch. Bwegera war bekannt für die Milch, die hier verkauft wurde. Die meisten Fahrzeuge, die von Bukavu nach Uvira fuhren, machten in Bwegera einen Zwischenstopp, um Milch und Mashanja, eine Art Quark, zu kaufen. Vater richtete an diesem strategisch wichtigen Ort eine eigene kleine Klinik ein. Die erste Zeit dort war hart. Wir halfen Vater, so gut wir konnten, in der Klinik, indem wir die Räume sauber hielten, Patientenkarteien anlegten und andere einfachere Arbeiten verrichteten.

Da es in Bwegera sehr heiß war, hatten die meisten Häuser Strohdächer. Sie waren üblicherweise sehr klein und besaßen nur zwei Räume. Unsere große Familie hatte nicht genug Platz in unserem Haus. Deshalb schliefen meine jüngere Schwester und ich bei einer Nachbarsfamilie. Wir hatten jede Nacht Angst, weil die Nachbarn ihre Haustüre immer offen ließen. Wir fürchteten, dass Einbrecher oder wilde Tiere hereinkommen und uns etwas zuleide tun würden. Doch nichts Derartiges geschah in der Zeit, als wir dort übernachteten.

Es gab kein sauberes Wasser im Ort. Deshalb mussten wir morgens früh aufstehen und einen langen Fußmarsch zurücklegen, um an eine Quelle mit frischem Wasser zu kommen. Meist gingen wir schon um 3.00 Uhr in der Nacht aus dem Haus, um die Ersten an der Quelle zu sein. Wenn wir später kamen, gab es immer ein Gedränge.

Im Jahr 1985 heiratete meine Tante Priscilla in Nyakabuye bei Cyangugu, im Westen Ruandas. Tante Priscilla hatte mich zu ihrer Hochzeit eingeladen.

Danach besuchte ich meinen Onkel Ndaruhutse und meine Tante Thamar in Kibogora. Tante Thamar arbeitete als Krankenschwester im Hospital von Kibogora. Sie hatte in Kaziba, im Kongo, ihren Abschluss als Krankenschwester gemacht.

Bei dieser Gelegenheit besuchte ich auch meine Cousinen Jaqueline und Seraphine. Sie haben sich später, als ich nach Ruanda umzog, liebevoll um mich gekümmert. Leider wurden beide, wie viele meiner Verwandten, beim Völkermord 1994 getötet.

Auf dem Heimweg wollte ich meine geliebte Tante Priscilla noch einmal besuchen. Ich fuhr zunächst mit dem Bus von Kibogora nach Bugarama. Im Bus lernte ich ein junges Mädchen mit

Namen Judith kennen, deren Vater Pastor in der Methodistenkirche von Bugarama war. Judith lud mich zu sich nach Hause ein.

Während meines Besuchs bei Judith und ihrer Familie bekam ich die Gelegenheit, die Zementfabrik in Bugarama zu besichtigen, weil ihr Bruder Assiel dort Wachmann war. Samuel, der Ehemann von Pascasie, die nach dem Morden mit mir in der Klinik bei der Zementfabrik sein würde, ein anderer Bruder von Judith, gab mir ein Foto, das ihn vor dem Generatorhaus der Fabrik stehend zeigte. Dieses Foto, das ich immer bei mir trug, sollte mir später zum Verhängnis werden.

Die Zementfabrik faszinierte mich so sehr, dass ich hierbleiben wollte. Leider hatte ich keine Chance, eine Arbeit in dieser Firma zu bekommen, weil in meinem Ausweis stand, dass ich Kongolesin war.

Nach dieser Reise durch den Westen Ruandas half ich meinen Eltern bis zur Ernte bei der Feldarbeit. Jeden Tag ging ich frühmorgens mit den Arbeitern auf das Maniokfeld, das unserer Familie half, den größten Hunger zu überwinden. Vaters Einnahmen durch die Klinik waren gering. Ohne das Feld hätten wir als Familie nicht überleben können. Nach der Maniokernte schlugen mir meine Eltern vor, nach Burundi zu gehen und dort eine Arbeit zu suchen.

11. Erste traumatische Erfahrungen

Während ich in Burundi bei meiner Tante Beatrice lebte und auf Arbeitssuche war, erhielt ich einen Brief von Samuel, der mir mitteilte, dass die Zementfabrik eine Arbeitsstelle für mich hätte. Ich war Feuer und Flamme und wäre am liebsten sofort nach Bugarama aufgebrochen.

Während ich Reisepläne schmiedete, kamen zwei Besucher zu Tante Beatrice. Einer der beiden, ein junger Christ, war skeptisch, als er hörte, was ich vorhatte.

Er sagte zu mir: «Denise, sei vorsichtig! Dieser Job kann eine große Versuchung für dich sein.»

Was meinte er damit? Hatte er Angst, dass ich in schlechte Gesellschaft geriet? Mein Entschluss stand fest. Ich wollte den Job in der Zementfabrik. Die Reise selbst bereitete mir allerdings die größte Sorge. Ich hatte Angst vor der Polizei in Burundi.

Um nach Ruanda zu reisen, brauchte man in jener Zeit eine Art Passierschein, den ich aber nicht besaß. Ich hatte nur einen kongolesischen Personalausweis und meinen Studentenausweis. Als ich erfuhr, dass die Straße von der Grenze am Ruhwa-Fluss nach Bugarama schlecht und gefährlich war und es keine öffentlichen Verkehrsmittel gab, wurde meine Sorge nicht kleiner. Die einzige Reisemöglichkeit bestand darin, von einem Motorradfahrer mitgenommen zu werden.

Schließlich hörte ich, dass die «Gukata amashu», die «Krautkopfabschneider», in dieser Gegend ihr Unwesen trieben. Diese Bande hatte diesen schrecklichen Namen von den Bewohnern erhalten, weil sie Reisenden die Köpfe abschnitten und diese verkauften.

Am 25. August 1985 stand ich frühmorgens auf und bat Gott um seinen Segen für meine Reise nach Bugarama. Ich zog meinen Faltenrock an und band mir ein Tuch um den Kopf, das mein Gesicht fast vollständig verbarg. Um 5.00 Uhr morgens erreichte ich die Bushaltestelle in Bujumbura, der Hauptstadt Burundis am Nordostufer des Tanganjika-Sees.

Zwei Stunden später kam ich über Cibitoke und Rugombo an der Grenze zu Ruanda am Ruhwa-Fluss an. Zusammen mit anderen Reisenden betrat ich das Büro der ruandischen Grenzpolizei.

Ein Mann mit nacktem Oberkörper und einem Handtuch um den Unterleib gewickelt empfing uns. Ich zeigte ihm meinen kongolesischen Personalausweis und meine Studentenkarte. Beide Papiere nahm er an sich und gebot mir zu warten. Währenddessen ließ er alle anderen Reisenden passieren. Ich bekam Panik, weil ich den Weg nach Bugarama nicht kannte und deshalb mit den anderen zusammen reisen wollte.

Schließlich war ich mit dem halbnackten Grenzbeamten allein. Was würde er mit mir machen? Würde er mich zum Verhör zu einem Kollegen bringen? Der Beamte forderte mich auf, ihm zu folgen. Plötzlich stand ich in seinem Schlafzimmer. Er schloss die Tür von innen ab und steckte den Schlüssel weg. Dann ließ er das Handtuch fallen und war vollständig nackt.

Ich versuchte ruhig zu bleiben, als er sagte: «Uwimana, gib es mir!»

Er kannte meinen Namen von meinen Reisepapieren.

Erschrocken erwiderte ich: «Was?»

Der Beamte wunderte sich: «Du in deinem Alter weißt nicht, was ich will?»

Ich blieb äußerlich einigermaßen ruhig: «Nein, ich weiß nicht, was du meinst.»

Innerlich schrie ich zu Gott.

Der Mann packte mich und warf mich auf sein Bett. Ich wehrte mich mit aller Kraft und schrie in meinem Herzen zu Gott: *Ich will keine Sünde mit diesem Mann begehen und dadurch meine Jugend zerstören. Wenn er mir Gewalt antut, werde ich danach den Raum verlassen und mich im Ruhwa-Fluss ertränken. Ich werde sterben. Aber du, Gott, bist für meine Seele verantwortlich.*

Nachdem ich in meinem Herzen mit Gott geredet hatte, verlor ich meine Angst.

Der Mann wurde wütend: «Warum weigerst du dich, mir das zu geben, was ich will? Viele Mädchen kommen hierher. Sie geben mir alle, was ich will. Warum weigerst du dich?»

Ich erwiderte: «Diese Mädchen sind anders als ich, und ich bin anders als sie.»

Der Beamte wurde böse und rief: «Uwimana, du wirst diese Grenze niemals überschreiten, solange ich hier Dienst tue!»

Dann öffnete er die Tür, ohne ein weiteres Wort zu verlieren, ging in das Büro zurück und gab mir meine Ausweise. Ich stand allein auf der Straße.

Der 25. August 1985 war ein Sonntag. Inzwischen war es 11.00 Uhr am Vormittag. Ich stand auf der Straße vor dem Grenzposten und wusste nicht, wohin ich gehen sollte. Dann sah ich das

Grenzschild von Ruanda und ging einfach über die Grenze, ohne mich umzudrehen.

Wenig später traf ich zwei Männer, die beide eine Hacke über der Schulter trugen. Ich fragte sie, ob sie mir den kürzesten Weg nach Bugarama zeigen könnten. Sie beschrieben mir, wie ich gehen sollte.

Mein Weg führte mich einen schmalen Pfad den Hügel hinauf. Auf beiden Seiten stand hohes Gras. Ich dachte an den Grenzbeamten und an die Gukata-amashu-Bande und hatte Angst, dass mir jemand folgen könnte.

Die Angst wurde stärker, und ich begann zu rennen. Als ich Menschen traf, rannte ich weiter, ohne sie anzusehen. Ich rannte den ganzen Weg bis nach Bugarama, wo ich völlig erschöpft ankam.

Auf der Straße traf ich überraschend Thamar, eine Cousine meines Vaters. Thamar hatte ich bei meiner Besuchsreise durch den Osten Ruandas kennengelernt. Sie wohnte jetzt mit ihrem Mann in Bugarama und lud mich zu sich nach Hause ein, wo ich zur Ruhe kommen und etwas essen konnte.

Später begleitete sie mich zur Straße, um ein Fahrzeug für mich zu finden, das mich zur Zementfabrik bringen würde. An der Straße traf ich Oscar, der bei CIMERWA, der Zementfabrik, arbeitete. Er lud mich ein, mich mit seinem Auto zu meiner Freundin Judith, der Tochter des Methodistenpastors von Bugarama, zu fahren. Ich übernachtete bei Judith und fuhr am nächsten Tag zu meiner Tante Priscilla nach Nyakabuye, nicht weit von Bugarama entfernt.

Ich freute mich sehr, meine Tante Priscilla und ihren Mann Alphonse wiederzusehen. Zusammen dankten wir Gott für seine Bewahrung während meiner Reise. Am nächsten Tag kamen viele Besucher; einige waren Verwandte von Alphonse, andere kamen von der Kirchengemeinde, die beide besuchten. Unter den Gästen waren auch zwei Männer, die bei CIMERWA arbeiteten. Ich kochte für alle Ugali, Cassavabrot mit einer feinen Fischsoße. Danach saßen wir noch zusammen und tranken Tee mit Milch.

Einer der beiden Angestellten von CIMERWA war Charles, ein

Tutsi. Er war zusammen mit Marline, einer Nichte meiner Tante, gekommen. Als Charles noch in Kisangani studierte, lebte er bei der Familie von Marline. Jetzt arbeitete er als Geologe bei CIMERWA. Ich erfuhr, dass Charles sich 1973 am Nyundo-Seminar in Gisenyi, am ruandischen Nordufer des Kivu-Sees, zum katholischen Priester ausbilden lassen wollte. Als jedoch einige junge Tutsi-Studenten am Seminar ermordet wurden, fürchtete Charles um sein Leben, floh zunächst nach Burundi und studierte dann in Kisangani, im Kongo, Geologie.

Tante Priscilla war Grundschullehrerin. Ihr Mann Alphonse arbeitete im Zementwerk. Ich blieb einige Zeit bei den beiden, half im Garten und machte die Wäsche. Täglich las ich in meiner Bibel. Meine Lieblingsstelle war Psalm 25. Ich bat Gott, dass er mich einen guten Weg führte und meinen Glauben erhielt.

Charles interessierte sich für mich und wollte sich mit mir befreunden. Er lud mich ein, die Zementfabrik zu besichtigen. Er zeigte mir die Stellen, an denen die Quarz- und Travertin-Steine aus der roten Erde geholt wurden, um daraus Zement zu machen. Wenig später machte er mir einen Heiratsantrag. Ich war aber noch nicht bereit zu heiraten, weil ich hierhergekommen war, um eine Arbeit zu suchen.

Ich fragte Charles, was wohl mein Vater sagen würde, wenn er erfuhr, dass ich mich verliebt hatte, anstatt eine Arbeit zu finden. Ich sagte Charles, dass ich ihm noch keine Antwort geben könne. Er solle dafür beten; ich wollte es auch tun. Gott würde uns seinen Plan für unser Leben zeigen. Charles war Katholik, aber er praktizierte seinen Glauben nicht.

Alphonse zeigte mir die Gegend um Bugarama, die Busozo genannt wurde. Einmal begegneten wir einer Gruppe von seltsamen Menschen, die in großer Eile waren und deren Gesichter große Besorgnis ausdrückten. Einige hielten Stöcke in den Händen. Alle waren ärmlich gekleidet und trugen keine Schuhe. Vier Männer trugen eine kranke Person auf einer Trage. Alphonse erklärte mir, dass sie den Kranken in die Klinik nach Mashesha bringen würden. Er nannte die Leute Basozo, die Bewohner von Busozo; ein Stamm, der schon immer hier wohnte. Sie waren ihren

Nachbarn gegenüber sehr hilfsbereit und hielten als Dorfgemeinschaft in jeder Lage eng zusammen.

In Bugarama und Nyakabuye gab es einen Präfekten, einen Unterbeamten des Provinzgouverneurs. Er war ein Hutu, der aus Gikongoro, einer Stadt weiter östlich, stammte. Dieser Präfekt war bekannt dafür, dass er die Tutsi hasste. Er hielt sich oft in Bugarama auf, weil dieser Ort strategisch günstig im Grenzland zu Burundi und dem Kongo lag. Oft legte er sich an den Straßen, die von den beiden Nachbarländern kamen, auf die Lauer, um Tutsi abzufangen, die hier einreisten, und sie ins Gefängnis zu werfen. Dieser Präfekt hatte erfahren, dass Charles sich mit mir, einer Tutsi aus dem Kongo, verlobt hatte.

Eines Tages ging ich allein zu Fuß von Nyakabuye zur Zementfabrik. Plötzlich hielt ein Auto neben mir. Darin saß der Präfekt und befahl mir einzusteigen; er wolle mich nach Bugarama ins Gefängnis bringen. Er fragte nach meinen Papieren, die ich ihm gab. Als wir in Bugarama ankamen, schleppte er mich vor den Bürgermeister und klagte mich an.

Er sagte zu dem Bürgermeister: «Diese Tutsi-Frau ist ein Flüchtling aus dem Kongo. Sie nennt sich selbst Kongolesin, aber sie ist eine Tutsi. Sie kam in unser Land, um unsere Industrie auszuspionieren.»

Ich sagte nichts zu den Vorwürfen. Die Menschen im Rathaus drängten sich herbei und starrten mich wie eine Verbrecherin an. Sie waren neugierig, wie eine Tutsi-Frau aussah, die eine Spionin war. Ein Mann trat aus der Menschenmenge. Er hieß Kabano, ein Tutsi aus Kibuye, der mich kannte.

Kabano fragte mich: «Bist du nicht eine Enkelin von Muzungu?»

«Ja!», erwiderte ich.

Kabano blickte mich mit tiefem Bedauern an. Er konnte nicht eingreifen, weil er sich damit selbst gefährdet hätte. Der Präfekt war bekannt dafür, dass er jedem Tutsi gefährlich werden konnte, auch denjenigen, die legal in Ruanda lebten.

Dann zeigte der Präfekt die Fotografie von Samuel, die er in meiner Brieftasche gefunden hatte.

«Schaut euch das Foto an! Es zeigt das Generatorhaus der Zementfabrik. Wenn das kein Beweis dafür ist, dass sie spioniert! Das ist eine gefährliche Frau, die eingesperrt werden muss!»

Der Bürgermeister war nicht überzeugt. Er meinte, das Ganze sei doch lächerlich, und war nicht bereit, mich einzusperren. Wütend packte der Präfekt mich an der Hand und verließ das Rathaus mit mir. Er brachte mich an die Grenze zu den Grenzbeamten. Die sollten mich verhaften und ins Zentralgefängnis nach Cyangugu bringen.

Der Grenzpolizist sah mich an und fragte mich: «Warum sind Sie nach Ruanda gekommen?»

Ich antwortete: «Um nach einer Arbeit in der Zementfabrik zu fragen.»

«Kennen Sie Charles, den Geologen?»

Ich wusste, dass ich wegen Charles eingesperrt werden sollte. Die extremistischen Hutu hassten uns Tutsi. Charles hassten sie besonders, weil er gebildet und klug war. Es war ihnen ein Dorn im Auge, wenn ein Tutsi Karriere machte.

Der Polizist fragte weiter: «Sind Sie mit Charles verlobt?»

«Nein!», erwiderte ich, «wir sind nur Freunde.»

«Soll Charles ihnen einen Job in der Fabrik vermitteln?»

«Nein! Ich wollte mich selbst darum kümmern.»

Dem Präfekten dauerte das Verhör zu lange. Er unterbrach den Polizisten.

«Verhaften Sie diese Tutsi-Frau jetzt endlich, und bringen Sie sie nach Cyangugu ins Zentralgefängnis!»

Der Grenzpolizist blieb ganz ruhig und antwortete dem Präfekten: «Es tut mir leid! Wir werden sie nicht verhaften. Sie ist zu jung. Außerdem besitzt sie gültige Papiere.»

Wütend giftete der Präfekt die Polizisten an, zog mich zu seinem Auto zurück und brachte mich zu meiner Tante Priscilla. Ich erzählte ihr und ihrem Mann, was mir passiert war. Sie waren sehr erschrocken darüber, weil auch sie als Tutsi ständig in Gefahr waren, eingesperrt zu werden.

Kurze Zeit später klopften zwei Polizisten an die Haustür. Tante Priscilla öffnete und fragte, was sie wollten.

Einer der beiden sagte: «Wo ist Uwimana? Der Präfekt will sie dringend in Nyakabuye sprechen.»

Dieses Mal begleiteten mich Tante Priscilla, ihr Mann Alphonse und Johann, ein Cousin von Alphonse, der im Nachbarhaus wohnte und der später ebenfalls beim Völkermord sterben musste. Wir erreichten kurz darauf die kleine Stadt Nyakabuye, wo der Präfekt schon wartete. Er begann sofort mit dem Verhör.

«Uwimana, wann flohen deine Eltern in den Kongo?»

Ich blickte dem Präfekten ins Gesicht und erriet, welche Antwort er hören wollte. Ich gab ihm eine andere Antwort und sagte:

«Das war 1952.»

«Waren sie Flüchtlinge?»

«Nein, sie waren keine Flüchtlinge.»

«Warum bist du gekommen? Du wolltest die ruandische Fabrik ausspionieren!»

«Ich bin keine Spionin. Ich kam hierher, um Arbeit zu suchen.»

Der Präfekt sagte meiner Tante, dass er mich in das große Gefängnis in Cyangugu bringen werde. Meine Tante und die übrigen Verwandten baten den Präfekten um Gnade. Sie sagten, ich sei unschuldig und erst einundzwanzig Jahre alt. Er ließ sich erweichen, bestand aber darauf, dass ich eine Strafe von 7000 Ruanda-Francs bezahlen müsste. Für mich, die ich über kein Geld verfügte, war das eine riesige Summe.

Als Charles hörte, was mit mir geschehen war, sandte er meiner Tante heimlich das Geld. Tante Priscilla bezahlte die Strafe. Ich erhielt eine Quittung, auf der geschrieben stand: «INZEREREZI», was so viel wie «unerwünschte Person» bedeutet.

Danach sagte der Präfekt zu mir: «Uwimana, du musst in den Kongo zurück! Morgen bringe ich dich persönlich an die Grenze.»

Am nächsten Morgen gingen wir nach Nyakabuye, wo der Präfekt mich in Empfang nahm und mit seinem Auto zur Grenze brachte.

Die letzten Augenblicke an der Grenzstation waren sehr schwer für mich. François, der Grenzpolizist, sagte mir zum Abschied: «Uwimana, du wirst nie eine Arbeit in Ruanda bekommen. Geh schon! Geh zurück in den Kongo, wo du hergekommen bist!»

Langsam ging ich in Richtung Grenze. Der Polizist begleitete mich, wie man eine Kuh zum Schlachthof begleitet, bis ich über der Grenze war. Er beobachtete mich, damit ich nicht heimlich umkehrte, und rief mir nach: «Geh zurück! Geh zurück in den Kongo!»

Ich war sehr traurig und enttäuscht. Ich hasste dieses Land Ruanda und die Hutu, die dort lebten und mir das Leben schwermachten. Damals dachte ich noch, dass alle Hutu gleich sind. Später wurde ich eines Besseren belehrt.

Als ich nach Hause nach Bwegera kam, empfing mich meine Familie mit großem Erstaunen. Nachdem sie gehört hatten, was mit mir geschehen war, wurden sie ebenfalls sehr traurig.

Ich verlor in dieser Zeit jedes positive Empfinden für Ruanda. Ich wollte nichts mehr von diesem Land wissen und nicht einmal mehr den ruandischen Radionachrichtensender hören. Ich war zutiefst enttäuscht und verletzt vom Verhalten der Menschen in Ruanda. In der Folgezeit träumte ich viel von Ruanda, aber es waren immer nur schlimme Sachen, von denen ich träumte.

So wurde mein Traum von Ruanda zu meinem Albtraum über Ruanda.

Mein Vater wollte den Ereignissen auf den Grund gehen. Er reiste nach Ruanda, um von seiner Schwester, meiner Tante Priscilla, zu erfahren, was vorgefallen war.

Ich konnte nicht lange in Bwegera bleiben. Der Osten des Kongo war ein Unruheherd. Unterschiedliche Armee-Einheiten machten das Land unsicher. Besonders gefährdet waren junge Mädchen wie ich. Meine Eltern waren in großer Sorge um mich und drängten mich, wieder nach Burundi zu gehen.

In Burundi lebte ich zunächst bei meiner Tante Beatrice in Bujumbura, der Hauptstadt Burundis. Ab und zu besuchte mich mein Großonkel, Pastor Sefuku. Ich erzählte ihm, was ich in Ruanda erlebt hatte. Pastor Sefuku hatte von dem fanatischen Präfekten gehört, weil er öfters seinen Bruder besuchte, der in Kibangira, im Bezirk Bugarama, lebte.

Sefuku sagte zu mir: «Denise, Gott schützt dich! Wenn es nicht so wäre, wärst du diesem Mann nicht entkommen. Er hasst die Tutsi sehr.»

Ich dachte oft an Charles, aber ich war überzeugt, dass unsere Beziehung zu Ende war. Ich wollte Charles vergessen und auch nicht mehr über ihn nachdenken, weil ich keine Chance hatte, ihn jemals wiederzusehen. Die Quittung, die der Präfekt mir ausgestellt hatte, steckte immer als Souvenir von Ruanda in meiner Brieftasche. Ich hatte es schwarz auf weiß, dass ich eine unerwünschte Person war. Diese Bezeichnung verletzte mich tief. Habe ich es wirklich verdient, eine INZEREREZI genannt zu werden? Bin ich wirklich eine unerwünschte Person? Ich fühlte mich ungerecht behandelt und war sehr traurig darüber.

Mein Großonkel Pastor Sefuku half mir, die Kirundisprache wieder neu zu lernen. Als Kind beherrschte ich die Sprache Burundis perfekt. Aber nach so vielen Jahren war sie mir völlig fremd geworden. Sefuku half mir dabei, mich für mein erstes Gespräch auf dem Arbeitsamt vorzubereiten. Bei meiner Vorstellung wollte ich mit den Beamten unbedingt in Kirundi reden.

Ich lernte Christine Police kennen. Sie besaß die Staatsbürgerschaft von Burundi und war mit einem Ruander verheiratet. Christine gab mir alle Informationen, die ich für meine Arbeitssuche brauchte. Sie hatte schon vielen jungen Tutsi-Flüchtlingen geholfen, die nach Burundi gekommen waren.

Mangala Alois, der Mann von Tante Beatrice, besaß eine Schreibmaschine und gab mir meinen ersten Kurs im Maschinenschreiben. Nach einigem Suchen bekam ich schließlich eine Stelle als Grundschullehrerin in Gasorwe, in der Provinz Muyinga, im Norden Burundis, nicht weit von der Grenze nach Tansania entfernt. Mein Cousin Gerard begleitete mich nach Muyinga, in die

Provinzhauptstadt, weil er dort studierte. Er gab mir den guten Rat, sehr vorsichtig in der neuen Umgebung zu sein. In Gasorwe traf ich einen ehemaligen Nachbarn aus Bwegera, der mich freundlich willkommen hieß.

Nur ein Jahr lang lebte und arbeitete ich in Gasorwe. Ich fühlte mich dort überhaupt nicht wohl. Es ging mir in meinem Glaubensleben schlecht. Ich kam immer weiter weg von Gott, und ich fühlte mich in der Stadt nicht sicher.

Als ich eines Tages um die Mittagszeit auf dem Weg zur Arbeit war, traf ich einen Mann mit einem Fahrrad auf der Straße. Der Mann hielt an. Ich sah, dass er eine Bibel dabeihatte. Er wollte von mir eine Information über eine bestimmte Person, die ich aber nicht kannte.

Er wechselte das Thema und meinte: «Ich erkenne, dass du unter Bauchschmerzen leidest!»

«Ja, das ist richtig», erwiderte ich.

Allerdings war das bei uns Frauen etwas ganz Normales.

Daraufhin sagte er: «Du hast eine verborgene Krankheit von einem Nachbarn bekommen, der dich mit einem Fetisch verflucht hat.»

«Davon weiß ich nichts», erwiderte ich.

Der Mann fuhr fort: «Ich kann dir helfen, gesund zu werden, wenn du das willst.»

Ich war einverstanden. Er forderte mich auf, mit ihm die Straße zu verlassen. Ich dachte an nichts Böses. Es war helllichter Tag, und es drohte mir offensichtlich keine Gefahr. Wir setzten uns ins Gras und er öffnete die Bibel, wobei ich ihn genau beobachtete. Der Mann nahm ein paar Gräser in die Hand und forderte mich auf, auf seine Handfläche zu schlagen. Dazu sprach er fremdartige Worte, die ich nicht verstand. Plötzlich begriff ich, dass dieser Mann nicht von Gott kam und die Bibel missbrauchte.

Ich fasste mir ein Herz und sagte zu ihm: «Bitte hör auf mit dem, was du jetzt gerade tust! Ich vertraue auf Jesus. Er kann meine Krankheit heilen. Ich bin nicht einverstanden mit dem, was du tust!»

Der Mann wurde wütend und schrie mich an: «Willst du mit mir spielen?»

Ich antwortete ruhig: «Nein!»

Mit harter Stimme drohte er: «Ich kann jetzt gleich befehlen, dass du wahnsinnig wirst!»

Ich erwiderte ruhig: «Im Namen Jesu glaube ich, dass ich nicht verrückt werde.»

Er ließ nicht locker: «Ich kann den Gräsern befehlen, dass sie Schlangen werden und dich beißen.»

Ich erwiderte: «Im Namen Jesu, sie werden mich nicht beißen.»

Dann stand ich auf und rannte, so schnell ich konnte, zur Schule.

Kurze Zeit später hatte ich Gelegenheit, einem reifen Christen diese Geschichte zu erzählen und ihn nach seiner Meinung zu fragen. Er antwortete mir, dass der Feind, der Teufel, mir meinen Glauben nicht gönnt. Er würde immer wieder versuchen, meinen Glauben an Gott zu zerstören.

Wenig später bewirkte Gott ein großes Wunder. Innerhalb eines Jahres wurden alle ruandischen Grenzbeamten, mit denen ich zu tun hatte, sowie der Präfekt weit weg versetzt. Bevor der Präfekt abreiste, suchte er Charles auf. Er sagte ihm, dass er mich gezwungen habe, in den Kongo zurückzukehren, und bat Charles um Vergebung dafür. Samuel, dessen Foto sich in meiner Brieftasche befand, teilte meinen Eltern im Kongo die Neuigkeit mit, und sie wiederum informierten mich in Burundi.

Im Dezember 1986 ging ich in den Kongo zu meinen Eltern zurück. Sie erzählten mir, dass Charles sie oft besuchte. Das war für mich ein Zeichen dafür, dass Charles ernsthaft an mir interessiert war und unsere Beziehung weiterführen wollte. Ich reiste wieder nach Ruanda und hatte dieses Mal keine Schwierigkeiten an der Grenze. Meine Tante Priscilla und Charles freuten sich sehr, mich wiederzusehen. Charles machte mir auch gleich einen Heiratsantrag.

Die unselige Quittung des Präfekten trug ich noch lange Zeit in meiner Brieftasche. Jedes Mal, wenn ich sie herausnahm und das Wort INZEREREZI las, sagte ich zu Gott: «Oh, mein Gott! Bist du auch der Meinung, dass ich eine unerwünschte Person bin?» Und jedes Mal wurde ich sehr unglücklich darüber, eine unerwünschte Person genannt worden zu sein.

Nach vielen Jahren sagte mir eine innere Stimme: *Warum schleppst du diese Quittung immer noch mit dir herum, obwohl du weißt, dass dieser Mann Charles um Vergebung gebeten hat?* Ich war beschämt und fühlte mich schuldig. Die Quittung warf ich sofort weg und vergab dem Präfekten in meinem Herzen.

12. Meine Hochzeit mit Charles

Charles war Katholik, aber nur auf dem Papier. In Wirklichkeit kümmerte er sich wenig um den Glauben. Ich war, wie man bei uns sagte, Protestant, also evangelisch, kam aus einer Pfingstgemeinde und praktizierte täglich meinen Glauben.

Charles und ich redeten viel über den Glauben. Wir sprachen darüber, wie wir aufgewachsen waren und was uns und unsere Einstellung geprägt hatte. Charles hatte viele Enttäuschungen erlebt.

Schon als Kind musste er als Tutsi viel unter den Hutu leiden. Er war noch klein, als er mit seinen Eltern aus Ruanda in den Kongo nach Idjwi in der Provinz Süd-Kivu fliehen musste.

Seine Mutter war oft krank. Sie konnte Charles und seine Geschwister nicht richtig versorgen. Die Kinder litten Mangel an Körper und Seele; dennoch beendete Charles die Grundschule.

Er war einer der wenigen Tutsi, die die Aufnahmeprüfung für das Priesterseminar in Nyundo bei Gisenyi, am Nordufer des Kivu-Sees in Ruanda, bestanden und dort studieren durften.

Im Jahr 1973 musste er seine Ausbildung zum katholischen Priester abbrechen, weil er als Tutsi, ebenso wie die anderen Tutsi-Studenten und die Tutsi-Lehrer, im Seminar von Hutu verfolgt und mit dem Tod bedroht wurde. Mit nur zwanzig Jahren floh Charles nach Burundi, zusammen mit vielen anderen gebildeten Tutsi. In Burundis Hauptstadt Bujumbura besuchte er die St.-Albert-Schule. Danach ging er in den Kongo, nach Kisangani, wo er Geologie studierte.

Obwohl Charles meinen Glauben noch nicht verstand und auch nicht nachvollziehen konnte, respektierte er mich, wie ich war, und auch die Art und Weise, wie ich meinen Glauben praktizierte. Charles, ein friedliebender Mann, war ein Denker, der gerne Bücher las und sich weiterbildete.

Charles und ich redeten ganz offen über unsere Stärken und Schwächen und über unsere Pläne für unser Leben. Mir wurde in dieser Zeit deutlich, dass Gott mir als neue Aufgabe eine eigene Familie geben wollte. Charles und ich gehörten zusammen, und wir waren uns einig, dass wir auch in guten wie in schlechten Tagen zusammenbleiben wollten. Da Charles kein aktiver Katholik war, fragte ich ihn, ob wir nicht in meiner Kirche heiraten könnten. Er war sofort damit einverstanden.

Mir war es stets wichtig gewesen, genug private Zeit mit Gott im Gebet und im Lesen der Bibel zu verbringen. Manchmal fastete ich, um Gott näherzukommen und zu erkennen, wie es in meinem Leben weitergehen sollte. Dabei hatte ich nie daran gedacht, dass ich einen Tutsi aus Ruanda heiraten würde.

Für mich war klar, dass Gott Charles und mich zusammengeführt hatte. Ich hatte mir schon viel früher Gedanken gemacht, wie ich mir meine Familie wünschte. Dazu gehörte ein schönes Heim, in dem ich meinem Herrn, Jesus Christus, zusammen mit meiner ganzen Familie dienen wollte. Meine Bitte an Gott bestand aus drei Teilen:

1. Gott sollte mir einen Mann geben, der mir erlauben würde, meinen Glauben zu praktizieren. 2. Gott sollte uns befähigen, unsere Probleme alleine, ohne die Hilfe der Großfamilie, zu lösen. Und 3. sollte Gott dafür sorgen, dass ich es nie bedauern würde, den Mann geheiratet zu haben, den er mir zur Seite gestellt hatte.

Im Jahr 1987 lud Charles mich ein, ihn nach Kigali, der Hauptstadt Ruandas, zu begleiten. Ich war sehr gespannt, die Stadt zu erleben, von der ich schon viel gehört, die ich aber noch nie zuvor gesehen hatte.

Als wir am Busbahnhof ankamen, wurden wir sofort von einer Wolke von Taxifahrern umringt. Einer von ihnen brachte uns zu unserem Ziel. Die Straßen in Kigali waren in einem schlechten Zustand, wie fast überall im Land, und mit Schlaglöchern übersät. Ich wunderte mich, wie das Fahrzeug die unzähligen Schläge überstand, ohne auseinanderzubrechen.

Die Stadt war zwischen und auf unzähligen Hügeln errichtet worden. Charles erklärte mir, dass Kigali in einer Höhe zwischen 1400 und 1600 Metern liegt und knapp 300.000 Einwohner hat. Obwohl der Äquator nur wenige Kilometer weiter nördlich liegt, ist das Klima in Kigali das ganze Jahr über mild und angenehm. Die Stadt wurde 1907 von dem Deutschen Richard Kandt zwischen dem Flusstal des Nyabarongo und den Bergen Kigali und Jali gegründet. Damals waren Ruanda und Burundi deutsche Kolonien.

In Kigali besuchten wir meine Tante Catherine. Sie lebte mit ihrem Mann, einem Hutu, in Biryogo, einem Stadtteil von Kigali, und arbeitete im Ministerium für öffentliche Angelegenheiten. Tante Catherine freute sich sehr, mich kennenzulernen. Als wir bei ihr ankamen, war ihr Mann gerade aus dem Gefängnis entlassen worden, wo er etliche Jahre wegen eines Delikts einsitzen musste.

Einmal saß ich mit meiner Tante gemütlich zusammen. Die erste Frage, die sie mir stellte war: «Ist dein Verlobter Hutu oder Tutsi?»

Diese Frage schien für sie sehr wichtig zu sein.

Ich antwortete: «Er ist ein Tutsi.»

Tante Catherine war sichtlich erleichtert.

Ich fragte sie: «Warum bist du froh darüber, dass ich mit einem Tutsi verlobt bin? Du hast doch einen Hutu geheiratet?»

Sie antwortete traurig: «Du kannst dir nicht vorstellen, wie sehr ich unter diesem Hutu leide.»

Ihr Mann war im Gefängnis gewesen, weil er einen anderen Mann getötet hatte. Tante Catherine erzählte mir, dass sie selten Besuch bekam. Die Leute hatten Angst vor ihrem Mann, weil dieser aggressiv war und sich nicht benehmen konnte.

Manchmal, wenn Catherines Mann nicht da war, kamen Leute vorbei, meist Verwandte, die mir sagten, dass Catherines Mann ein Mörder sei. Alle wussten das, und ich verstand, warum die Leute Angst hatten. Meine Tante tat mir sehr leid.

Zwei Jahre später wurde meine Tante Catherine krank und starb. Ihr Mann wurde während des Völkermords durch eine Bombe der Hutu, die für die Tutsi bestimmt war, an einer Straßensperre der Interahamwe getötet, als er den Tutsi auflauerte.

Kigali, als Hauptstadt Ruandas, machte auf mich keinen besonders großen Eindruck. Die Häuser standen kreuz und quer, ohne ersichtliche Ordnung, ähnlich wie in Bujumbura, der Hauptstadt Burundis. Obwohl Kigali die größte Stadt Ruandas war, schien hier jeder jeden zu kennen. Wenn ich zu Fuß im Stadtteil Biryogo unterwegs war, schauten mir die Leute nach, sogar die in den Autos, weil ich nicht von hier war und sie mich nicht kannten.

Einmal nahm mich mein Onkel Jacques mit zum Flughafen Gregoire Kayibanda. Im Restaurant tranken wir eine Fanta. Der Flughafen von Kigali, den ersten, den ich überhaupt kennenlernte, hinterließ bei mir einen großen Eindruck. Leider landete und startete kein einziges Flugzeug, während wir dort waren.

Ich nutzte die Zeit in Kigali, um mich um meine Papiere zu kümmern. Zuerst brauchte ich eine Daueraufenthaltsgenehmigung, weil ich in Ruanda bleiben und heiraten wollte. Bisher besaß ich nur Reisepapiere. Nach vielen Behördengängen erhielt ich schließlich das gewünschte Dokument.

Bei der Durchsicht meiner kongolesischen Reisedokumente stellte ich fest, dass ich meinen Pass verlängern musste. Ich ging zur kongolesischen Botschaft im Stadtviertel Kiyovu. Vor dem Eingang des Gebäudes saßen ein paar hübsche Kongolesinnen mit geflochtenen Haaren, Schmuck und Makeup. Sie zeigten mir, wohin ich gehen musste. Wenig später war ich im Büro des Konsuls und stellte mich vor.

Der Konsul stellte mir gleich eine Frage: «Kommst du aus dem Kongo?»

Ich antwortete: «Ja, ich komme aus Bwegera in der Region Kiliba.»

Er schaute mich an und fragte erstaunt: «Das ist doch nicht möglich?»

Dann betrachtete er mich eine Weile so, als ob er etwas Ungewöhnliches an mir entdeckt hätte. Schließlich sagte er: «Natürliche Haut, natürliches Haar, du trägst keine Ohrringe, du bist nicht geschminkt. Wie ist so etwas möglich für ein Mädchen, das im Kongo lebt?»

Ich antwortete freundlich: «Für mich ist es möglich.»

Für Kongolesen war es schwer vorstellbar, dass eine junge Frau ohne Makeup oder speziell gerichtetes Haar in der Öffentlichkeit auftrat. Die Bemerkung des Konsuls war als Kompliment gedacht.

Er verlängerte meinen Reisepass sofort und wollte nicht einmal eine Gebühr dafür nehmen. Ich bedankte mich und verließ die Botschaft. Auf dem Heimweg dachte ich über das Gespräch nach. Zuerst verstand ich nicht, warum der Konsul mich für etwas Besonderes hielt. Die herausgeputzten Frauen waren doch sehr attraktiv? Das Kompliment des Konsuls machte mir deutlich, dass natürliche Schönheit ebenfalls attraktiv sein kann.

Charles hatte einige Verwandte in der Hauptstadt, denen er mich vorstellte. Außerdem nutzten wir die Zeit, um einiges für unsere Hochzeit einzukaufen. Nach unserem Aufenthalt in Kigali ging ich in den Kongo nach Bwegera zu meinen Eltern, um die Hochzeit dort mit vorzubereiten.

Die standesamtliche Trauung feierten wir in Bwegera, im Kongo. Dort wurde auch, wie es in unserer Kultur üblich war, die Mitgift überreicht. Charles brachte drei Kollegen aus der Zementfabrik, Gerard aus Butare und Marcel und Faustin, die beide aus Ruhengeri stammten, mit zu unserer Hochzeit. Ein Standesbeamter aus dem Kongo traute uns.

Charles kam ja aus einer katholischen Familie. Ohne es mit mir abgesprochen zu haben, schrieb er auf die Einladungskarten, dass wir in der katholischen Kirche heiraten würden, obwohl er mir versprochen hatte, in meiner Gemeinde kirchlich zu heiraten. Ich beschloss, mich nicht aufzuregen, sondern Gott zu vertrauen. Meine Eltern und meine Gemeinde hatten nichts dagegen.

Als Tag der kirchlichen Trauung hatten wir den 26. Dezember 1987, einen Tag nach Weihnachten, vereinbart. Während Charles sich um alles kümmerte, blieb ich im Kongo. Am Weihnachtstag, dem 25. Dezember, kam Charles nach Bwegera und sagte mir, dass der Priester sich geweigert hätte, uns zu trauen, weil ich an keinem Vorbereitungskurs teilgenommen hatte.

Während dieses Durcheinanders erinnerte ich mich daran, was der Pastor uns im Religionsunterricht in der Oberschule in Bideka gelehrt hatte. Er hatte uns eindringlich geraten, nur einen Mann zu heiraten, der zu unserer Glaubensrichtung gehört, und nannte uns die Gründe dafür. Nach dem Wort Gottes sind Mann und Frau, wenn sie heiraten, eine Einheit. Als Einheit könnten sie nicht einen unterschiedlichen Glauben praktizieren, sondern sollten dieselbe Gemeinde besuchen. Es sei wichtig, dass sie die gehörte Predigt miteinander zu Hause besprechen und das Gehörte gemeinsam im Alltag praktizieren. Wenn sie in verschiedene Gemeinden gingen, wäre das nicht möglich. Sie würden auch in der Kindererziehung unterschiedlicher Meinung sein. Das würde der Beziehung zwischen den Ehepartnern und zwischen Eltern und Kindern schaden.

Ich hatte damals in Bideka beschlossen, nur einen Mann zu heiraten, der denselben Glauben hatte wie ich. Mein Wunsch war es gewesen, mit meinem Mann zusammen Gott zu dienen.

Nachdem meine Eltern erfahren hatten, dass der katholische Priester uns nicht trauen wollte, gingen sie zu ihrem Pastor in Bwegera und erzählten ihm die Geschichte. Der Pastor versprach, dass wir das alles wunderbar hinbekämen; wir sollten uns deshalb keine Sorgen machen.

Er sprach mit Charles und brachte ihn dazu, dass er seine Sünden bekannte, sein Leben Gott anvertraute und bereit war, sich taufen zu lassen. Noch am selben Weihnachtstag wurde Charles in der Kirche der Assemblies of God in Bwegera getauft. Am 26. Dezember traute uns Pastor Muyuku vom Stamm der Banyamulenge in derselben Kirche.

Nach der Trauung gingen wir mit allen unseren Gästen nach Mukoma, am südöstlichen Ufer des Kivu-Sees, in Ruanda, um unsere Hochzeit im Haus meiner Schwiegereltern gebührend zu feiern. Danach blieben wir über Nacht bei meinen Schwiegereltern und reisten am nächsten Tag nach Bugarama. Gott hatte dafür gesorgt, dass wir, wie ursprünglich vereinbart, in meiner Gemeinde heiraten konnten.

Als wir mit der ganzen Hochzeitsgesellschaft am 26. Dezember von Bwegera über Luvungi und Kamanyola an die ruandische Grenze bei Bugarama kamen, erlebten wir ein Wunder. Wir hatten Zweifel, ob alle Gäste mit über die Grenze kommen durften, weil viele keine Reisepapiere hatten. Erstaunlicherweise ließen uns die Grenzbeamten alle passieren.

Die Hochzeitsgesellschaft reiste unbehelligt weiter über Bugarama, Mushaka, Kamembe, Bushenge und Shangi bis nach Mukoma. Dort fand nochmals eine feierliche Hochzeitszeremonie unter freiem Himmel im Hof meiner Schwiegereltern statt. Es konnte keine bessere Kulisse für meine Hochzeit geben als den Kivu-See mit seinem tiefblauen Wasser und dem weißen Sandstrand, der von steilen, dicht bewachsenen grünen Hügeln gesäumt wurde.

Neben der Natur konnte sich auch die Teilnehmerliste sehen lassen. Fast alle Menschen, die Teil meines Lebens waren, hatten sich bemüht zu kommen. Darunter waren auch mein Großvater Muzungu und Großmutter Damaris, sowie Großonkel Sekabarata aus Kaziba, meine Tante Beatrice aus Burundi und Angestellte der Zementfabrik, darunter sogar die dort arbeitenden Chinesen und viele weitere Menschen. Ich war vollkommen glücklich. Dieser Tag war für mich enorm wichtig. Er heilte die traumatischen Erinnerungen an meine erste Zeit in Ruanda.

Während der Hochzeitsfeier wusste ich glücklicherweise nicht, dass die Zukunft noch weit traumatischer für mich werden würde als alles, was ich bisher in Ruanda erlebt hatte.

13. Ein neues Leben in Bugarama

Anfang 1988 begann ich mit der Arbeit bei CIMERWA (CIMENTS DU RWANDA), der Zementfabrik in der Nähe von Nyakabuye bei Bugarama. Es war die einzige Zementfabrik Ruandas, und sie gehörte dem ruandischen Staat. Die Zementfabrik wurde von chinesischen Fachkräften geleitet und unternehmerisch überwacht.

Faustin, ein Geologe und Kollege von Charles, der an unserer standesamtlichen Trauung in Bwegera teilgenommen hatte, war der Repräsentant der ruandischen Regierung bei CIMERWA. Der Generaldirektor der Fabrik war ein Chinese. S.M. war der ruandische beigeordnete Generaldirektor, der später Generaldirektor wurde.

Einige der technischen Ingenieure, wie G.M. aus Butare und C.N. aus Cyangugu, hatten in China studiert. Die leitenden Angestellten der Fabrik hatten Privilegien. Sie durften zum Beispiel ein Auto der Fabrik benutzen, wenn sie es privat brauchten. Während des freien Wochenendes durfte jeder von ihnen mit einem Fahrzeug der Fabrik innerhalb der Präfektur Cyangugu oder auch nach Bukavu im Kongo oder nach Rugombo und Cibitoke in Burundi reisen.

Der Standort der Fabrik war ziemlich abgelegen. Für die Männer der Führungsriege war es schwierig, ein zu ihrem Niveau passendes Mädchen zu finden und zu heiraten. Das vergrößerte die Chancen der Mädchen, die in der Fabrik angestellt waren, einen gut situierten Abteilungsleiter oder Ingenieur zum Mann zu bekommen.

Am 4. Januar 1988 begann ich mit meinem Job bei CIMER-

WA. Ich hatte damals noch die kongolesische Staatsbürgerschaft und erhielt ein ruandisches Arbeitsvisum für ein Jahr. CIMERWA musste mein Arbeitsvisum beim Ministerium für öffentliche Angelegenheiten jedes Jahr verlängern lassen. Das betraf auch die anderen Mitarbeiter aus dem Kongo und zwei Hutu-Flüchtlinge aus Burundi.

Ich wurde als Verwaltungsangestellte engagiert. Meine Aufgabe war es, mich um die Beschaffung von Büromaterial und um die Einrichtung der Büros zu kümmern und die Bons für die Kantine an die Mitarbeiter auszugeben. Daneben hatte ich noch weitere Tätigkeiten. Ich hatte die Stelle nur deshalb bekommen, weil mein Mann zur ersten Riege der Firma gehörte. Es war üblich, dass die Frau eines leitenden Angestellten immer den Vorrang vor anderen Bewerberinnen erhielt.

Meine direkte Vorgesetzte war eine Chinesin mit dem Namen Li. Sie war immer nett und freundlich zu mir und half mir, als ich zum ersten Mal schwanger war. Wenn ich mit meinen täglichen Aufgaben vor dem Feierabend fertig war, sorgte sie dafür, dass ich etwas zu tun bekam, bei dem ich in der Fabrik umhergehen konnte, anstatt immer nur im Büro zu sitzen.

Die Fabrik baute Wohnhäuser für einige der Mitarbeiter. Charles und ich bekamen ein großes Haus in der ersten Reihe, direkt an der Straße. Die Wohnhäuser waren von jungen Zypressen umgeben und besaßen einen Zaun aus Metall und Schilfrohrmatten. Unsere Nachbarn waren Mukwiye, ein Kollege von Charles und seine Frau Martine. Charles und Mukwiye arbeiteten beide seit 1982 für die Zementfabrik.

Die Zementfabrik und die daran angeschlossene Wohnsiedlung lagen abseits von den größeren Ortschaften. Allerdings waren die Zugangsstraßen in einem sehr guten Zustand, weil CIMERWA sich selbst darum kümmerte und dies nicht dem Staat überließ.

Wir hatten noch weitere Privilegien. Dazu gehörten eine kostenlose medizinische Versorgung, ein Kinderhort und eine Grundschule, deren Kosten ebenfalls die Firma bestritt. Wir hatten alles in erreichbarer Nähe, was wir für unser tägliches Leben brauchten.

Wenn wir allerdings in die nächste Ortschaft wollten, waren wir auf öffentliche Verkehrsmittel angewiesen. Dazu standen ein großer grüner öffentlicher Bus und ein kleiner Transporter, Daihatsu genannt, zur Verfügung. Während der Bus nur Menschen beförderte, nahm der Daihatsu alles mit, was bewegt werden musste. Er brachte Güter vom Markt in Bugarama nach Nyakabuye, zu dem Ort, der dem Zementwerk am nächsten lag, und nahm auch Personen auf seiner Ladefläche mit.

Ich lebte gerne in Bugarama, liebte meine Arbeit bei CIMERWA und tat alles, um mich der Kultur der Menschen anzupassen und mich in die Gesellschaft zu integrieren. In der Zementfabrik traf ich Anne Marie, mit der mich bald eine tiefe Freundschaft verband. Wir lernten uns kennen, weil sie immer wieder in mein Büro kam, um Gutscheine für die Arbeiter, die in der Kantine aßen, bei mir abstempeln zu lassen.

Meine Kenntnisse der Landessprache von Ruanda, des Kinyarwanda, waren damals noch schlecht. Anne Marie half mir bei jeder Gelegenheit, meinen Wortschatz zu vergrößern und meine Aussprache zu verbessern.

In unserer Freizeit schauten wir uns gemeinsam Frauenzeitschriften wie «Jeune Afrique» und «Femme Actuelle» an. Wir interessierten uns beide sehr für Frauenmode und für «Photo inattendue». Das waren lustige und manchmal auch peinliche Schnappschüsse, die in den Zeitschriften gezeigt wurden.

Die moderne westliche Mode fand nicht so sehr mein Interesse. Mir gefiel mehr die traditionelle afrikanische Kleidung, wie die Kitenge, ein großes Stofftuch, das kunstvoll um den Körper geschlungen wurde.

Einige besonders modebewusste Mitarbeiterinnen der Firma reisten gerne in die nächste größere Stadt, ins kongolesische Bukavu, das gleich hinter der Grenze am Südufer des Kivu-Sees lag.

Anne Marie war eine schöne und schlanke Afrikanerin. Sie wollte ursprünglich zur Polizei, wurde aber nicht genommen, weil sie zu dünn war. Anne Marie und mich verbanden viele Dinge, die uns beiden sehr wichtig waren. Sie war, wie ich, eine Frau, die ihr Leben unter die Herrschaft Gottes gestellt hatte. Sie betete viel, besonders auch für ihren Mann, der nicht denselben geistlichen Weg ging wie sie. Wir beide tauschten uns über unsere Familiensituation aus und wollten, dass alle in unseren Familien gemeinsam Gott dienten. Leider nahmen Anne Maries Mann und Charles den Glauben nicht besonders ernst. Anne Marie und ich beschlossen daher, zu fasten und noch intensiver für unsere Männer zu beten.

Nach der Arbeit machten Charles und ich oft noch eine kleine Runde durch unsere Siedlung, um uns zu entspannen und zu reden. Manchmal besuchten wir nach Feierabend gute Freunde oder machten einen Spaziergang durch die Fabrik.

Ich liebte es, Arbeiter in der Nachtschicht zu besuchen und mir von ihnen ihre Arbeit zeigen zu lassen. Am spannendsten fand ich den Brennofen. Hier wurde bei 1600 Grad «Pate crue», eine Mischung aus rotem Lehm, Quarz und Travertin, gebrannt. Manches Mal erklärte Charles mir bei unseren Gängen durch die Firma, wie die verschiedenen Prozesse abliefen und wie Zement hergestellt wurde.

Charles war es nicht gewohnt, in die Kirche zu gehen. Meist ging ich am Sonntag alleine in den Gottesdienst. Oft machten Charles und ich aber auch Besuche und Ausflüge an den Sonntagen, obwohl der Sonntag mein heiliger Tag war. Nach unserer Hochzeit machten wir Verwandten- und Freundesbesuche in Bukavu, Rugombo, Kamembe und an anderen Orten. In Rugombo trafen wir Freunde. Dabei wurde Bier getrunken und wurden Brochette, gegrillte Fleischspieße, gegessen. Ich trank allerdings keinen Alkohol.

Als ich jung verheiratet war, sagten meine Kolleginnen zu mir: «Denise, bevor wir heirateten, waren wir wie du und tranken niemals Bier. Als wir aber zum ersten Mal schwanger wurden, begannen wir damit, Bier zu trinken, weil die Schwangerschaft das von uns forderte. Du bist immer still und redest wenig. Wenn du dein erstes Kind bekommst, wird sich das ändern. Dann wirst du schreien.»

Ich antwortete: «Ich werde niemals Bier oder andere alkoholische Getränke trinken, auch nicht, wenn ich schwanger bin.»

Dass ich keinen Alkohol trank, lag nicht nur an meiner Haltung als Christin. Ich hatte einmal den Entschluss gefasst, abstinent zu bleiben, weil ich viele Menschen kannte, die der Alkohol negativ verändert hatte. Manche tranken ohne Limit. Andere waren Alkoholiker und konnten nicht mehr mit dem Trinken aufhören. Wieder andere verhielten sich schlecht ihren Familienangehörigen gegenüber. Betrunkene Männer wurden oft gewalttätig und schlugen Frau und Kinder. Mein Vater musste in der Klinik oft Menschen behandeln, die mit einer Flasche im Rausch niedergeschlagen worden waren oder andere Verletzungen davontrugen, die durch Alkohol verursacht worden waren.

14. Meine Ehe und Familie

Das Abendgebet war für mich sehr wichtig. Ich wollte, dass Charles mit mir betete. Für ihn war das eine völlig neue und merkwürdige Erfahrung.

Vor dem Zubettgehen sagte ich zu meinem Mann: «Charles, es ist Zeit für das Gebet! Wir wollen zusammen den vergangenen Tag überdenken und uns gegenseitig vergeben, wenn etwas zwischen uns steht oder wir böse aufeinander sind.»

Nach dem Austausch und der gegenseitigen Vergebung bat ich Charles, er solle als Mann und Herr des Hauses mit dem Gebet beginnen. Charles blickte mich verwundert an und meinte: «Ich habe keine Ahnung, wie man betet.»

Jetzt war es an mir, erstaunt zu sein: «Ist das dein Ernst, Charles?»

Er nickte und erklärte: «Ich betete zum letzten Mal im Seminar in Nyundo Gisenyi, als die Hutu uns jagten und töten wollten.»

Ich legte meine Hand auf Charles' Unterarm und bat ihn: «Versuch ein paar Worte zu Gott zu sagen! Danke ihm für den vergangenen Tag!»

Charles dankte für den Tag.

Währenddessen betete ich leise in meinem Herzen: *Oh Gott, wie kann ich das Herz meines Mannes für dich gewinnen?*

Bevor ich heiratete, hatte ich immer gedacht, die Ehe wäre das Paradies auf Erden. Nach meiner Hochzeit erkannte ich, dass die Ehe nicht alle Probleme löst, sondern neue Probleme schafft. Täglich wurde ich daran erinnert, wie wichtig es war, für meinen Mann und meine Ehe zu beten.

Eine meiner größten Sorgen war die geistliche Situation in unserer Familie. Weil für mich der Sonntagsgottesdienst immer von zentraler Bedeutung war, machte es mir zu schaffen, dass Charles sonntags lieber andere Dinge tat, als zur Kirche zu gehen. Als treue Ehefrau begleitete ich ihn bei seinen Sonntagsausflügen und Verwandten- und Freundesbesuchen, auch wenn ich den Gottesdienst schmerzlich vermisste.

Am 15. September 1988, einem Donnerstag, bat ich Gott in meiner Not um ein Zeichen. Er sollte mir Christen schicken, mit denen ich über meine Not reden konnte.

Knapp zwei Monate später, am 10. November, wieder an einem Donnerstag, klopfte es um 17.00 Uhr an meine Tür. Draußen stand eine kleine Gruppe von Menschen, die sich als christliche Gebetsgruppe namentlich vorstellte.

Ich bat die Gruppe mit ihrem Leiter Oscar und seiner Frau Consolée herein. Sie sagten mir, sie hätten gehört, dass ich, eine Christin, hierhergezogen sei. Als sie erfuhren, wie es geistlich um mich und Charles stand, versprachen sie, uns im Glauben zu unterstützen. Wir sangen zusammen christliche Lieder und lasen in der Bibel im Buch Jesaja, Kapitel 53, die Verse 4 und 5.

Für mich waren diese Bibelverse, die Lieder und die guten Gespräche mit Menschen, die meinen Glauben teilten, ein deutliches Zeichen, dass Gott mich liebte und meine Gebete erhörte. Durch die Gebetsgruppe lernte ich weitere Christen in der Umgebung kennen.

Ein Jahr nach meiner Hochzeit wurde ich schwanger. Ich freute mich auf mein erstes Kind. Ich hatte mich gut auf die Geburt und auf das Kind vorbereitet, indem ich Bücher für werdende Mütter las, Gymnastik und Spaziergänge machte, regelmäßig den Arzt besuchte und zur Schwangerschaftskontrolle ging. Ich achtete sehr auf meine Gesundheit. Bei passender Gelegenheit reiste ich nach Bukavu, der einzigen Stadt in der Nähe mit einem guten Sortiment, um dort hübsche Kleider für mein Baby zu kaufen.

Nachdem ich erfahren hatte, dass ich schwanger war, begann ich für mein ungeborenes Kind zu beten: «Vater im Himmel, ich danke dir, dass du mir ein Kind schenkst! Ich bitte dich, dass du mir hilfst, es richtig zu erziehen. Bitte bewahre mein Kind vor Krankheiten, vor bösen Menschen und vor zu großen Schwierigkeiten im Leben und führe es so, dass es sein Leben eines Tages dir gibt und dir dient!»

Früh am Morgen des 1. August 1989 spürte ich, dass es nicht mehr lange dauern würde, bis das Kind zur Welt käme. Charles rief Oscar und seine Frau Consolée. Wir bekamen ein Auto von CIMERWA und fuhren zum Mibilizi-Hospital, wo mir mein Zimmer gezeigt wurde. Die Hebamme forderte mich auf, mich zu bewegen und umherzugehen.

Ich verließ mein Zimmer und lief im Flur auf und ab. Dort traf ich andere Frauen, die ebenfalls vor der Entbindung standen. Sie waren nett und freundlich zu mir und erklärten mir einige Regeln der Mutterschaft. Eine fragte mich: «Wann bist du angekommen?»

Ich antwortete lächelnd: «Gerade eben erst.»

Eine andere sagte: «Wir sind schon viele Tage hier. Siehst du nicht, wie wir leiden? Du lächelst noch, weil es bei dir noch lange nicht so weit ist. Es wird bei dir noch mindestens zwei Wochen dauern.»

Dann kam sie näher heran und redete leise weiter: «Du solltest vorsichtig sein! Es gibt hier eine Hebamme, die schon sehr alt ist und nie verheiratet war. Sie eignet sich nicht dafür, Frauen bei der Geburt zu helfen. Am besten gehst du ihr aus dem Weg!»

Ich murmelte ein paar höfliche Worte. In meinem Herzen betete ich zu Jesus: *Hilf mir bitte, dass ich nicht so lange in der Klinik bleiben muss!*

Schon in der darauffolgenden Nacht, am 2. August 1989 um 4.00 Uhr morgens, kam mein erstes Baby zur Welt. Ausgerechnet die von den Frauen auf dem Flur kritisierte Hebamme half mir bei der Geburt. Ganz im Gegensatz zu der Warnung, die ich erhalten hatte, war die ältere Frau sehr freundlich und behandelte mich so behutsam, wie es nicht besser hätte sein können.

Ich blieb nach der Geburt weitere fünf Tage in der Klinik. In dieser Zeit wurde mir die kritisierte Hebamme zu einer guten Freundin, die mir bei allem half und mich sehr gut beriet.

Am Tag nach der Geburt kam Charles, um mich zu sehen. Er nahm das Baby auf den Arm und sagte zu mir: «Jetzt hast du tatsächlich ein Kind bekommen! Unglaublich, du bist eine wunderbare Frau.» Er küsste mich und das Baby.

Charles brachte mir das typische Gericht, das eine Mutter zu essen bekam, nachdem sie ein Kind zur Welt gebracht hatte. Dieses Gericht wurde «igikoma cy'umubyeyi» genannt und bestand aus geschälten, zart gewürzten, weichgekochten Bananen und einem warmen, mit Milch gekochten Hirsebrei.

Ich war glücklich. Gott hatte meine Gebete erhört. Von überall kamen Freunde, Verwandte und Arbeitskollegen, um mich in der Klinik zu besuchen. Später, als ich wieder zu Hause war, kamen auch meine Eltern aus dem Kongo. Einige Tage später brachte ich mein Baby, das wir Rukundo Charles-Vital Fiston nannten, in die Kirche, um es segnen zu lassen. Der Name Rukundo bedeutet «Liebe». Wir nannten es so, weil wir uns liebten. Und weil Gott uns liebte.

An einem Sonntag im Mai 1990 reiste Charles mit einem chinesischen Kollegen nach Bujumbura in Burundi, um einen Besuch zu machen. Ich bat ihn, meinen Bruder Phocas zum Gottesdienst in dessen Gemeinde in Ntahangwa-Bujumbura zu begleiten. Dort nahm Charles am Abendmahl teil und hörte die Ansprache.

Der Prediger sagte: «Wenn wir sündigen, wird unser Herz unrein. Aber das Blut Jesu reinigt uns von unserer Sünde.»

Als Charles zurückkam, sagte er zu mir: «Denise, ich bin ein neugeborener Christ. Ich werde mit dir beten und am Sonntag in den Gottesdienst gehen.»

Für uns beide begann ein gemeinsames Glaubensleben, das wir leider nur eine kurze Zeit genießen durften.

15. Charles kommt ins Gefängnis

Am Sonntag, dem 16. September 1990, nahm ich am Gottesdienst in der Methodistenkirche in Shara teil. Die Predigt hielt ein Gastredner aus dem Kongo.

Während des Gottesdienstes überreichte mir ein Mann einen kleinen Zettel. Darauf stand, dass er mich zu Hause kurz sprechen wollte. Ich war einverstanden und nahm ihn nach dem Gottesdienst mit. Der Mann sagte, er hätte eine Botschaft von Gott für mich. Die Botschaft besagte, dass ich niemals aufgeben sollte, so wie Ruth in der Bibel. Und so wie Ruth durchgehalten hatte und dann später in der Linie ihrer Nachkommen Jesus Christus, der Sohn Gottes, geboren worden war, so solle auch ich durchhalten. Am Ziel würde ich den Preis gewinnen.

Nachdem er mir diese Botschaft übermittelt hatte, verschwand der Mann sofort wieder. Ich erfuhr, dass er ein Tutsi war und Emmanuel hieß. Lange dachte ich über das nach, was er mir gesagt hatte. Zuerst vermutete ich, dass die Botschaft etwas mit Antoinette, meiner jungen Schwägerin, zu tun hätte, mit der ich große Schwierigkeiten hatte, weil sie in der Pubertät war. Ich schloss daraus, dass ich mit dem Mädchen mehr Geduld haben sollte. Erst später begriff ich, dass die Botschaft sich auf die Zeitspanne von der wenig später beginnenden Verfolgung bis zum Jahr 1994 bezog, als der Völkermord stattfand.

Zwei Wochen später, am 1. Oktober 1990, hörten wir im Radio, dass Ruanda von Exilruandern, Tutsi und oppositionellen Hutu, die in Uganda lebten, angegriffen worden sei. Daraufhin änderte sich die Atmosphäre im Land schlagartig und radikal.

Am 4. Oktober kam es in der Hauptstadt Kigali zu Unruhen. Überall war Militär auf den Straßen. Soldaten schossen in die Luft und riefen, dass Kigali von den Inyenzi, den Kakerlaken – damit waren die Tutsi gemeint –, angegriffen worden sei. In den Medien und auf den Straßen machten widersprüchliche Nachrichten über die Art und Weise des Angriffs die Runde. Niemand wusste etwas Genaues, und jene, die etwas wussten, sagten es nicht öffentlich. Der Angriff war eine Erfindung und diente als Vorwand, um die Tutsi ins Gefängnis werfen zu können.

Am nächsten Tag wurde begonnen, die Häuser von einer Million Tutsi in ganz Ruanda nach Waffen zu durchsuchen. Viele Tutsi wurden verhaftet und eingesperrt, darunter besonders viele gebildete Männer und Frauen, obwohl fast alle völlig unpolitisch waren.

Nachdem die Schwierigkeiten am 1. Oktober begonnen hatten, machte ich Charles darauf aufmerksam, wie wichtig das Gebet ist, besonders in schweren Zeiten. Wir beschlossen, am 6. Oktober zu fasten. An diesem Tag wurde Charles verhaftet. Als die Polizisten kamen, knieten wir beide gerade im Schlafzimmer und beteten. Sie packten Charles und nahmen ihn mit. Er warf mir einen verzweifelten Blick zu, bevor sie ihn aus dem Haus zerrten.

Mir wurde schlecht, und ich bekam starke Bauchschmerzen. Warum nur hatten sie meinen Mann verhaftet? Was hatte er verbrochen? Er hatte immer ein tadelloses Leben geführt. Sein einziges Verbrechen bestand darin, dass er ein Tutsi war.

Wenig später rief mich Gasore an, ein Arbeitskollege von Charles. Er sagte mir, dass ich mich in Sicherheit bringen sollte, weil die Inyenzi auch unser Gebiet angreifen würden. Ich war traurig und verzweifelt. Was sollte ich tun? Ich konnte nicht einfach verschwinden, nachdem mein Mann gerade erst verhaftet worden war. Ich öffnete die Bibel und bat Gott, mir zu helfen.

Dann las ich Psalm 125, die Verse 1 und 2: «Die auf den Herrn hoffen werden nicht fallen, sondern ewig bleiben wie der Berg Zion. So wie die Berge Jerusalem umgeben, so umgibt der Herr sein Volk, jetzt und für immer.»

Danach las ich Psalm 127, die Verse 1 und 2: «Wenn der Herr nicht das Haus baut, bauen die Bauleute umsonst; wenn der Herr nicht die Stadt beschützt, ist es nutzlos, dass die Wächter wachen.»

Diese Verse trösteten mich. Dennoch konnte ich die ganze Nacht nicht schlafen. Ich wälzte mich im Bett hin und her. Eine solch schwierige Situation hatte ich noch nie zuvor erlebt. Am liebsten hätte ich mich wie ein Vogel in die Luft erhoben und wäre aus diesem schrecklichen Land weggeflogen.

Am nächsten Morgen hörte ich Geräusche vor dem Haus. Vorsichtig schaute ich zwischen den Vorhängen nach draußen. Auf der Straße standen zwei Militärlastwagen mit Soldaten beladen. Vor den Fahrzeugen standen Soldaten mit Funkgeräten. Sie redeten so laut miteinander, dass ich fast jedes Wort verstand: «Wo sind die Inyenzi?», rief einer.

«Wir können keine sehen!», antwortete ein anderer.

Die Leute in der Nachbarschaft waren völlig verunsichert. Den Tutsi drohte Gefahr von den radikalen Hutu, die es überall gab. Die Hutu meinten, dass ihnen von den Rebellen aus dem Kongo, meist Tutsi, Gefahr drohte. Das entsprach allerdings nicht der Wahrheit, sondern war die Folge der Regierungspropaganda der Hutu-Regierung in Kigali. Viele Menschen, Hutu und Tutsi, flohen in diesen Tagen in den Kongo, die meisten nach Kamanyola, das gleich hinter der Grenze an der Straße von Bugarama nach Uvira lag.

Wenig später kam der Chef von Charles, um die Schlüssel für das Büro zu holen. Ich fragte ihn, ob er etwas über den Verbleib von Charles wusste. Er schüttelte traurig den Kopf, bot mir aber an, mit mir zusammen nach Charles zu suchen. Wir fuhren zunächst nach Bugarama und fragten in dem Gefängnis dort nach meinem Mann. Charles war nicht da. Danach fuhren wir zur

Landesgrenze. Dort wusste ebenfalls niemand etwas von Charles. Ich kam völlig durcheinander wieder nach Hause und konnte nicht begreifen, was hier vor sich ging.

Am nächsten Tag wurden auch bei uns alle Häuser der Tutsi nach Waffen durchsucht und nachgeforscht, ob jemand von den Tutsi Verbindungen zu den Inyenzi, den Rebellen aus Uganda, hatte.

Im Laufe des Tages kamen der Bürgermeister von Bugarama und ein Polizist und durchsuchten unser Haus. Charles wurde besonders verdächtigt, weil er in der Zementfabrik der Verantwortliche für den Sprengstoff war, den man für den Abbau der Steine brauchte. Der Bürgermeister sagte mir, dass man Charles wegen Sabotage eingesperrt habe. Doch das war nur ein Vorwand.

Ich zeigte mich kooperativ und öffnete die Türen von allen Zimmern und allen Schränken. Die beiden nahmen Fotografien mit, die Vital gehörten, einem unserer Freunde aus Burundi, der uns gelegentlich besuchte. Auf den Fotos waren die Gesichter von Vital und seiner Frau Immaculée und ihr Auto zu sehen. Beide sind bis heute gute Freunde von mir.

Der Bürgermeister nahm auch die Quittung für einen Landrover mit, den Charles erst vor kurzem von einem weißen Priester in Mushaka, ganz in unserer Nähe, gekauft hatte. Der Bürgermeister behauptete steif und fest, dass Charles das Auto für Waffen eingetauscht habe.

Als sie mit der Durchsuchung fertig waren, verhafteten sie Dominique, einen Jungen, der mir im Haus half. Sie steckten ihn für zwei Wochen ins Gefängnis, um ihn zu zwingen, zuzugeben, dass Charles das Fahrzeug für Waffen eingetauscht hatte. Als Dominique sagte, dass er nicht lügen könnte, wurde er brutal geschlagen. Er blieb dennoch standhaft und denunzierte uns nicht. Heute arbeitet er als Evangelist in Ruanda.

Von diesem Tag an stand immer ein Wachposten vor dem Tor zu unserem Grundstück, der alles beobachtete und sich die Namen von denjenigen notierte, die zu mir kamen. Als Folge davon hatten die meisten Angst, mich zu besuchen.

Einige Tage später kam Alphonse, der Mann meiner Tante Priscilla, um einen Besuch bei mir zu machen. Er wurde sofort verhaftet und für zwei Wochen ins Gefängnis gesteckt.

Ein Beamter der Grenzpolizei nahm mir meine Reisedokumente ab, damit ich das Land nicht verlassen konnte. Ich besaß ein Papier der CEPGL, der Communauté Économique des Pays des Grands Lacs, das es mir erlaubte, in den drei Ländern Ruanda, Burundi und im Kongo zu reisen. Ohne dieses Dokument konnte ich die Grenzen zu den beiden Nachbarländern nicht mehr überschreiten.

Am 14. Oktober 1990, abends um 6.00 Uhr, erhielt ich einen Telefonanruf von der Betriebsleitung der Zementfabrik. Man teilte mir mit, dass der Staatsanwalt in Cyangugu mich verhören wollte. Die Fabrik schickte ein Fahrzeug mit Fahrer zu mir. Ich hatte keine Ahnung, was die Staatsanwaltschaft von mir wollte. Da ich nicht wusste, wie lange ich wegbleiben würde, nahm ich meinen Sohn mit.

In Cyangugu wurde ich von drei Assistenten des Staatsanwalts in Empfang genommen. Ich erschrak und war wie gelähmt, als ich die grimmig dreinblickenden Beamten sah. Sie kamen auch sofort zur Sache und fragten mich nach allen meinen Kontakten, nach Freunden, Bekannten und Verwandten, die ich in der Präfektur Cyangugu, in der Zementfabrik und im Ausland hatte.

Ich gab ihnen wahrheitsgetreu Auskunft, auch über die Personen, die auf den Fotos abgebildet waren, die der Bürgermeister beschlagnahmt hatte. Sie fragten mich nach meinem Schwiegervater, der uns gelegentlich besuchte. Sie wollten wissen, welche Zeitschriften mein Schwiegervater las, wenn er bei uns zu Besuch war. Ich sagte ihnen, dass Charles' Vater meistens die «Imvaho», eine Zeitschrift der Regierung, und die «Kinyamateka», eine katholische Zeitschrift, las.

Sie fragten mich, ob ich die Zeitschrift «Indongozi» aus Burundi bei mir zu Hause hätte, was ich verneinte. Das Wort «Indongozi» bedeutet «Aktivist».

Sie fragten mich, wo meine Familie sei. Ich erwiderte, dass sie im Kongo lebt. Am Schluss fragten sie mich nach meinem Personalausweis. Da mein Ausweis noch im Auto lag, bot ich an, ihn zu holen. Das war ihnen anscheinend nicht so wichtig, und sie meinten, das wäre nicht nötig.

Bevor sie mich entließen, ermahnten sie mich, mit niemandem über dieses Verhör zu reden. Würde ich es dennoch tun, würden sie es erfahren. Das hätte Konsequenzen für mich. Dann durfte ich nach Hause gehen.

Meine Nachbarn waren plötzlich alle misstrauisch mir gegenüber. An meiner Arbeitsstelle wollte niemand mit mir reden. Ich verstand das alles überhaupt nicht. Nie zuvor war mir so etwas passiert. Was hatte ich verbrochen? Ich war mir keiner Schuld bewusst. Mein Vergehen bestand wie bei meinem Mann darin, dass wir Tutsi waren und zu einer Minderheit in Ruanda gehörten, die von der Mehrheit gehasst wurde.

Ich flüchtete mich in den nächsten Tagen oft ins Gebet und brachte meine Sorgen und Ängste vor Gott. Ich bat ihn, Charles im Gefängnis und uns hier im Haus zu beschützen und wieder zueinanderzuführen.

Einige Zeit danach ging ich zum Bürgermeister von Bugarama und fragte ihn, ob ich Charles besuchen könnte. Er lehnte ab und begründete es damit, dass ich in Ruanda eine Fremde sei. Ich erwiderte, dass ich die offizielle Erlaubnis hätte, in Ruanda zu leben und zu arbeiten. Er wollte nichts davon wissen und ließ sich nicht erweichen.

Enttäuscht und traurig ging ich nach Hause zurück. Dort weinte ich und betete inständig zu Jesus. Ich erinnerte Jesus daran, dass er als Kind mit seinen Eltern nach Ägypten fliehen musste, obwohl seine Eltern nichts Böses getan hatten. Unsere Situation als Tutsi in Ruanda war ähnlich. Viele Eltern mussten aus Ruanda fliehen, obwohl sie nichts Böses getan hatten. Ich weinte und klagte Jesus mein Leid. Was musste ich nur tun, damit Gott uns half? Ich fragte ihn, warum wir so leiden mussten.

Schließlich suchte ich nach einer Antwort von Gott und nahm meine Bibel in die Hand, schlug sie auf und las im Buch Hesekiel, Kapitel 2, Vers 6: «Und du, Menschenkind, sollst dich vor ihnen nicht fürchten und auch nicht vor ihren Worten. Es sind widerspenstige und stachelige Dornen bei dir, und du wohnst unter Skorpionen, aber du sollst dich nicht fürchten vor ihren Worten und dich nicht vor ihrem Angesicht entsetzen, denn sie sind ein ungehorsames Haus.»

Und im Kapitel 3 las ich die Verse 8 und 9: «Siehe, ich habe dein Angesicht hart gemacht gegen ihr Angesicht und deine Stirn gegen ihre Stirn. Ja, ich habe deine Stirn so hart wie einen Diamanten, der härter ist als ein Fels, gemacht. Darum fürchte dich nicht, entsetze dich auch nicht vor ihnen, dass sie so ein ungehorsames Haus sind.»

Nachdem ich diese Verse gelesen hatte, fühlte ich mich ermutigt und neu gestärkt.

Am 1. November 1990 ging ich im Vertrauen auf Gott in die Zementfabrik und bat meinen Vorgesetzten um ein Gespräch. Ich sagte ihm, dass ich Charles im Gefängnis besuchen wollte, aber keine Erlaubnis dafür bekommen würde. Mein Vorgesetzter war ein strenger Mann. Ich hatte dennoch keine Angst vor ihm, weil ich wusste, dass Gott auf meiner Seite war. Mein Chef fragte mich, warum meine Eltern als Flüchtlinge im Kongo lebten. Darauf gab ich ihm keine Antwort.

Zu meinem großen Erstaunen gab er mir dennoch ein Dokument, einen «Ordre de Mission», der es mir offiziell erlaubte, mich im Auftrag der Firma frei zu bewegen und zu gehen, wohin ich wollte. Seine Bedingung war, dass ich dieses Dokument nur ein einziges Mal benutzen durfte und es ihm danach zurückgeben musste. Er gab mir auch ein Fahrzeug der Firma, so dass ich Charles im Gefängnis in Cyangugu besuchen konnte.

Als ich Charles gegenüberstand, erschrak ich. Sein Gesichtsausdruck hatte sich stark verändert. Er sah bleich und ausgezehrt aus. Ich drückte ihm eine Bibel in die Hand und gab ihm einen Gruß von meinen Eltern weiter, ein Bibelwort aus Jesaja, Kapitel

41, Vers 10: «Fürchte dich nicht, ich bin bei dir! Ich bin dein Gott, lass dich nicht erschrecken, ich will dich stark machen und dir helfen; ich will dich beschützen und dich retten.»

Leider konnte ich nicht viel mit ihm reden, weil die Wächter auf jedes unserer Worte hörten und sich alles aufschrieben, was wir sagten. Schweren Herzens verabschiedete ich mich von Charles. Auf dem Rückweg musste ich mehr als zehn Straßensperren passieren und mich jedes Mal ausweisen. Als ich zu Hause ankam, weinte ich die ganze Nacht.

Den «Ordre de Mission» gab ich an meinen Chef zurück, der das Dokument sofort zerriss. Danach rief er eine Betriebsversammlung ein. Er sagte den Arbeitern und Angestellten der Fabrik, dass er niemanden beim Zusammenstehen und Tratschen erwischen wolle. Damit wollte er verhindern, dass falsche Gerüchte die Runde machten und Mitarbeiter der Firma denunziert wurden.

Consolée, Oscars Frau, wurde ebenfalls verhaftet. Oscar bat mich, ihn ins Gefängnis zu begleiten, um seine Frau zu besuchen. Consolée erwartete ein Kind, das während ihrer Gefängniszeit zur Welt kam. Für die Geburt durfte sie für kurze Zeit das Gefängnis verlassen und in eine Klinik gehen, wo ihre Tochter Ruth zur Welt kam. Danach musste sie wieder ins Gefängnis zurück. Bei unserem Besuch fragte ich die Gefängniswärter, warum so viele von den Leuten des Zementwerkes unschuldig im Gefängnis saßen. Sie meinten, ich sollte meinen Chef in der Fabrik fragen.

Daraufhin gingen Oscar, Mama Tony, deren Mann ebenfalls im Gefängnis war, und ich in die Firma und fragten nach dem obersten Chef. Die Chefs kamen zu dritt: der ruandische Generaldirektor, der Geschäftsführer und der Produktmanager. Wir baten die drei, unseren Familienangehörigen zu helfen. Sie sagten, sie könnten nichts für uns tun, weil nicht sie für die Verhaftungen verantwortlich seien, sondern die politische Situation im Land.

Mama Tony wurde wütend, als sie die Ausrede der Direktoren

hörte. Sie klagte C., den Produktionsleiter, an und sagte, dass er ihren Mann hatte loswerden wollen, um dessen Arbeitsstelle seinem Schwager zu geben.

Ich spürte, dass es besser war, sich diplomatisch zu verhalten. Wenn wir uns beschwerten, würde uns das nur noch mehr Schwierigkeiten bringen. Ich sagte zu den Direktoren, wir würden es akzeptieren, dass sie nichts mit den Verhaftungen zu tun hatten.

Nach dem Gespräch zog mich der Generaldirektor auf die Seite und meinte, dass ich mich diplomatisch klug verhalten hätte.

In dieser Zeit herrschte bereits im ganzen Land ein großes gegenseitiges Misstrauen. Unter den Tutsi nahm die Angst aufgrund der willkürlichen Verhaftungen und anderer Schikanen immer weiter zu. Das war auch im Zementwerk deutlich zu spüren. Mama Tony, eine Tutsi, arbeitete als Krankenschwester in der Krankenstation der Firma. Die meisten Hutu ließen sich von ihr keine Spritze mehr geben, wenn sie krank waren. Sie behaupteten, dass Mama Tony ihnen nur Wasser statt Medizin injizieren würde.

Als Folge des Gesprächs mit den Direktoren wurde Mama Tony entlassen, während ich meinen Job vorerst behalten durfte. Wenig später erfuhr ich, dass der Schwager von C. tatsächlich die Stelle von Mama Tonys Mann bekommen hatte. Mama Tony verließ Bugarama und ging nach Kibungo zu ihren Eltern.

Ich war traurig und wütend darüber, dass ich Mama Tony nicht mehr hatte. Da unsere Ehemänner beide im Gefängnis waren, hatten wir uns immer gegenseitig ermutigt. Das war jetzt nicht mehr möglich.

In der Folgezeit wurde ich immer einsamer. Meine Freunde hatten Angst, mich zu besuchen. Mir fehlte der Zuspruch von Menschen, die es gut mit mir meinten. Ich suchte Trost bei Gott, betete viel und las in der Bibel. In der Sorge um meinen Mann, um meine Angehörigen und um mich und mein kleines Kind aß ich nur sehr wenig und verlor immer mehr an Gewicht.

Kurze Zeit später gab es eine Verschwörung mit dem Ziel, mich und Oscar zu töten. Ich erfuhr am darauf folgenden Morgen davon, als ich zu meiner Arbeitsstelle in der Zementfabrik ging. Ka., einer der leitenden Angestellten, der mit mir im selben Büro arbeitete, erzählte mir, was in der vergangenen Nacht geschehen war.

Mu., ein Angestellter der Firma, war beauftragt worden, Oscar und mich zu töten. Zuerst ging Mu. mit einer Machete bewaffnet zu Oscars Haus. Oscar war gerade auf der Toilette und hatte sich dort eingeschlossen. Daraufhin verließ Mu. Oscars Haus und ging zu mir. Als er durch das Fenster sah, wie ich mein Kind fütterte, ging er wieder weg, ohne seinen Auftrag zu erledigen. Oscar ging zur Polizei, um den Vorfall anzuzeigen. Doch die Polizei unternahm nichts.

Charles war immer ein guter und vorbildlicher Mitarbeiter bei CIMERWA gewesen. Bevor er dorthin kam, hatte er viel Erfahrung als Geologe im Kongo gesammelt. Doch Charles besaß einen großen Makel, er war Tutsi. Seine Leistung wurde von den extremistischen Hutu, die oft in Führungspositionen saßen, nicht anerkannt, weil sie alle Tutsi hassten, ohne Rücksicht auf deren Leistung und Verhalten.

Durch die «politique d'équilibre ethnique», der sogenannten «ethnischen Gleichstellung», wurde die Minderheitsvolksgruppe der Tutsi von der Hutu-Regierung massiv diskriminiert. Überall wurden Hutu bevorzugt. Charles hatte als einer der wenigen Tutsi aufgrund seiner beruflichen Kompetenz den Posten eines leitenden Angestellten bei CIMERWA bekommen. Mu. neidete Charles diesen Posten und wollte ihn für sich haben, was ihm bald darauf auch gelang.

Ich dachte in dieser Zeit viel über meine Beziehung zu anderen Menschen nach. Anne Marie, eine gläubige Christin wie ich, war eine der wenigen, mit der ich offen reden konnte. Die meisten anderen in der Firma behandelten mich immer schlechter.

M., mit dem ich beruflich zu tun hatte, war widerlich zu mir und ließ mich seinen Hass deutlich spüren.

W., auch ein Hutu, prahlte damit, aus Ruhengeri zu stammen, einer Hochburg der radikalen Hutu. Er verbot den anderen Angestellten, mit mir zu reden.

Eines Tages sagte er zu mir: «Ich erlaube es nicht, dass Leute zu dir ins Büro kommen und mit dir reden! Ich werde deinen Stuhl wegnehmen, dann bist du draußen!»

Damals, im Dezember 1990, erschienen die «Zehn Gebote der Hutu». Darin hieß es unter anderem, dass kein Hutu eine Tutsi-Frau heiraten sollte, dass alle wichtigen Positionen nur an Hutu vergeben werden dürften und dass die Hutu aufhören müssten, mit den Tutsi Mitleid zu haben. W. war der Ansicht, dass ein Hutu nichts mehr mit einem Tutsi zu tun haben dürfte.

Ich antwortete W. ruhig: «Wenn du das tust, gehe ich zu Pan und sage ihm, dass du mir meinen Stuhl weggenommen hast. Pan wird ihn mir zurückgeben.»

Pan war der chinesische Verwaltungsdirektor und hatte das letzte Wort in Personalangelegenheiten. Als W. meine Gegendrohung hörte, schwieg er und ging.

In der Firma und von meiner Nachbarschaft wurde ich inzwischen wie eine Aussätzige behandelt.

Anne Marie tröstete mich damals mit den Worten: «Wenn M. Jesus in seinem Herzen hätte, würde er dich nicht so behandeln. Aber weil er einen Teufel in sich hat, der Jesus hasst, ist er so böse zu dir.»

Danach begann eine Zeit, in der ich plötzlich wieder Besuch zu Hause bekam. Einmal besuchte mich ein Hutu, ein guter Christ mit dem Namen Gahutu.

Er brachte mir eine Botschaft aus der Bibel, aus dem Hebräerbrief, Kapitel 10, die Verse 37 bis 39: «Denn, noch über eine kleine Weile, so wird kommen, der da kommen soll, und nicht verziehen. Der Gerechte aber wird des Glaubens leben. Wer aber weichen wird, an dem wird meine Seele keinen Gefallen haben. Wir aber sind nicht von denen, die da weichen und verdammt werden, sondern von denen, die da glauben und die Seele erretten.»

Diese Botschaft half mir sehr in dieser Zeit, in der mein Glaube schwach geworden war. Ich hatte mich zu sehr auf Menschen verlassen, die mir keine Sicherheit für mein Leben geben konnten. Jetzt richtete ich meine Aufmerksamkeit wieder neu auf Gott.

Fünf Monate später änderte sich die Lage in Ruanda. Es war weltweit bekannt geworden, dass viele Ruander unschuldig im Gefängnis saßen und ungewöhnlich viele Menschen verschwanden oder getötet wurden. Die Hutu-Regierung musste vorsichtiger agieren. Die Verhaftungen gingen zurück, und es wurden weniger Menschen umgebracht. Gleichzeitig wurden die Fälle von vielen Gefangenen überprüft.

Aus diesem Grund kam ein Assistent des Staatsanwalts aus Cyangugu in die Zementfabrik. Er wollte Nachforschungen über die Hintergründe der Verhaftungen von Mitarbeitern der CIMERWA anstellen. Ich war zu diesem Zeitpunkt nicht im Büro, sondern besuchte gerade meinen Mann im Gefängnis in Cyangugu.

Meine Freundin Anne Marie schob ein Durchschlagpapier unter das Schriftstück, auf das die Ergebnisse der Untersuchung geschrieben wurden. Dadurch erfuhren wir, dass K., der Chef von dem Büro, in dem ich arbeitete, erstaunlicherweise nichts Nachteiliges über Charles und die übrigen Tutsi aus der Fabrik, die im Gefängnis saßen, aussagte. K. war ein radikaler Hutu, der später für viele Morde an Tutsi verantwortlich war.

Anne Marie hatte einen besseren Einblick in den Stand der Dinge. Sie besuchte mich regelmäßig, um mich zu informieren. Am 21. März 1991, als ich sie gerade am Hoftor verabschiedete – ich hatte dabei Fiston auf dem Arm –, kam ein Betrunkener taumelnd auf der Straße vorbei.

Als er uns sah, näherte er sich schwankend und stolpernd. Seine Augen blieben auf Fiston hängen. Er holte tief Luft, blickte kurz auf sein Handgelenk, so als ob er auf die Uhr sähe, und sagte mit erstaunlich fester Stimme: «He, Kleiner! Ich komme aus Cyangugu. Dort habe ich gerade die Entlassungspapiere für deinen Vater unterschrieben.»

Dann drehte er sich um und setzte seinen Weg taumelnd und stolpernd fort.

Ich wusste nicht, wer der Mann war und woher er uns kannte und ob er uns überhaupt kannte. Anne Marie und ich blickten uns an. Wir kamen überein, dass der Mann die Unwahrheit gesagt hatte. Aber wir waren auch bereit zu glauben, dass die Worte des Betrunkenen eine Botschaft für uns von Gott gewesen sein konnten. Fünf Tage später, am 26. März, wurde Charles nach fünfeinhalb Monaten im Gefängnis entlassen. Ich war überglücklich.

Nachdem Charles wieder zu Hause war, bekamen wir viel Besuch.

Als er sich gerade mit einem Besucher unterhielt, sang Fiston unser Lieblingslied: «Papa, Papa, Imana ishimwe cyane.»

Die Worte bedeuteten: «Papa, Papa, Gott soll sehr gelobt werden.»

Charles hörte nicht richtig zu, obwohl Fiston das Lied wiederholte. Schließlich wurde der kleine Junge ungeduldig und schlug seinem Vater aufs Bein. Charles wandte sich seinem Sohn zu und erkannte, dass Fiston Gott mit seinem Lied dafür dankte, dass er seinen Vater wiederhatte.

16. Die Lage in Ruanda spitzt sich zu

Bevor Charles freigelassen wurde, hatte ich einen Traum. Ich träumte, dass er aus dem Gefängnis entlassen wurde und nach Hause kam. Ich war so glücklich darüber, dass ich Gott ein Versprechen machte. Ich wollte für Gott arbeiten, indem ich im Kirchenchor sang und dadurch Gott lobte und anderen erzählte, was Gott für mich und alle Menschen getan hatte.

Im Traum hielt ich mein Versprechen nicht. Dann hörte ich im Traum eine Stimme, die mich fragte, warum ich Gott nicht die Ehre dafür gebe, dass Charles wieder zu Hause war. Ich reagierte nicht auf diese Stimme, sondern begnügte mich damit, meine Hausarbeit zu erledigen.

Plötzlich sah ich zwei Leute in meinem Traum. Der eine sang, der andere saß auf einem Stuhl. Wieder hörte ich eine Stimme. Sie forderte mich auf, in das Büro der Zementfabrik nach Kigali zu gehen, um den Chormitgliedern, die dort arbeiteten, zu sagen, dass sie ein Lied vorbereiten sollten, um es am Sonntag im Gottesdienst zu singen. Ich ging im Traum nach Kigali und traf mich mit dem Chor. Fast alle sangen leidenschaftlich und von ganzem Herzen zur Ehre Gottes wunderschöne Lieder. Nur ich war halbherzig bei der Sache.

Plötzlich traf mich im Traum eine kräftige Hand am Kopf. Ich spürte einen heftigen Schmerz und wäre zu Boden gefallen, wenn derjenige, der auf dem Stuhl saß, mich nicht festgehalten hätte. Ich spürte, dass ich Gott im Stich gelassen hatte. Ich bat ihn um Verzeihung und versprach, dass ich ihm von ganzem Herzen die Ehre geben werde, wenn ich die Verfolgung lebend überstehen würde.

Meinem Kopf ging es danach sofort besser.

Ich erwachte und schrieb den Traum in mein Tagebuch.

Als mein Mann aus dem Gefängnis entlassen wurde, erinnerte ich mich an den Traum. Die erste Woche, die Charles wieder zu Hause war, genoss ich unser Familienleben. In der zweiten Woche ging ich in den Chor der Gemeinde und ließ mich als Mitglied aufnehmen. Nachdem wir als Familie wieder vereint waren, dachte ich, dass alles gut werden würde. Wir konnten jetzt gemeinsam Gott dienen und ein gutes Leben führen.

Während Charles im Gefängnis saß, hatte CIMERWA seinen Lohn nicht weitergezahlt. Ich musste in dieser Zeit mit meinem deutlich bescheideneren Gehalt auskommen.

Nachdem Charles' Unschuld und die Unschuld Tausender anderer Tutsi offiziell festgestellt worden war, wollte CIMERWA Charles nicht mehr in Bugarama haben. Sie versetzten meinen Mann nach Kigali, in die Hauptstadt, weit weg von unserem Zuhause. Hinter den Intrigen gegen meinen Mann steckten die Direktoren der Fabrik in Bugarama. Vielleicht musste Charles nach

Kigali gehen, damit die für seine Verhaftung Verantwortlichen nicht in Schwierigkeiten kamen?

Wir waren nicht glücklich über die Versetzung. Sie machte unsere Lage nur schlimmer. Kigali war nicht nur weit entfernt, sondern die Hauptstadt war auch ein permanenter Unruheherd. Die miteinander verfeindeten politischen Parteien trugen ihre blutigen Kämpfe hauptsächlich in der wichtigsten Stadt, in Kigali, aus. Sie versuchten, ihren Einfluss zu sichern und zu vergrößern. Dabei ging es nicht ohne Blutvergießen ab.

Charles hatte keine Wahl. Er musste sich nach Kigali versetzen lassen. Aber was war mit mir? Ich beantragte ebenfalls meine Versetzung nach Kigali. Mir wurde schnell klargemacht, dass ich aus rechtlichen Gründen nicht in Kigali arbeiten konnte. Meine Arbeitserlaubnis galt nur für meine jetzige Stelle in Bugarama. Wenn ich diese aufgab, würde mein Arbeitsvisum sofort ungültig werden.

Die neue Situation stellte uns vor große Probleme. Ich konnte Gott nicht verstehen. Kaum hatte ich meinen Mann wieder, musste ich ihn schon wieder hergeben. In dieser Zeit betete ich wenig. Und wenn ich betete, klagte ich Gott an, weil ich nicht verstand, warum er es zuließ, dass ich schon wieder von meinem Mann getrennt wurde.

Wenige Tage nachdem Charles nach Kigali umgezogen war, am Abend des 15. November 1991, bekam ich einen Anruf von einem Hutu-Mitarbeiter der Firma, mit dem ich sonst nie etwas zu tun hatte. Er sagte mir, dass die Direktoren einen Brief vorbereiteten, um mich aus dem Haus zu werfen.

Kurz darauf erhielt ich Drohungen von den Angestellten der Zementfabrik. Sie forderten mich auf zu verschwinden, sonst würde es mir schlecht gehen. Ich erfuhr, dass sie sich in ihren Betriebsversammlungen beklagt hatten, dass ich in einem Haus wohnte, das mir nicht gehörte. Charles war ein leitender Angestellter gewesen und hatte Anspruch auf dieses Haus gehabt. Ich sei nur eine kleine Angestellte und hatte kein Recht, in dem Haus zu wohnen, das für die Leitungsriege gebaut worden war. Sie beklagten sich bei der Firmenleitung über diesen Zustand und forderten, dass ich aus dem Haus geworfen würde.

Mir wurde bald klar, dass nicht das Haus das Problem für diese Leute war, sondern *ich* war es, die sie störte. Sie wollten, dass ich weggehe. Ich verstand die Situation nicht. Kein anderer Mitarbeiter in der Fabrik wurde so schäbig behandelt wie ich. Was hatte ich den anderen getan? Ich war immer freundlich und hilfsbereit gewesen und hatte versucht, eine gute Kollegin zu sein. Warum hassten sie mich? War es Neid, weil ich in einem schöneren Haus wohnte als manche von ihnen? Meine Volksgruppenzugehörigkeit war das Problem; einer Tutsi durfte es nicht so gut gehen.

Die Situation und der Hass der Menschen um mich herum machten mich tieftraurig. Nachdem ich mein Heim verlassen hatte, wurde das Haus abgeschlossen; keiner der Angestellten durfte es beziehen. Ich zog in eine Doppelhaushälfte der Wohnsiedlung des Zementwerkes. Meine Arbeitsstelle durfte ich vorerst behalten. Wenn ich nach der Arbeit beten wollte, traf ich mich mit einer Gruppe von Christen.

Einmal, als wir wieder zusammen beteten, sagte ein Mann, dass Gott mich segnen würde, auch wenn ich durch schwere Zeiten ginge. Weil mein Leben voller Demütigungen und Gefahren war, klammerte ich mich an solche Worte und an die Verheißungen in der Bibel.

Im Jahr 1992 entstanden viele neue politische Parteien in Ruanda. Die Anhänger der einzelnen Gruppen stellten ihre Überzeugungen in der Öffentlichkeit militant zur Schau. Es kam zu Kämpfen zwischen den einzelnen Gruppen. Politische Gegner wurden ermordet. Ihre Autos wurden in Fallen gelockt und mitsamt den Insassen verbrannt. Schon allein das Desinteresse an einer Partei konnte tödlich sein. Die öffentliche Ordnung brach immer mehr zusammen.

Wenn Charles uns besuchte, tat er das in der Nacht, um nicht gesehen zu werden. Er verließ uns am nächsten Tag, lange vor Sonnenaufgang, wieder und ging viele Kilometer zu Fuß, weil er Angst hatte, dass ihn Leute sehen konnten, die ihn kannten und ihn an radikale Hutu verraten könnten. Manasse begleitete ihn bis nach Mibilizi, von wo aus er die Reise mit einem öffentlichen Bus fortsetzte.

Am 5. Oktober 1992 wurde mein zweiter Sohn geboren. Naomi, eine gute Freundin, die in Mukoma lebte, nördlich von Cyangugu am Ufer des Kivu-Sees, und Mary, meine Schwägerin, kamen zu mir, um in den letzten Tagen vor der Geburt bei mir zu sein. Naomi begleitete mich in der Nacht nach Mashesha ins Krankenhaus.

Morgens um 7.30 Uhr bekam ich meinen zweiten Sohn, den ich Mugisha Christian nannte. Mugisha bedeutet «Segen», und Christian bedeutet «zu Christus gehörig». Ich wählte diese Namen, weil Jesus Christus meine einzige Hoffnung war und weil Gott mir mehrmals gesagt hatte, dass er mich segnen würde.

Die Geburt selbst verlief nicht ohne Komplikationen. Christian kam mit einer mit Blut gefüllten Beule am Kopf auf die Welt. Leider entdeckte ich die Beule erst eine Woche nachdem ich vom Krankenhaus wieder zu Hause war.

Christian hätte im Krankenhaus behandelt werden müssen, aber wir konnten kein Transportfahrzeug bekommen. So entschieden meine Schwägerin Mary und ich, trotz der Unruhen und der Gefahren, die auf der Straße lauerten, die zwei Kilometer ins Mashesha-Krankenhaus zu Fuß zurückzulegen.

Unser Weg führte über eine Brücke über den Njambwe-Fluss, einen Nebenfluss des Rubyiro, und danach auf einen Hügel, auf dem das Krankenhaus stand. Mitten auf der Brücke befand sich eine Straßensperre. Wir bekamen einen großen Schrecken und überlegten, was wir tun konnten. Um die Brücke zu umgehen, hätten wir einen großen Umweg machen müssen.

Vorsichtig gingen wir auf die Straßensperre zu. Ein provisorisches Schild kennzeichnete die politische Partei, die hier kontrollierte. Es war die MRND, eine der radikalen Gruppen in Ruanda. Wir wussten, dass sie nur Mitglieder ihrer Partei über die Brücke ließen. Nichtmitgliedern und Mitgliedern anderer Parteien würden sie den Durchgang verweigern, sie würden sie schlagen oder sogar töten.

Die Posten hatten ihre Gesichter mit Bananenblättern getarnt, die sie auf dem Kopf zusammengebunden hatten und die bis über die Hüften herabhingen. Das, was von den Gesichtern zu sehen war, hatten sie mit Dreck unkenntlich gemacht. Einige trugen Armeehosen, andere einfache Stoffhosen. Mit dieser Tarnung konnten sie jedes Verbrechen verüben, ohne erkannt zu werden.

Ich trug Christian in meiner Kitenge auf dem Rücken und ging langsam auf die Posten zu. Mary folgte mir vorsichtig.

Einer der abenteuerlich aussehenden Gestalten trat auf mich zu, streckte seine Hand aus und befahl: «Zeig mir deinen Parteiausweis!»

Wenn sie als Erstes nach der Parteizugehörigkeit fragten, bestand Lebensgefahr. Vorsichtig holte ich meine Krankenhauskarte aus der Tasche. Das war eine Bescheinigung dafür, dass ich im Mashesha-Krankenhaus meinen Christian zur Welt gebracht hatte. Der Posten nahm das Dokument, überflog es kurz und ließ seine Augen, die zwischen den Bananenblättern funkelten, von meinem Gesicht zu meinem Rücken schweifen, auf dem ich Christian trug.

Der Mann überlegte und wandte sich dann an seine Parteigenossen: «Lasst sie gehen! Sie hat gerade ein Kind zur Welt gebracht, das sie noch stillt.»

Im Krankenhaus wurde ich zu dem Medizinalassistenten Karekezi Charles, einem Tutsi, gebracht, der entschied, Christian sofort zu operieren.

Nachdem die Wunde genäht und verbunden war, durften wir wieder gehen. Mit Bangen traten wir den Heimweg an. Was würde uns an der Brücke über den Njambwe erwarten? Noch bevor wir zu der Brücke kamen, erreichten wir eine andere Straßensperre, die gerade erst errichtet worden sein musste, weil wir sie auf dem Herweg noch nicht gesehen hatten.

Auch hier hielten abenteuerliche Gestalten Wache und kontrollierten jeden, der vorbeikam. Diese Gruppe gehörte der

MDR an, ebenfalls eine radikale Partei, die kurzen Prozess mit ihren Gegnern machte. Sie betrachteten uns argwöhnisch, ließen uns jedoch passieren, ohne uns anzusprechen.

Die MRND hatte inzwischen ihre Straßensperre von der Brücke auf die andere Flussseite verlagert. Die Brücke lag jetzt zwischen den beiden Posten.

Als Mary und ich über die Brücke gingen, befahlen uns die Posten auf beiden Seiten, sofort zu verschwinden. Wir rannten, so schnell wir konnten, an der MRND-Sperre vorbei und weiter die Straße entlang. Kaum waren wir ein paar Meter vom Schauplatz entfernt, begann eine wilde Schießerei. Wir kamen außer Atem, aber unverletzt zu Hause an und dankten Gott, dass er uns bewahrt hatte.

In dieser Zeit hissten viele Menschen vor ihren Häusern die Fahne der Partei, zu der sie gehörten.

Als mein dreijähriger Sohn Fiston das sah, sagte er zu mir: «Mama, wir sollten unsere Fahne auch an unserem Tor haben. Wir gehören doch zur Jesus-Partei.»

Dann nahm er ein weißes Stück Papier, befestigte es an einem Schilfrohr und stellte diese Fahne vor unserer Tür auf.

Am 5. Oktober 1992, am selben Tag, an dem Christian geboren wurde, bekam Charles vom Industrie- und Bergbauministerium eine Stelle in Kamembe. Er war jetzt viel näher bei uns und konnte mich und seine beiden Söhne öfters besuchen. Manchmal nahm er Fiston mit nach Kamembe und brachte ihn erst bei seinem nächsten Besuch wieder mit nach Hause. Fiston war glücklich, wenn er mit seinem Vater zusammen sein konnte.

Die politische Situation hatte sich nicht entspannt, so dass Charles nach wie vor nur in der Nacht kam und auch bei Dunkelheit wieder ging. Die täglichen Gefahren und die Ungewissheit unserer Zukunft setzten mir sehr zu. Ich hatte keinen inneren Frieden und suchte Schutz und Hilfe bei Gott.

Eines Tages kam eine Christin aus Burundi, eine Hutu-Frau, zu mir und erzählte mir einen Traum, den sie gehabt hatte und der von mir handelte.

Sie sagte: «Mir träumte, dass ich auf einem Friedhof stand. Überall waren frische Gräber. Viele Menschen mussten hier innerhalb kurzer Zeit begraben worden sein. Plötzlich sah ich dich, Denise! Du standest lebendig in einem der frischen Gräber. Ich war völlig überrascht, dass du noch am Leben warst, und rief die Menschen herbei. Als sie dich lebend sahen, waren sie ebenfalls sehr erstaunt. Einige von ihnen gingen weg, um deinen Mann zu holen. Bald kamen sie mit einem Mann zurück, aber es war nicht dein Mann, sondern ein Fremder. Danach nahmen wir dich mit nach Hause und lobten Gott, dass wir dich lebend gefunden hatten.»

Ich schrieb mir den Traum auf, rief in meinen Gebeten zu Gott und fragte ihn, was er mit diesem seltsamen Traum bezweckte, der mich doch nur traurig machte. Warum ermutigte er mich nicht und machte mir Hoffnung, die ich so sehr brauchte?

An einem anderen Tag hatte ich selbst einen Traum.

Ich war im Traum auf der Flucht von Ruanda nach Burundi. Ich rannte an brennenden Häusern vorbei. Plötzlich erschien eine große Gruppe von Männern, die ihre Lanzen nach mir warfen. Eine unzählbare Menge von Geschossen fielen wie Wassertropfen von oben auf mich herab, während ich rannte, so schnell ich konnte. Obwohl der Geschosshagel nicht aufzuhören schien, traf mich keine einzige der Lanzen.

Dieser Traum war für mich eine große Ermutigung.

All die schrecklichen Dinge, die um mich herum geschahen und die ich zum Teil selbst erlebte, machten mir sehr zu schaffen. Ich wusste nicht, wie ich durch diese schlimme Zeit kommen sollte. Ich hatte zwei kleine Kinder und einen Mann, der nicht bei mir war und mich nur gelegentlich heimlich besuchen konnte. Ich bat Gott inständig, dass Charles bei mir bleiben konnte und wir uns nicht immer wieder trennen mussten.

Vianney, ein Hutu-Christ und einer meiner Arbeitskollegen, sprach mir am 29. April 1992 eine Verheißung von Gott zu. Er sagte: «Gott spricht zu dir: ‹Du wirst noch viele Probleme bekommen, aber ich werde dich beschützen. Und was kein Mensch für dich tun kann, werde ich, dein Gott, für dich tun!›»

Ich hatte erwartet, dass Gott zu mir sagen würde: «Deine Probleme sind jetzt zu Ende. Dein Mann wird nach Hause kommen.»

Als die Milizen später mein Haus angriffen, stritt ich im Badezimmer im Angesicht des Todes mit Gott, weil er mir durch Vianney die Verheißung gegeben hatte, mich zu schützen – und ich in diesem Augenblick überzeugt war, dass er sein Versprechen nicht halten würde. Doch Gott ist treu. Er hat mich tatsächlich bewahrt, und ich habe den Völkermord überlebt.

Von 1988 bis 1993 hatte ich nur einen kongolesischen Ausweis und brauchte in Ruanda eine Arbeitserlaubnis für Ausländer. Als sich die politische Situation immer mehr zuspitzte, sagte mir einer der leitenden Angestellten der Zementfabrik, dass man mich bald entlassen werde, wenn ich keinen ruandischen Ausweis hätte. Daraufhin sandte ich einen Brief an den Innenminister und erklärte ihm meine Lage. Kopien des Briefes sandte ich an andere hohe Staatsbeamte in der Präfektur von Kibuye und an den Bürgermeister der Kommune Rwamatamu, wo meine Eltern geboren worden waren.

Während ich auf Antwort wartete, erhielt ich einen Telefonanruf von einem Beamten. Er gehörte zur ruandischen Geheimpolizei in Gisenyi, in der Präfektur Kibuye, am Nordufer des Kivu-Sees. Er stellte mir viele Fragen zu meinem Antrag für einen ruandischen Ausweis. Danach fragte er mich über meine Eltern aus.

Plötzlich fragte er: «Wie lange hast du schon für den Ausweis gebetet, und welche Antwort hat dir Gott gegeben?»

Ich erwiderte: «Gott hat mir gezeigt, dass er alles in seiner Hand hat.»

Er meinte: «Christen, die keine Verheißungen haben, sind wie

Schmetterlinge, die kein Ziel haben. Sie fliegen einfach nur hin und her.»

Dieser Mann, den ich niemals persönlich traf, besorgte mir die Papiere, die mir halfen, meinen ruandischen Ausweis zu bekommen.

Im Juli 1993 bekam ich endlich meinen ruandischen Ausweis. Danach fuhren Charles und ich zusammen in den Kongo, um meine Eltern zu besuchen. Zehn Monate später wurde Charles ermordet.

Im Oktober 1993 wurde Ndadaye, der Präsident von Burundi, ein Hutu, ermordet. Als Folge davon wurden viele ruandische Tutsi, die an der Grenze zu Burundi lebten, von ruandischen Hutu verfolgt und ermordet. Ein Bekannter von mir, ein Tutsi mit Namen Serugo, floh von seinem Zuhause in Bugarama nach Kamembe, nördlich von Cyangugu, weil er erfahren hatte, dass seine Nachbarn ihn an die Mörderbanden verraten hatten.

Eine meiner Freundinnen war mit einem Hutu-Polizisten verheiratet. Hutu-Mörder schnitten ihr die Kehle durch, weil sie eine Tutsi war. Man erzählte, dass sie von ihrem eigenen Mann verraten worden war. Diese Ereignisse machten mich ganz krank. Dann erfuhr ich, dass ich wieder schwanger war.

Wegen der Unruhen konnte kein Tutsi auf den Markt in Bugarama gehen und dort einkaufen. Überall wurden Straßensperren aufgestellt. Dieses Mal dienten sie nicht dazu, die Mitglieder anderer Parteien abzufangen. Die militanten Hutu, die bisher in verschiedenen Parteien organisiert waren und sich teilweise gegenseitig bekriegten, hatten jetzt einen gemeinsamen Feind, die Tutsi. Sie kontrollierten Straßen und Wege und machten Jagd auf uns. In meiner inneren und äußeren Not traf ich mich oft mit Oscar und seiner Frau Consolée zum Beten.

Am 23. Januar 1994 kam Felix, ein befreundeter Christ, abends zu uns nach Hause. Charles war an diesem Tag auch da. Felix sagte uns, dass wir uns Zeit nehmen sollten, uns auf das vorzubereiten, was bald kommen würde. Wir verstanden nicht, was er meinte. Felix erklärte uns, dass Charles und ich uns aussprechen sollten. Wir sollten alles aus dem Weg räumen, was zwischen uns stand, und uns gegenseitig vergeben.

Ngelina, eine alte Frau, kam öfters zu mir nach Hause. Sie sagte, dass Gott sie gesandt habe, um mit mir zu reden und für meine Kinder zu beten. Sie betete für mein ungeborenes Kind. Ich dachte damals, dass ich einen Kaiserschnitt brauchte. Glücklicherweise hatte ich keine Ahnung davon, unter welchen dramatischen Umständen mein drittes Kind auf die Welt kommen würde.

In den Osterferien 1994 kam Charles nach Hause. Er schaffte es, die Straßensperren bei Nacht zu umgehen. Am Ostersonntag konnten wir nicht am Gottesdienst teilnehmen, weil es viel zu gefährlich für uns war, das Haus zu verlassen.

Die Osterferien waren für Charles und mich viel zu schnell zu Ende. Als Charles mir mitteilte, dass er am 5. April wieder ins Büro nach Cyangugu zurückgehen müsste, brach ich zusammen. Ich hatte eine dunkle Vorahnung und fühlte, dass uns noch weit größere Probleme bevorstanden, als wir sie je erlebt hatten.

Charles sah, dass es mir schlecht ging, und fragte, was mit mir los sei. Ich sagte ihm, wie ich mich fühlte, und erzählte ihm auch von meiner Vorahnung. Charles war betroffen und schwieg. Er verstand mich nicht und konnte meine Ahnung nicht nachvollziehen. Er bat mich um eine Erklärung, die ich ihm nicht geben konnte.

Es war am frühen Morgen in unserem Schlafzimmer, als Charles mich zum Abschied umarmte. Ich verspürte sofort ein übermächtiges Gefühl der Trauer und schrie und weinte.

Charles fragte mich: «Was ist los, meine liebe Denise?»

«Ich spüre, dass ich bald durch schwere Zeiten gehen werde. Die Not wird wie eine Welle über mich kommen und mich erdrücken!»

Nachdem ich meine innere Not ausgesprochen hatte, wurde ich etwas ruhiger. Charles hatte keine andere Wahl, er musste mich verlassen, weil er hier in der Umgebung von CIMERWA in

Lebensgefahr war. Ich ahnte, dass ich ihn nie wiedersehen würde. Als Charles in der Dunkelheit verschwunden war, ging ich traurig und niedergeschlagen ins Haus zurück.

Zwei Wochen bevor der Völkermord begann, besuchte mich eine Kollegin aus der Fabrik, Immaculée, eine Tutsi-Christin, in ihrer Arbeitspause. Ich befand mich schon im Schwangerschaftsurlaub vor der Geburt meines Kindes.

Immaculée sagte zu mir: «Denise, es wird zum Krieg kommen! Das sagen Leute, die es wissen müssen. Es wird viele Tote geben. Wir müssen im Glauben durchhalten. Nur wer durchhält, wird überleben.»

Ich antwortete: «Immaculée, ich kann in einem Krieg nicht durchhalten.»

Immaculée ging zurück zur Arbeit. Mit dem Krieg zwischen den Rebellen der RPF, der Ruandischen Patriotischen Front, und den Truppen der ruandischen Regierung, hatte ich später nicht unmittelbar zu tun. Mein Krieg führte mich in die Hände der Hutu-Milizen, die mich töten wollten, weil ich eine Tutsi war.

17. Leben zwischen Bangen und Hoffen

Ein leichter Stoß in meinen Magen bringt mich zur Besinnung. Petit, der Kleine, so hatte Christian mein Baby genannt, als es geboren wurde, strampelt im Schlaf. Er liegt geborgen an meiner Seite und ahnt nichts von dem höllischen Treiben um ihn herum.

In meinen Gedanken, aus denen mich Petit herausgerissen hat, zog mein bisheriges Leben an mir vorbei. Petits Stoß bringt mich wieder in die Gegenwart zurück. Ich bin noch immer in der kleinen Klinik der Zementfabrik und komme mir vor wie im Wartesaal des Todes. Wir sind hier nicht in Sicherheit. Die Welt um uns herum wird von den Mörderbanden der Interahamwe beherrscht und kontrolliert.

Im ersten Dämmerlicht blicke ich auf meinen abgemagerten

Körper. Ich kann nichts essen und habe die ersten Tage auch keine Milch für Petit, obwohl ich ihn immer wieder anlege.

Francine, deren Baby gerade einen Monat alt ist, hat genug Milch für zwei. Sie säugt meinen Petit, solange er nichts von mir bekommt.

Ich setze mich auf die Bettkante und sammle meine Gedanken. Mein Herz ist schwer, und ich habe weder genug körperliche noch seelische Kraft, um weiterzukämpfen.

Schritte nähern sich der kleinen Firmenklinik. Es sind leichte Schritte, wahrscheinlich von einer Frau. Jedes Mal, wenn ich draußen Schritte höre, halte ich die Luft an. Schritte bedeuten meist Gefahr, Lebensgefahr. Doch diese Schritte haben einen weichen, freundlichen Klang. Ich schlage mir auf die Stirn. Was für ein Unsinn! Schritte sind Schritte. Auch eine Frau kann Gefahr bedeuten. Sie kann uns ausspionieren und verraten. Hinter ihr kommen vielleicht kräftige Männerschritte, Interahamwe, die uns töten wollen.

«Hallo, Denise!»

Ich hebe meinen Kopf. Vor mir steht Josephine, eine mutige Frau, die auch «Mama Kamenje» genannt wird.

«Dein Baby sollte geimpft werden, sonst wird es krank.»

«Ich kann das Haus unmöglich verlassen. Sie würden mich sofort töten.»

«Nein, Denise! Du brauchst nicht selbst zu gehen. Ich nehme deinen kleinen Petit und bringe ihn zum Impfen.»

«Wie willst du das machen? Sie werden dich an den Straßensperren anhalten und dir das Baby wegnehmen.»

«Lass mich nur machen! Ich schaffe das schon.»

Nach ein paar Stunden kommt Josephine zurück. Sie strahlt, als sie mir Petit überreicht, und berichtet: «Denise, als ich an die Straßensperre kam, hatte ich Angst und betete: ‹Oh mein Herr Jesus, da ist eine Barrikade der Milizen an der Brücke über den Njambwe. Was soll ich denen sagen, wenn sie das Baby sehen? Ich zittere, lass mich nicht im Stich, ich bitte dich! Herr, mach sie blind!›

Einer der Posten sprach mich an: ‹Du, Frau, Mama Kamenje, wohin gehst du?›

Ich erkannte einige, die bei CIMERWA arbeiteten oder zur Jugend unserer Gemeinde gehörten, und antwortete:

‹Ich habe ein Baby bekommen und gehe zum Impfen nach Mashesha.›

Der Posten rief: ‹Du lügst! Du bist noch schwanger. Das Kind ist von einer Tutsi-Schlange.›

Ich wurde wütend und schrie: ‹Nein, das ist mein Kind! Wenn ihr mein Kind tötet, springe ich in den Fluss und sterbe. Tötet zuerst mich, bevor ihr das Kind tötet!›

Die Milizionäre diskutierten miteinander. Einer sagte zu mir: ‹Bitte, Mama Kamenje, das ist eine Schlange, das Kind einer Tutsi. Wenn die Schlange größer ist, wird sie dich beißen.›

Als sie meine Wut und Entschlossenheit sahen, ließen sie mich gehen.

Als ich in Mashesha ankam, wollte Frau J., die für das Impfen zuständig war, Petit nicht behandeln. Dabei war sie doch früher deine Freundin und sang mit dir im Kirchenchor. Sie sagte zu mir: ‹Madam, es gibt keine Tutsi mehr in Ruanda. Warum also willst du diesem Kind helfen?›

Glücklicherweise war da ein Mann, der bereit war, das Kind zu impfen.»

Josephine bekam später ihr eigenes Mädchen und nannte es «Sauvée», Gerettete.

Eines Tages steht Simpunga schwer verletzt mit seinen Kindern vor dem Eingang der kleinen Klinik. Er und seine Frau Margot sind Kollegen von mir in der Zementfabrik. Simpunga ist Tutsi. Seine Frau ist schon ermordet worden. Simpunga ist nicht nur ein Kollege, sondern auch ein guter Freund. Einmal hat er mir Geld für Charles gegeben, als dieser im Gefängnis saß. Als Charles aus dem Gefängnis entlassen wurde, war es Simpunga, der ihn als Erster zu Hause besuchte.

Simpunga wird mit seinen drei Töchtern in dem Zimmer neben uns untergebracht. Wir hören aufgeregte Stimmen auf der Straße, die durcheinanderrufen: «Simpunga ist in der Klinik!»

Der Milizionär, dem wir 6000 Ruanda-Francs gegeben haben, steht plötzlich wieder vor der Klinik. Dieses Mal ist er nicht allein. Durch das Fenster erkenne ich eine ganze Reihe von grimmig dreinblickenden und mit Macheten bewaffneten Männern. An ihren entschlossenen Gesten und Bewegungen erkennen wir, dass es kein wilder, unorganisierter Haufen ist, sondern eine ausgebildete Truppe, ausgebildet zum Einfangen und Töten von Männern, Frauen und Kindern der verhassten Tutsi.

Simpunga blickt aus dem Fenster und sagt: «Das sind trainierte Mörder. Ausgebildet von Y., einem Muslim, dem Chef der Interahamwe in der Provinz Cyangugu.»

Wenig später kommt der Milizionär, der schon einmal hier war, in die Klinik, packt Simpunga und schleppt ihn nach draußen.

In der darauffolgenden Nacht töten sie Simpunga mit der Machete direkt neben der Klinik. Wir alle hören seine Schmerzensschreie und leiden mit ihm.

Ich kenne diesen Y. sehr gut. Er ist ein Landwirt und ein reicher Geschäftsmann aus Bugarama und als Muslim mit zwei Frauen verheiratet. Er stammt aus Gisovu im Bezirk von Rwamatamu in der Präfektur Kibuye, wo auch mein Großvater wohnte. Vor dem Völkermord lebte er mit allen Menschen im Frieden und half vielen, die Arbeit auf seinen Reisfeldern suchten. Seine Tochter Madina arbeitete mit meinem Cousin Manasse zusammen in der Zementfabrik. Er nannte mich sogar seine Schwester, weil er meinen Großvater gut kannte.

Am 19. Februar 1989 reisten wir zusammen mit anderen in einem Auto von CIMERWA nach Gatare zu der Hochzeit von Mathias, einem Mitarbeiter von CIMERWA. Wir machten Witze, lachten viel, und er brachte uns ein muslimisches Lied bei, das wir die ganze Reise über sangen.

1991 wurde er zusammen mit anderen Führern des MRND zu

Präsident Habyarimana eingeladen. Bei diesem Treffen wurde darüber beraten, wie man am besten gegen die Tutsi vorgehen kann, um sie zu töten. Seit diesem Treffen war Y. völlig verändert und begann, Milizen für den Völkermord auszubilden. Einmal lud er viele Menschen zu einem Treffen im Hof der CIMERWA-Klinik ein und berichtete, wo überall er die Tutsi getötet hatte.

Ich wälze mich in dieser Nacht schlaflos auf meinem Bett. Es bricht mir fast das Herz. Ich verstehe nicht, wie Menschen so grausam sein und einfach ein unschuldiges Menschenleben auslöschen können. Simpunga ist tot. Francine, ich und unsere Kinder leben. Aber wie lange noch?

Inzwischen sind wir für die Hutu-Nachbarn zu einer Attraktion geworden. Für sie ist es etwas Besonderes, dass es hier noch lebende Tutsi gibt. Jeden Tag kommen sie vorbei und betrachten uns. Ihre Blicke sprechen Bände. Sie wollen die Tutsi sehen, die übriggeblieben sind; die Tutsi, die sich die Mörder aufgehoben haben. Jeder Tag, den wir lebend verbringen, ist eine Sensation für diese Menschen.

Einige unserer Hutu-Nachbarn haben Mitleid mit uns und bringen uns etwas zu essen, obwohl sie dadurch ihr Leben riskieren. Einem Hutu ist es bei Todesstrafe verboten, einem Tutsi zu helfen. Gott kennt diese großherzigen, mitleidigen Menschen und wird sie für ihren Liebesdienst belohnen.

Einmal kommt Angela, eine Hutu-Christin aus der Methodistenkirche, vorbei. Es ist gerade Mittagszeit. Meine Kinder liegen nackt auf dem Bett und machen ihren Mittagsschlaf. Ich trage nur ein leichtes Kleid. Angela hat Mitleid mit uns. Sie zieht ein Kleidungsstück aus und gibt es mir.

Fiston wacht von unserem Gespräch auf. Er sieht, was Angela tut, und beginnt zu singen: «Imana iracyadukunda, ntishobora kudukuraho amaboko! Gott liebt uns noch immer. Er kann uns nicht verlassen und gibt uns niemals auf.»

Angela hört Fiston mit offenem Mund zu. Als das Lied zu Ende ist, bricht sie in Tränen aus. Sie richtet ihren Blick nach oben und betet zu Gott. Danach senkt sie ihren Blick wieder und betrachtet mich ernst.

«Denise, uzitegereza byinshi … Denise, du wirst viele Dinge sehen …»

Es ist der Anfang einer Prophezeiung. Ich schüttle den Kopf. Es fällt mir schwer, daran zu glauben, dass ich noch viele Dinge sehen werde. Es ist viel wahrscheinlicher, dass ich bald sterben werde.

Lydia, eine gute Freundin von mir, kann sich, nachdem ihr Mann ermordet worden ist, vor den Angriffen der Interahamwe im Gästehaus des Zementwerkes in Sicherheit bringen. Als sie hört, dass ich fast nichts zum Anziehen habe, bittet sie ihren Hutu-Hausboy, mir Kleidung und Lebensmittel zu bringen. Das Essen teile ich mit den anderen in der Klinik. Von den Kleidern nehme ich nur einen Pullover. Den Rest schicke ich ihr zurück mit der Mitteilung, dass ich darauf warte, getötet zu werden, und daher die anderen Kleidungsstücke nicht brauche.

Einmal kommt Matata, ein Nachbar und Mitglied in meiner Kirchengemeinde, mich besuchen. Er berichtet, was er gesehen hat.

«Denise, ich kenne jemanden, der in deinem Haus geplündert hat. Er nahm deinen großen, metallenen Reisekoffer mit zu sich nach Hause. Jetzt versucht er, den Koffer mit Inhalt für siebenhundert Ruanda-Francs zu verkaufen.»

«Wer ist dieser Mann?», frage ich Matata.

«Er wohnt nicht weit von mir entfernt.»

«Aber warum will er den Koffer verkaufen?»

«Sein Haus ist eine Hütte und hat nur eine kleine, enge Eingangstür. Er versuchte, den Koffer in seine Hütte zu bekommen, doch die Tür ist zu schmal. Bitte, lass mich deinen Koffer von ihm kaufen! Kannst du mir das Geld geben? Ich hebe den Koffer auch für dich auf, bis das Morden vorbei ist.»

Ich hatte Geld von Leuten bekommen, die uns besuchten, und gebe Matata den geforderten Betrag. Er geht, kauft den Koffer und gibt ihn mir später, nach dem Ende des Völkermords, zurück.

Der Koffer hat eine besondere Bedeutung für mich. Fast jedes junge Mädchen in Ruanda kauft kurz vor der Hochzeit solch einen großen Metallkoffer, um zerbrechliche Haushaltsgegenstände damit sicher zu seinem Bräutigam und zu ihrem neuen Heim zu transportieren. Für mich ist dieser Koffer bis heute ein Symbol dafür, dass Gott mir erlaubt, sogar zerbrechliche Schätze unbeschadet zu behalten.

Die Zustände in der Klinik sind schlecht, und wir können das Gebäude nicht verlassen. Als Toilette haben wir nur einen Eimer. Marcel, der Leiter der Krankenstation, hat Mitleid mit uns. Er gibt uns den Schlüssel für die Toilette der Klinik. Wir sind ihm dafür dankbar. Das bedeutet ein wenig mehr Lebensqualität für Francine und mich mit unseren Kindern.

Die Freude hält nicht lange. Als Marie, die Putzfrau, sieht, dass wir die offizielle Toilette benutzen, nimmt sie uns den Schlüssel weg. Ist sie zu faul, die Toiletten zu putzen? Oder gönnt sie uns den kleinen Luxus nicht, weil wir Tutsi sind? Die Putzfrau ist eine Hutu, und sie gehört nicht zu denjenigen, die Mitleid mit uns Tutsi haben.

Später erzählt mir eine Frau, dass sie Marie gesehen habe, wie sie auf den Markt nach Muganza ging und dabei stolz meine schöne Handtasche trug, die ich von Charles, meinem Mann, als Verlobungsgeschenk erhalten hatte. Ich kann nichts dagegen sagen, weil es überall heißt, dass Tutsi nicht leben dürfen und ihr Besitz den Hutu gehört.

Fiston hat Durchfall. Er ist richtig krank. Wahrscheinlich hat er die Ruhr. Ständig muss er auf die Toilette. Oft können wir die Toilette nicht aufsuchen, weil Marie, die Putzfrau, den Schlüssel nicht herausgeben will. Dann müssen wir einen Eimer benutzen.

Was soll ich tun? Zum Arzt kann ich nicht gehen. Das Haus zu verlassen wäre glatter Selbstmord. Draußen ziehen immer wieder Interahamwe vorbei. Sie sind ständig auf der Suche nach Tutsi. In die Krankenstation getrauen sie sich nicht, weil sie wissen, dass wir von den Hutu-Führern noch nicht fürs Abschlachten freigegeben sind.

Fiston braucht rasch Hilfe. Es geht ihm immer schlechter. Ich bitte Marcel, mir eine Medizin für Fiston zu geben. Marcel hat nur Tabletten für die üblichen Krankheiten, die sich ein Fabrikarbeiter einfängt. Schulterzuckend gibt er mir ein Fläschchen mit Tropfen. Ich sehe Marcel an, dass er mir helfen will, aber nicht helfen kann.

Fiston nimmt den Löffel mit den Tropfen und schluckt die unbekannte Medizin hinunter. Danach liegt er wieder regungslos auf dem Bett. Vielleicht geschieht ein Wunder und die Medizin hilft ihm doch? Ab und zu schleppt er sich auf den Toiletteneimer. Fiston verliert viel Flüssigkeit wegen des Durchfalls. Ich reiche ihm immer wieder ein Glas mit Wasser. Er trinkt, so viel er kann, aber es ist zu wenig. Fiston wird sterben, wenn er nicht die richtige Medizin bekommt.

Ab und zu kommen Hutu zu uns, die uns helfen. Einen von ihnen bitte ich, Mark zu sagen, dass mein Sohn die Ruhr hat, und ihn zu bitten, bei uns vorbeizukommen. Mark kennt sich mit Krankheiten aus und behandelt Menschen, obwohl er kein ausgebildeter Arzt ist. Wenig später kommt Mark und gibt mir zwei Tabletten. Jede kostet 800 Ruanda-Francs. Ich habe gerade noch 1600 Francs. Fiston schluckt die Tabletten und wird tatsächlich bald wieder gesund.

Ein paar Tage danach steht plötzlich ein Milizionär an der Tür und beobachtet uns. Zuerst bemerke ich ihn nicht, weil er einfach nur dasteht und nichts sagt.

Noch bevor ich mich zu ihm umdrehe, spüre ich seine Gegenwart. Wieder steigt die Angst aus meinem Herzen in meine Kehle und schnürt sie zu. Ist es jetzt so weit? Werden wir jetzt ermordet? Ich hole tief Luft und überlege mir Worte, mit denen ich den Interahamwe besänftigen kann.

Nach fünf Minuten, noch bevor ich etwas sagen kann, spricht

er in den Raum: «Wer ist die Frau, der Josephine das Porridge bringt?»

Meine Antwort kommt leise und vorsichtig: «Das bin ich.»

Er geht einen Schritt auf mich zu und betrachtet mich lange nachdenklich. Meine Angst wächst. Ich bin wie versteinert und kann keinen klaren Gedanken mehr fassen. *Gleich zieht er seine Machete und schlägt auf mich ein.* Doch da ist etwas in seinem Blick, was mich wieder Hoffnung fassen lässt. Ich kenne die Blicke der fanatischen Hutu, die gierig darauf sind, Tutsi abzuschlachten. Diesen Augen fehlt das Dämonische. Fast meine ich, so etwas wie Mitleid im Blick des Interahamwe zu entdecken. Nach einiger Zeit kommt Bewegung in den Mann. Er fährt mit der Hand in seine Hosentasche, zieht einen zerknitterten 100-Francs-Schein heraus und streckt ihn mir hin.

«Hier nimm! Kauf deinen Kindern eine Flasche Fanta!»

Noch bevor ich mich bedanken kann, macht er auf dem Absatz kehrt und geht schnell nach draußen. Er hat es plötzlich eilig, von hier zu verschwinden.

Noch lange schaue ich ihm nach. Was hat sein Handeln zu bedeuten? Ein Mann kommt, um zu töten. Gott verwandelt seinen Hass in Mitleid. Das Herz der meisten Hutu ist in dieser Zeit voll von «Ubugome», voll von Mordgelüsten. Wie kann ein Ubugome-Herz plötzlich Mitleid empfinden? Nur Gott kann das menschliche Herz steuern. Nur Gott kann dieses Wunder tun.

Später kommt Josephine, meine treue Josephine, die mir so viel hilft, ohne Rücksicht auf ihr eigenes Leben zu nehmen. Ich frage Josephine, ob sie den Milizionär kennt, und beschreibe ihr den Mann.

Josephine berichtet mir, dass ihr Mann fast von den Interahamwe umgebracht worden ist, weil sie, seine Frau, uns besucht und versorgt. Der Milizionär gehört zu den Leuten von Y., die hinter den Hutu her sind, die den Tutsi helfen. Er stammt aus der Region Gikongoro, nordöstlich von hier.

Josephine hat mit dem Mann gesprochen und ihn um Erlaubnis gebeten, mich besuchen zu dürfen. Dadurch hat der Mann erfahren, wo wir uns aufhalten. Er kam tatsächlich, um uns zu töten. Aber er tat es nicht, oder er konnte es nicht tun. Stattdessen gab er mir Geld. Es war der erste Interahamwe, der mir Geld gab.

Während wir in der kleinen Klinik täglich um unser Leben bangen, sterben Tausende von Tutsi um uns her. Wir erfahren schreckliche Geschichten. Frauen werden systematisch vergewaltigt. Ihre Bäuche werden aufgeschnitten, um zu sehen, ob sie schwanger sind. Die Interahamwe essen das Fleisch der Ermordeten. Sie spießen es auf Stangen und braten es über dem Feuer.

Aus der Provinz Kibuye, am Ostufer des Kivu-Sees, wo meine Großeltern, meine Onkel und Tanten und viele meiner Cousins und Cousinen leben, kommen schreckliche Nachrichten. Die Interahamwe wüten dort mit unvorstellbarer Grausamkeit. Vielen Ermordeten schneiden sie die Köpfe ab und schicken diese nach Cyangugu. Warum tun sie das? Genügt es ihnen nicht, uns zu töten? Müssen sie uns zusätzlich demütigen?

Später erfahre ich, dass sie meinen Großvater Muzungu und meine Großmutter Damaris und meine Onkel Bonera und Ezras ermordet haben. Onkel Bonera wurde mit seiner Familie nach ihrem letzten Gebet in die Latrine geworfen. Nahson, der Mann meiner Tante Domitilla, wurde mit seinem ältesten Sohn in den Kivu-See geworfen.

In Gafunzo, nördlich von Cyangugu, am Ufer des Kivu-Sees, dem Ort, aus dem mein Mann Charles stammt, werden alle Tutsi-Männer getötet. Die Kinder, die dem Abschlachten ihrer Väter zusehen müssen und nicht begreifen, was vor sich geht, glauben, dass es sich dabei um eine Bestrafung für sie handelt. Sie versprechen den Mördern, dass sie nachts nicht mehr ins Bett machen, und hoffen dadurch, dass die Mörder ihre Väter in Ruhe lassen. Als die Väter tot sind, kommen die Kinder an die Reihe. Die Interahamwe schlagen die kleineren Kinder so lange mit dem Kopf gegen die Wand, bis sie tot sind.

Warum lässt Gott das zu? Was haben wir Tutsi verbrochen, dass wir so sehr leiden müssen?

Überall liegen tote Tutsi herum. Einige Leichen kann ich von der Klinik aus sehen. Oft rede ich mir ein, dass das alles nur ein Albtraum sein kann. Es ist so schrecklich, dass es nicht wahr sein darf.

Ich rufe zu Gott und sage zu ihm: «Wenn diese Menschen eines Tages vor deinem Thron stehen, was wirst du zu ihnen sagen? Was werden sie sagen? Die Tutsi werden dich fragen, wo du warst, als sie so sehr litten. Du sagst in deinem Wort, dass für dich alle Menschen gleich sind und du niemanden bevorzugst oder benachteiligst. Wenn das so ist, warum müssen wir Tutsi dann so viel leiden? Wir sind nicht besser und nicht schlechter als die anderen. Warum also?»

Dann kommt wieder die Angst um mein eigenes Leben hoch. Ich rufe zu Gott: «Herr, warum kannst du mir nicht helfen, Ruanda zu verlassen und in den Kongo zurückzukehren?»

Die Tage vergehen quälend langsam. Die Todesangst wird zu meiner täglichen Begleiterin, ohne dass ich mich an sie gewöhne.

Ich bin wie ein gehetztes Tier, das jeden Augenblick damit rechnet, angegriffen und getötet zu werden. Wildtiere kommen in eine Schockstarre, bevor die Zähne des Raubtieres sich in ihr Fleisch bohren.

Oft wünsche ich mir diese Schockstarre, die mich alles um mich herum vergessen und mich ruhig auf meinen Tod warten lässt.

Doch ich darf nicht sterben. Meine Söhne Fiston, Christian und Petit brauchen mich. Ich muss überleben, damit sie leben. Ich schreie täglich zu Gott. Wo bleibt er? Warum macht er dem Morden kein Ende?

Die Angst ist der Rahmen, in dem unser Leben hier in der Krankenstation abläuft. An manchen Tagen wird dieser Rahmen gesprengt durch etwas, das unsere Angst in Panik verwandelt. Heute ist es wieder so weit. Ein Interahamwe nähert sich dem Haus. Ich erkenne ihn. Es ist W., ein Kollege von Manasse aus der Zementfabrik. Als er nur noch wenige Meter entfernt ist, versuche ich in seinem Gesicht zu lesen. Kommt er, um zu töten?

Ich kann keine Mordlust in seinen Gesichtszügen entdecken. Er hat nicht einmal eine Waffe bei sich. Was will er hier?

Er bleibt an der Eingangstüre stehen und ruft: «He, ihr Tutsi-Flüchtlinge!»

Meint er mich damit? Ich habe ordentliche Papiere und bin von Staats wegen befugt, in Ruanda zu leben. Ich weiß aber auch, dass ich und meine Familie und die anderen Tutsi, die in den letzten Jahren aus dem Ausland nach Ruanda kamen, in den Augen der Ruander immer noch Flüchtlinge sind. Also fühle ich mich angesprochen und trete mutig auf ihn zu.

«Was willst du?»

Der Milizionär mustert mich neugierig von oben bis unten. Dann überzieht ein finsterer Zug sein Gesicht: «Alle Tutsi-Flüchtlinge sollen gesammelt und nach Cyangugu in das Kamarampaka-Stadion gebracht werden. Es ist geplant, euch dort zu töten.»

«Warum erzählst du uns das?», frage ich den Milizionär.

«Ich will nicht, dass sie dich töten. Wenn sie kommen, um dich und die anderen hier abzuholen, dann gehe nicht mit. Denk dir eine Ausrede aus!»

Ich überlege, warum er mich warnt. Hat Gott sein Herz berührt?

Bevor ich ihn fragen kann, wechselt er das Thema: «Man sagt, dass ihr die Lebensmittel nicht esst, die man euch hier gibt, sondern sie wegwerft, weil ihr denkt, dass sie vergiftet sind. Stimmt das?»

«Nein, das ist nicht wahr. Wir bekommen wenig zu essen. Das Wenige reicht kaum zum Überleben. Warum sollten wir es wegwerfen?»

«Warum sollten die Leute das behaupten?»

Ich überlege und antworte schließlich: «Wahrscheinlich wollen diejenigen, die das behaupten, erreichen, dass ihr uns nichts mehr zu essen gebt und wir verhungern.»

Ich zeige ihm das Kleid, das ich trage, und sage zu ihm: «Diese Kitenge gehört mir nicht. Ich besitze keine eigenen Kleider mehr, weil die Plünderer mir alles gestohlen haben.»

Darauf sagt er zu mir: «Ich werde dir heute Nacht eine Kanne Tee bringen.»

Er geht grußlos weg. Ich will nicht, dass er zurückkommt. Er ist ein Verräter und Mitglied der extremistischen Hutu-Partei CDR (Coalition pour la Défense de la République). Außerdem stammt er aus Ruhengeri, der Hochburg der radikalen Hutu.

Immerhin kann er der Bande die Wahrheit sagen. Vielleicht haben sie Mitleid mit uns und geben uns etwas mehr zu essen? Ich schüttle den Kopf über mich selbst. Warum sollten die Interahamwe Mitleid mit uns haben? Die Tatsache, dass sie uns nach Cyangugu bringen wollen, um uns dort zu töten, zeigt doch, dass es ihnen gleichgültig ist, ob wir genug zu essen haben oder nicht.

Immer wieder drängt sich ein winziger Hoffnungsschimmer in meinem Herzen nach oben. Gottes Verheißung, dass ich überleben werde, habe ich nicht vergessen, auch wenn ich mir nicht vorstellen kann, wie er das machen will.

Ich bin eine Todgeweihte. Mein Tod ist aufgeschoben, aber nicht aufgehoben. Die Interahamwe planen die Endlösung für die Tutsi. Wer sollte sie daran hindern können? Gott kann – aber wird er es auch tun?

Als es dunkel ist, klopft es an meine Tür. Draußen steht der Milizionär zusammen mit dem Wachmann der Krankenstation. Er überreicht mir eine Kanne mit Tee und ein Sandwich.

Wenig später bekommen wir hohen Besuch. Die drei Direktoren der Zementfabrik besuchen uns zusammen mit dem Präfekten von Bugumya und dem Bürgermeister von Bugarama. Sie wollen Inventur machen. Der Name von jeder Person, die sich in der kleinen Klinik befindet, wird aufgeschrieben. Hinter dem Namen notieren sie Details über uns, die sie für wichtig halten. Sie schreiben auf, warum wir hier sind, woher wir kommen und vieles mehr.

Warum ist das alles wichtig? Hatte der Milizionär Recht? Wollen sie uns nach Cyangugu in das Kamarampaka-Stadion bringen, um uns dort zu töten? Ich wage nicht, direkt nachzufragen. Warum kann Gott kein Wunder tun und mir und meinen Kindern die Flucht in den Kongo ermöglichen?

Dabei erinnere ich mich, wie im vergangenen Jahr Hutu-Flüchtlinge aus Burundi nach Bugarama kamen. Sie mussten in Zelten aus Bananenblättern wohnen. Einige von ihnen kamen zu uns und bettelten um Nahrung und Kleidung. Wir halfen ihnen, so gut wir konnten. Ich kann mir nicht vorstellen, dass ich im Kamarampaka-Stadion ein Leben wie diese Flüchtlinge führen könnte. Ich rede mit Gott über meine Angst vor der Deportation nach Cyangugu und bitte ihn, mir zu helfen, einen Weg zu meinen Eltern zu finden.

Wenig später kommt der Befehl. Wir sollen alle die Klinik verlassen und uns dem Transport nach Cyangugu anschließen. Ich will aber unter keinen Umständen mit dem Transport mitfahren. Ich werde einen letzten Versuch machen, Ruanda zu verlassen. Und ich werde den Bürgermeister bitten, mich mit seinem Auto an die Grenze zum Kongo zu bringen.

Die sechzehnjährige Charlotte, eine Nachbarin und Schwägerin des Bürgermeisters, kümmert sich um die verwundeten Kinder von Oscar und Consolée. Ich frage sie: «Kannst du dem Bürgermeister sagen, dass ich etwas Wichtiges mit ihm besprechen möchte?»

Sie nickt und sucht ihren Schwager, den Bürgermeister. Wenig später kommt sie zurück und teilt mir mit: «Der Bürgermeister will nicht mit dir reden. Er sagt, dass du ins Stadion nach Cyangugu gebracht wirst.»

Ich gebe nicht auf: «Geh noch einmal zu ihm und sage ihm, dass ich eine sehr wichtige Botschaft für ihn habe.»

Zitternd vor Angst warte ich auf ihre Rückkehr. Als sie zur Tür hereinkommt, grinst sie: «Er sagt, du musst nicht nach Cyangugu gehen.»

Ich bin erleichtert, verstehe aber nicht, warum er seine Meinung geändert hat, ohne mit mir zu reden. Ich frage lieber nicht nach. Sonst überlegt er es sich vielleicht wieder anders.

Die kommende Nacht schlafe ich kaum. Ich höre auf das

gleichmäßige Atmen meiner Kinder und beneide sie um ihre Sorglosigkeit. Verzichtet der Bürgermeister tatsächlich darauf, mich nach Cyangugu in den Tod zu schicken? Vielleicht ist er launisch und denkt morgen anders?

Im Laufe der Nacht beginnt es immer stärker zu regnen. Mein unermesslich großer innerer Schmerz bricht sich Bahn. In das Prasseln der schweren Regentropfen auf das Blechdach mischt sich mein Klagen und Schreien. Ich bin zutiefst verzweifelt und vermisse meinen Mann und alle meine Lieben, die ermordet worden sind. Warum musste das alles geschehen?

Plötzlich höre ich eine Stimme, die das Trommeln des Regens übertönt. Sie ruft in Swahili: «Nitajitukuza – ich werde verherrlicht werden!»

Die Stimme redete weiter. Ich verstehe die einzelnen Worte, aber nicht den Sinn der Aussage.

Am Morgen gehe ich aus dem Schlafraum, in dem auch Goretti, ihre Tochter Diane und Francine mit ihren Kindern wohnen, zur Toilette. Auf dem Weg dorthin höre ich von draußen hinter der Klinik laute Stimmen: «Kim arabonetse! Kim arabonetse! – Sie haben Kim gefunden! Sie haben Kim gefunden!»

Ich bekomme große Angst, dass Kim, Gorettis Sohn, jetzt doch noch sterben muss, nachdem er bei dem ersten Angriff hatte fliehen können. Ich renne zu Goretti und sage ihr, was los ist. Goretti geht sofort zu Marcel, der daraufhin zu ein paar Soldaten geht, die sich vor der Klinik aufhalten, und sie bittet, Kim in die Klinik zu bringen. Die Soldaten sind einverstanden.

Die Deportation in das 55 Kilometer entfernte Kamarampaka-Stadion ist für den nächsten Tag geplant. Marcel sagt mir, dass ich mich mit meinen Kindern bereithalten soll.

Ich sage zu Marcel: «Ich kann nicht nach Cyangugu gehen. Mein Sohn Fiston ist wieder krank.»

Marcel überlegt. Dann erwidert er: «In Ordnung, du wirst nicht gehen.»

Ich denke nach. Wenn der Bürgermeister und Marcel sagen, dass ich nicht nach Cyangugu zu gehen brauche, dann bedeutet dieser Transport tatsächlich, dass alle Tutsi, die in das Kamarampaka-Stadion gebracht werden, dort sterben müssen. Was werden sie mit mir machen? Wenn ich nicht mit nach Cyangugu fahre, bedeutet das nicht, dass ich in Sicherheit bin. Sie können mich auch hier umbringen.

Wenig später kommt der Lastwagen, um uns abzuholen. Die Direktoren von CIMERWA sind auch wieder da und beobachten alles. Sie wollen sichergehen, dass niemand zurückbleibt. Ein Polizist mit Namen Rutakwintubi, was so viel wie «der Tod gibt eine Leiche nicht mehr her» bedeutet, holt uns aus unseren Zimmern.

Ich gehe zu meiner Freundin Goretti und flüstere ihr zu: «Ich werde hierbleiben und versuchen, in den Kongo zu fliehen!»

Der Polizist betritt den Raum und fragt mich: «Gehst du mit nach Cyangugu?»

«Nein!», antworte ich, «ich bleibe hier.»

Rutakwintubi nimmt meine Antwort anstandslos zur Kenntnis und ruft nach draußen: «Madame Karoli ntaho ajya! Madame Charles wird nicht mitkommen!»

Als alle außer mir vor der Klinik stehen, zieht der Bürgermeister eine Liste heraus und beginnt, die Namen der Personen vorzulesen, die deportiert werden sollen.

Als er meinen Namen ruft, antwortet Marcel sofort: «Sie kann nicht mitgehen, ihr Sohn ist krank!»

Ich habe keinen wirklichen Grund, alleine zurückzubleiben. Aber Gott hat einen bestimmten Plan mit mir. Er will, dass ich hierbleibe. Deshalb hat er Fiston krank werden lassen.

Nachdem die Lastwagen abgefahren sind, kommt eine Frau herein und fragt mich: «Warum bist du nicht mitgegangen?»

Ich antworte ihr nicht. Sie fährt fort: «Man hat uns gesagt, dass wir dir kein Essen mehr bringen dürfen. Du wirst hier mit deinen Kindern verhungern. Oder die Milizen werden dich töten.»

Ich schaue sie an und erkläre: «Ich werde zu meinen Eltern in den Kongo fliehen.»

Inzwischen wissen alle Hutu in der Umgebung, dass ich mit meinen Söhnen Fiston, Christian und Petit alleine in der Krankenstation zurückgeblieben bin.

Meine Lage wird immer gefährlicher.

Meine Kinder und ich müssen nicht verhungern. Treue Freunde, Hutu, bringen uns heimlich in der Nacht etwas zu essen. Sie haben Angst, dass die Interahamwe sie erwischen. Sie können nicht lange bleiben und erzählen mir in kurzen Sätzen, was da draußen geschieht.

«Denise, es ist schrecklich! Das Morden geht immer weiter. Die Milizen suchen mit Hunden in den Sümpfen und Wäldern nach versteckten Tutsi. Sie zerstören alle Häuser der Tutsi. Am Abend kommen sie von ihren Mordtouren zurück und treffen sich mit anderen Mördern in den Bars. Dort brüsten sie sich mit ihren Untaten. Sie versuchen sich zu überbieten, wer mehr Tutsi getötet hat. Sie rühmen sich ihrer Grausamkeiten, mit denen sie die Tutsi zu Tode martern. Sie sagen, dass alle Tutsi nach Äthiopien zurückgehen sollten, woher sie einst gekommen sind.»

Ich bin meinen Hutu-Freunden dankbar für ihre Lebensmittel, mit denen sie mich und meine Kinder am Leben erhalten. Ihre Geschichten machen mir allerdings nur noch mehr Angst. Wie lange soll das Morden noch weitergehen?

Herr, Gott, erbarme dich!

Ein paar Tage später sagt mir eine der Frauen, die mir helfen, dass es einen Plan gibt, mich und meine Kinder in der Klinik zu töten.

Ist es jetzt so weit? Muss ich jetzt doch noch sterben? Was ist mit der Verheißung von Gott, dass ich den Völkermord überleben werde? Ich weiß, dass Nyirababiri und Anne Marie für mich beten, und schicke ihnen eine Botschaft. Darin bitte ich sie, dafür zu beten, dass ich Ruanda mit meinen Kindern verlassen und mich in Sicherheit bringen kann.

Am nächsten Tag erhalte ich von meinen beiden Gebetsfreundinnen eine Botschaft. Sie teilen mir mit, dass Gott mir keinen Weg in den Kongo zeigen wird. Ich bin tief enttäuscht und glaube ihnen nicht. Ich bin überzeugt, dass ihre Antwort nicht von Gott kommt, und halte ihre Aussage für Verrat an unserer Freundschaft.

Danach bitte ich Kiza, einen Kongolesen, für mich zu beten. Über Kiza gelingt es mir, Christen im Kongo zu bitten, ebenfalls für mich zu beten. Ich vertraue Kiza, weil er viele Jahre mit meinem Mann Charles zusammengearbeitet hat und meine Eltern im Kongo seit 1990 auf dem Laufenden hält über alles, was mir und Charles passiert. Auch Kizas Frau war immer sehr freundlich zu mir.

Kiza bringt mir die Nachricht aus dem Kongo, dass viele Menschen dort für mich beten und den Eindruck haben, dass ich, aus welchem Grund auch immer, vorerst in Ruanda bleiben soll. Einer der Christen im Kongo hätte im Geist einen großen Baum gesehen, der quer über einer Straße lag. Das sei ein deutliches Zeichen, dass mir der Weg in den Kongo versperrt ist.

Das darf doch nicht wahr sein! Ich kann es nicht glauben. Ich habe gerade erfahren, dass ich hier in dieser Klinik ermordet werden soll, und bitte Gott, mich hier herauszuholen. Was antwortet er? Ich soll hierbleiben und nicht in den Kongo fliehen. Ich zweifle immer mehr an Gott.

18. Gott lässt mich nicht im Stich

In der Klinik gibt es einen Wächter, den ich nach einer Bibel frage, die er mir kurz darauf bringt. Darin finde ich wunderbare Trostworte, wie Psalm 46, die Verse 2 und 3: «Gott ist meine Zuversicht und Stärke, eine Hilfe in den großen Nöten, die uns getroffen haben. Darum fürchten wir uns nicht, wenngleich die Welt unterginge und die Berge mitten ins Meer sänken.»

Und Psalm 119, Vers 41: «Lass deine unfehlbare Liebe zu mir kommen, oh Gott, deine Rettung nach deiner Verheißung!»

An diesen Worten halte ich mich fest. Doch nichts geschieht. Oh, Gott! Warum kommt niemand, um uns zu helfen? Siehst du nicht, wie die Tutsi getötet werden wie Fliegen, und niemand hält die Milizen in ihrem Morden auf? Siehst du die vielen Menschen, die getötet werden, und niemand begräbt sie? Siehst du all die Frauen und jungen Mädchen, die von den Milizen verschleppt, vergewaltigt und versklavt werden? Siehst du, mein Herr Jesus, auf welche Art die Milizen die Tutsi töten? Sie zerschneiden sie mit Macheten. Sie töten sie mit Granaten. Die Milizen essen das Fleisch der getöteten Tutsi. Sie töten sie in den Kirchen.

Du weißt, Herr, dass Immaculée und Tite in ihre Kirche flohen und sich im Taufbecken versteckten. Die Milizen kamen und fanden sie dort und töteten sie.

Du weißt, Herr, dass sie Assiel ermordeten und sein Fleisch aßen. Sie töteten alle jungen Männer in Mukoma. Das sagten uns die Milizionäre, die uns in der Klinik antrafen.

Siehst du, Herr, den jungen Tutsi, der schwer verwundet am Straßenrand liegt? Niemand hilft ihm oder bringt ihn nach Hause. Siehst du, Herr, wie die Hunde das Fleisch der Toten fressen?

Oh, Gott, welche Sünden haben die Tutsi begangen, dass sie auf diese Art und Weise sterben müssen? Du sagst, dass du am Ende der Weltzeit die Sünden der Menschen richten wirst. Was wirst du dann zu den Menschen sagen, die so grausam ermordet worden sind und deren Leichen übel zugerichtet noch immer an den Rändern der Straßen liegen?

Warum schickt Gott mir nicht jemanden aus meiner Gemeinde, um mich zu trösten und mit mir zu beten? Niemand aus meiner Gemeinde kommt, nicht einmal jemand aus der Leitung. Ich wäre schon dankbar, wenn sie mir ein wenig Zucker bringen würden. Aber sie lassen sich nicht blicken. Ich habe mich in der Gemeinde engagiert, habe im Kirchenchor gesungen, meinen Zehnten gegeben und bin eine genauso überzeugte Christin wie die anderen. Sie sagen immer, dass Jesus selbst diese Gemeinde und ihre Leiter führt, und weisen mich, ihre Glaubensschwester, zurück.

Wenn Christen sich nicht um andere Christen kümmern, dann tut Gott es selbst. Durch ein paar wenige heimliche Freunde erfahre ich, was da draußen um mich herum geschieht.

Einer der Gemeindeleiter meiner Kirche weigert sich aus Angst vor den Interahamwe, die Kinder von Oscar, der ein aktiver Christ in der Gemeinde war, bei sich aufzunehmen. Stattdessen lässt er es zu, dass sie nach Cyangugu deportiert werden.

Außenstehende werden nie begreifen können, was hier in Ruanda geschieht. Viele Hutu, die bisher treu zur Kirche gegangen sind und sich immer als gute Christen bezeichnet haben, stehen plötzlich auf der Seite der Mörder und töten andere Christen, nur weil diese Tutsi sind.

Ich denke an eine Stelle in der Bibel, im Matthäus-Evangelium, Kapitel 7, Vers 21, wo Jesus Christus sagt: «Es werden nicht alle, die zu mir sagen: Herr, Herr!, in das Himmelreich kommen, sondern die den Willen tun meines Vaters im Himmel.»

Aus meiner eigenen Kirchengemeinde kommen nur ein paar Einzelne in die Klinik, um mich zu besuchen und mir Lebensmittel zu bringen. Mama Toto, die keine Christin ist, schickt ihren sechs Jahre alten Sohn, um die Flaschen meiner Kinder zu holen, sie auszuwaschen, wieder neu mit Nahrung zu füllen und mir zurückzubringen. Ich frage Mama Totos Sohn, wie er es schafft, uns unbemerkt zu helfen.

Er grinst und sagt, dass er mit einem Rad und einem Stock vor der Klinik spielt und dabei immer näher kommt. Die Interahamwe würden ihn beobachten, hätten aber noch keinen Verdacht geschöpft.

Aber was ist mit dem Pastor und den Diakonen meiner Gemeinde? Sie denken gar nicht daran, mir zu helfen. Aber Gott hat andere Wege und andere Personen, die mir helfen, wenn diejenigen versagen, die sich um mich kümmern müssten.

Die Menschen, die uns in der Klinik versorgen, sind alles Hutu. Jeder Tutsi, der sich der Klinik nähert, würde sofort ermordet werden. Aber auch die Hutu, die uns helfen, riskieren ihr Leben. Es ist ihnen strengstens verboten, den Tutsi etwas Gutes zu tun. Tun sie es dennoch und die Interahamwe erwischen sie dabei, werden sie ebenfalls getötet.

Einer der Helfer ist Louitpold, der Mann von Josephine, genannt Mama Kamenje. Er bringt mir immer wieder etwas zu essen. Einmal wird er dabei beobachtet. Auf dem Weg nach Hause schlagen ihn die Interahamwe nieder. Sie pressen ihm ein Schwert an die Kehle und bedrohen ihn. Sie sagen, dass sie ihn töten, wenn er mir noch einmal etwas bringt. Louitpold lässt sich nicht einschüchtern. Er ist jetzt allerdings etwas vorsichtiger, wenn er zu mir kommt.

Nach dem Tod von Präsident Habyarimana ordnete die Regierung einen Monat Staatstrauer für das ganze Land Ruanda an. In dieser Zeit wird auch in der Zementfabrik nicht gearbeitet. Die Rebellen der RPF, der «Ruandischen Patriotischen Front», bestehend aus Tutsi und oppositionellen Hutu, rücken von Uganda aus dem Norden kommend weiter ins Landesinnere von Ruanda vor. Die Provinz Cyangugu, in der Bugarama mit der Zementfabrik liegt, befindet sich im Südwesten des Landes, in noch großem Abstand zum Kriegsgebiet. Daher nimmt CIMERWA die Produktion nach Ablauf der Staatstrauer Anfang Mai 1994 wieder auf.

Ich erfahre, dass die Interahamwe alle Tutsi, die noch leben, nach dem Begräbnis von Habyarimana töten werden. Zu den überlebenden Tutsi gehöre auch ich. Die Interahamwe wissen, wo ich bin. Meine Tage sind gezählt.

Habyarimana wird vorerst nicht beerdigt. Das finale Morden findet nicht statt, noch nicht. Ich erfahre, dass die Rebellen weit vorgedrungen sind und schon in der Hauptstadt Kigali kämpfen. Die Regierung hat ihren Sitz nach Gitarama, an der Fernstraße, auf halbem Weg zum Kivu-See, verlegt. Die Regierung der extremen Hutu, die den Völkermord organisiert hat, ist durch den Einmarsch der RPF in Bedrängnis geraten.

Das bedeutet nichts Gutes für mich. Die Bedrohung wächst. Meine Angst wächst, und meine Zweifel an Gottes rettendem Eingreifen wachsen ebenfalls.

Am schlimmsten sind die Nächte. Ich liege auf meinem Bett

und lausche auf jedes verdächtige Geräusch. Das Rascheln draußen im Busch könnte von einem Tier verursacht sein; es könnte aber auch von einem Killertrupp der Interahamwe stammen, die wenig später in die Klinik stürmen, um mich und meine Kinder mit Macheten langsam zu Tode zu martern. Jedes fremde Geräusch jagt meinen Puls in schwindelnde Höhen. Danach dauert es wieder sehr lange, bis sich mein Pulsschlag etwas beruhigt.

Wenn ich einmal kurz einnicke, höre ich die Stimme eines Interahamwe, der mir ins Ohr flüstert: «Wir wissen, wo du bist, Denise. Du entkommst uns nicht!»

Zu dem psychischen Terror kommt der Hunger. Unsere Freunde müssen äußerst vorsichtig sein, wenn sie uns etwas zu essen bringen. Oft getrauen sie sich tagelang nicht, uns zu versorgen.

Als die Zementfabrik die Arbeit wieder aufnimmt, bekommen die Arbeiter auch wieder ihren Lohn. Ein paar Tage später bekomme ich Besuch von Daphrose, einer Buchhalterin der Zementfabrik. Daphrose ist die Frau des Generaldirektors der Zementfabrik und bringt mir Geld. Sie sagt, das sei mein Gehalt.

Lange betrachte ich teilnahmslos die Scheine in meiner Hand. Warum kann ich mich nicht freuen? Ich wundere mich nicht einmal über das Geld. Obwohl es in der Fabrik nur noch Hutu gibt (alle Tutsi, die dort arbeiteten, sind tot oder geflohen); obwohl die Direktoren radikale Hutu sind, die alle Tutsi hassen, stehe ich also immer noch auf der Gehaltsliste und bekomme meinen Lohn. Das ist ein menschlich nicht verstehbarer Vorgang. Es kann nur ein Wunder Gottes sein. Gott selbst hat das Herz von Menschen, die mich hassen, so bewegt, dass sie mir helfen. Das ist ein Liebesbeweis Gottes. Dennoch freue ich mich nicht. Was ist los mit mir?

In meiner Todesangst bin ich nicht mehr für Trost und Hoffnung empfänglich. Ich habe mit dem Leben abgeschlossen und beneide alle diejenigen, die gestorben sind und das Leiden hinter sich haben. Das Leben hat für mich seinen Wert verloren. Es besteht nur noch aus Bedrohung und Todeskampf.

Teilnahmslos lese ich in der Bibel. Ich stoße auf Psalm 37, Vers 25: «Ich bin jung gewesen und alt geworden und habe noch nie gesehen den Gerechten verlassen oder seine Kinder um Brot betteln.»

Gott öffnet mir das Herz. Ich erkenne, dass er mich nicht aufgegeben hat. Meine Kinder leiden Hunger. Unsere Freunde können uns nichts mehr zu essen bringen, weil die Interahamwe genau aufpassen und jeden töten, der es versucht. Jetzt habe ich Geld und kann mir Essen aus der Kantine der Fabrik bringen lassen. Langsam begreift nicht nur mein Verstand, sondern auch mein Herz, dass Gott mich nicht verlassen hat, sondern sich um mich kümmert.

In dieser schrecklichen Zeit, während ich in der Klinik auf meine Ermordung warte, gebraucht Gott besonders fünf Menschen, um mir zu helfen.

Marcel, der Leiter der kleinen Betriebsklinik, erlaubt mir, in einem der Krankenzimmer zu wohnen, obwohl ich nicht krank bin. Marcel ist mein Nachbar und geht in die gleiche Kirchengemeinde wie ich. Er tut alles, um mir und meinen Kindern das Leben erträglich zu machen. Dabei geht er oft über das von den Interahamwe Erlaubte hinaus und riskiert dadurch sein eigenes Leben.

Marcel ist mit einer Lehrerin aus Burundi verheiratet. Sie gehört zu der Gruppe extremer Hutu, die 1993 von Burundi nach Bugarama flohen und dort viel Unheil unter den Tutsi anrichteten. Nach dem Ende des Völkermords wird sie ihren Mann nötigen, mit in den Kongo zu fliehen, wo er in einem Flüchtlingscamp stirbt.

Saidi, der Mann meiner Freundin Anne Marie, gibt mir manchmal Geld, wenn ich es brauche. Er schickt mir ein junges Hutu-Mädchen, das nachts Lebensmittel für mich und meine Kinder kauft und mir beim Wäschewaschen hilft. Sie muss weggehen, bevor es hell wird, damit sie nicht von den Interahamwe erwischt wird. Manchmal spielt sie mit meinen Kindern und wiegt sie in den Schlaf.

Einmal hat sie meinen kleinen Petit auf dem Arm und sagt mit Bedauern in der Stimme: «Das ist ein gutes und wundervolles Baby. Schade nur, dass es ein Inyenzi ist.»

Inyenzi bedeutet Kakerlake und ist ein Schimpfname, mit dem die radikalen Hutu uns Tutsi bezeichnen.

Als ich das Mädchen so reden höre, weiß ich, dass ich mich nicht wirklich auf sie verlassen kann. Nur Gott kann ich vollständig trauen.

Eine weitere Person, die mir in dieser schweren Zeit Gutes tut, ist Louitpold. Ab und zu kommt er zu mir, um mich zu ermutigen. Er sagt mir, dass Gott mir beisteht und dass viele für mich beten würden. Er gibt mir ein kleines Radio, das ich schnell verstecken kann, wenn ein Milizionär kommt. Ich darf kein Radio haben, um nichts über die tatsächliche Lage im Land zu erfahren.

Im Radio höre ich, dass die RPF auf dem Vormarsch ist. Oft wird ihre Hymne gespielt, die uns Tutsi ermutigen soll, jetzt noch durchzuhalten. Ich reagiere entgegengesetzt. Die Hymne macht mich traurig, weil ich mir vorstelle, dass wir schon alle tot sind, wenn die Rebellen uns erreichen, um uns zu retten.

Einmal höre ich im Radio, dass eine große Menge von toten Tutsi auf den Flüssen in Richtung Victoria-See treibt. Ugander und Tansanier, durch deren Land diese Flüsse fließen, sind schockiert über die unzählbaren Körper, die durch ihr Land auf dem Wasser treiben.

Als ich diese Nachricht höre, bricht es mir fast das Herz. Ich denke an meine Freunde und Verwandten, die tot in den Rusizi-Fluss geworfen worden sind. Wut steigt in mir auf: Auch wenn die Interahamwe uns alle ermorden, so werden die Rebellen der RPF uns doch rächen und die Interahamwe töten! …

Celestin ist ein weiterer Hutu, der sein Leben riskiert, um mich und andere Tutsi zu retten. Er ist Mitglied in derselben Kirchengemeinde wie ich. Celestin geht in die Bars, in denen sich die Interahamwe treffen, und belauscht ihre Gespräche. So erfährt er, was sie vorhaben, und kann uns rechtzeitig warnen. Celestin bringt mir ebenfalls manches Mal unter Lebensgefahr etwas zu essen.

Auch Thérèse, seine Frau, ist immer sehr freundlich zu uns. Sie unterstützt und ermutigt ihren Mann dabei, uns mit Lebensmitteln zu versorgen, auch wenn die Nachbarn, ihre Freunde und Verwandten großen Anstoß daran nehmen.

Zuletzt denke ich noch an Ezechias, einen Katholiken. Er ist ein wertvoller Ratgeber, der die Lage bestens kennt. Ich kann mich voll und ganz auf ihn verlassen.

Diese fünf Männer und die Ihren riskieren ihr Leben, um mir und meiner Familie zu helfen. Aber keiner weiß, was der andere für mich tut. Das ist auch besser so.

Von Celestin erfahre ich, dass die Interahamwe darüber diskutieren, wie sie mit mir und meinen Kindern umgehen sollen. Sie sind sich noch nicht darüber einig, ob sie meine drei Söhne gleich töten oder besser warten, bis die Kinder größer sind, damit sie auch verstehen, warum sie als Tutsi sterben müssen. Einige fordern, dass die Kinder gleich getötet werden, damit sie nicht im Weg stehen, wenn ihre Mutter missbraucht wird.

Celestin drängt darauf, dass wir eine Frau suchen, die meine Kinder in den Kongo in Sicherheit bringt. Er schlägt eine Muslimin vor, die auch bereit ist, meine Kinder über die Grenze zu bringen. Er diskutiert darüber mit Marcel, dem Leiter der Krankenstation. Die beiden können sich nicht einigen und fragen Ezechias um Rat.

Ezechias hält den Plan für viel zu gefährlich. Falls es der Frau gelänge, was zweifelhaft ist, meine Kinder außer Landes zu bringen, würden die Interahamwe das schnell merken und sich an mir rächen und mich töten. Ezechias ist Katholik und ein gottesfürchtiger Mann.

Er sagt: «Gott hat Denise bisher beschützt. Wir sollten es ihm überlassen, wie er Denise und ihre Kinder führt. Wenn er erlaubt, dass Denise stirbt, ist es in seinem Plan. Gott hat alles im Griff. Wir sollten Denise und ihre Kinder durch den Versuch einer Flucht nicht einer weiteren Gefahr aussetzen!»

Daraufhin geben wir die Fluchtaktion auf.

Wenig später kommt Saidi aufgeregt zu mir.

1

2

Bild 1: Denise während der Schulzeit in Bideka. Rechts Bébé, die Tochter von Gaturuturu.

Bild 2: Denise trauert nach dem Völkermord.

Bild 3: Nach dem Genozid: Denise trauert in Bisesero.

3

4

5

6

Bild 4: Cousine Christine und Denise (rechts), 1985 in Bujumbura.

Bild 5: Das zweite Mädchen von rechts ist Denise, nach einem Kindergottesdienst in Kibuye (Burundi).

Bild 6: In diesem Badezimmer in ihrem Haus in Bugarama hatte sich Denise im April 1994 versteckt und gesagt: «Du enttäuschst mich, Gott.»

Bild 7: Denises Familie bei der Goldenen Hochzeit ihrer Eltern, 2012.

7

8

9

10

11

Bild 8: Denise mit ihren Kindern an Christians Geburtstag; Kigali, 1994.

Bild 9: Denises drei Kinder mit Denises Waisentochter Evelyne.

Bild 10: Mitglieder von Denises Familie. Rechts ihr Opa Muzungu Ephraim und Oma Mukamugambi Damaris. Fast alle wurden umgebracht.

Bild 11: Hinten: Josephine, Louitpold, Großonkel Seka und Denises Vater.

12

Bild 12: Die beiden letzten Fotos (1990), bevor Denises Ehemann Charles ins Gefängnis gebracht wurde.

Bild 13: Das Hochzeitsfoto von Denise und Charles, 26. Dezember 1987. Bis heute weiß Denise nicht genau, wann und wie ihr erster Mann umgekommen ist.

Bild 14: Denises Schwiegermutter Consoletia (die Mutter von Charles).

14

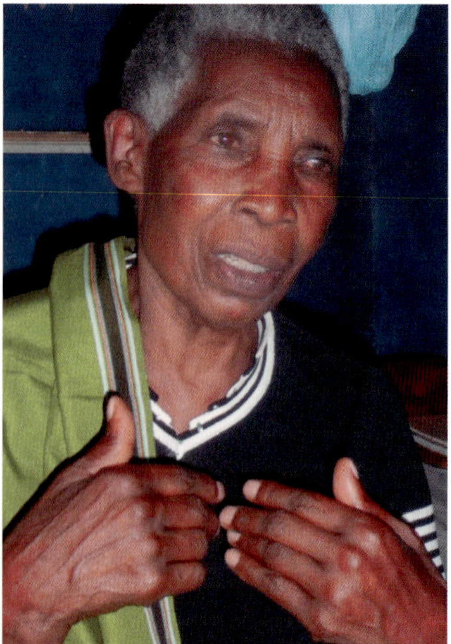

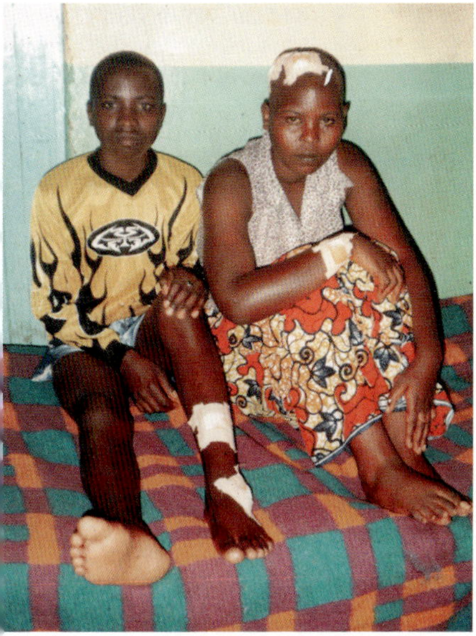

17

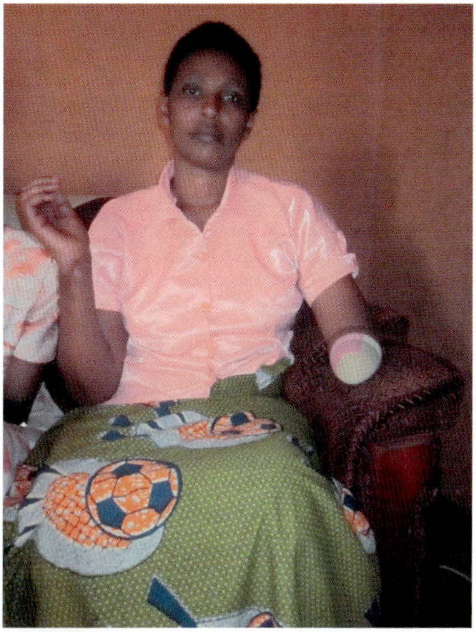

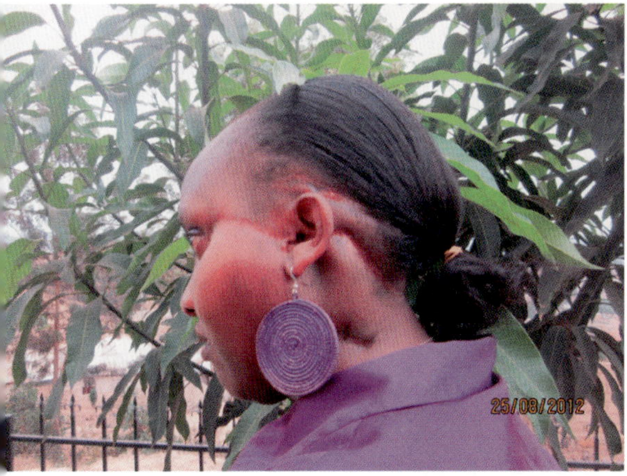

Bild 16: Agnes und ihr Bruder Alphonse, zwei Waisenkinder.

Bild 17: So sehen bei den Überlebenden die Folgen des Genozids oft aus.

Bild 18: Sandrine, die am Kopf schwer verwundet worden war.

Bild 19: Denise betrachtet die alte Verletzung.

19

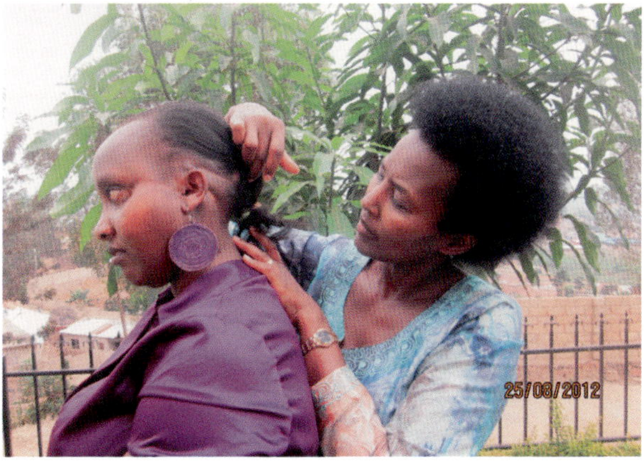

Gegenüberliegende Seite

Bild 15: Charles und Denise mit ihrem Sohn Fiston, 1990.

20

Bild 20: An diesem Ort in Mukoma waren die Witwen gezwungen worden, die Ermordung ihrer eigenen Söhne mitzuerleben.

Bild 21: Das war der Traum von Jonas Mulindahabi, den er Denise 1994 erzählte. Gezeichnet von Jonas Frickar aus Deutschland.

Bild 22: Denise besucht eine Witwe, die während des Völkermords missbraucht und vergewaltigt worden war; Oktober 2006.

21

22

Bild 23: Denises Gebetsgruppe in Kigali.

Bild 24: Denises Dienst in der Trauma-Seelsorge.

Bild 25: Denise hilft den Witwen bei der Feldarbeit in Mukoma.

23

24

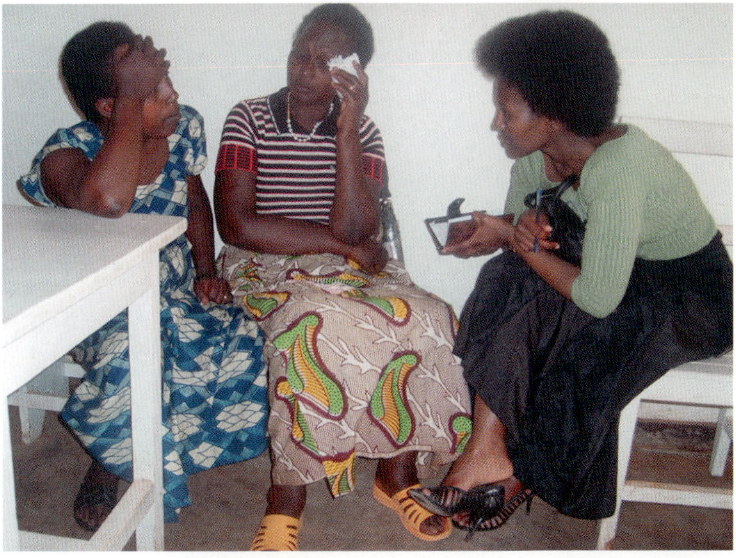

25

26

Bild 26: Pastor Sefuku, der Großonkel. Er hatte Denise sehr gern. Wurde 1994 ermordet.

Bild 27: In der Mitte: Denises Cousin Manasse, der in ihrem Haus ermordet wurde.

28

Bild 28: Theresie, die Frau von Celestin, war eine ganz besondere und mutige Hutu-Christin. Sie hatte Denise sehr geholfen.

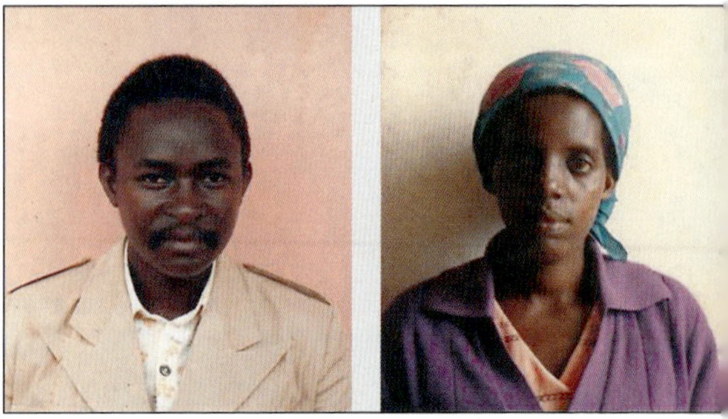

Bild 29: Oscar und seine Frau Consolée, liebe Freunde und Gebetspartner. Oscar betete bei seiner Ermordung noch für Denise.

31

Bild 30: Denise und ihre Freundin Rose, die ihr 1999 den Zugang zu den Witwen in Rwamagana verschaffte.

Bild 31: Denise und Francine. Sie waren beide in der CIMERWA-Klinik.

33

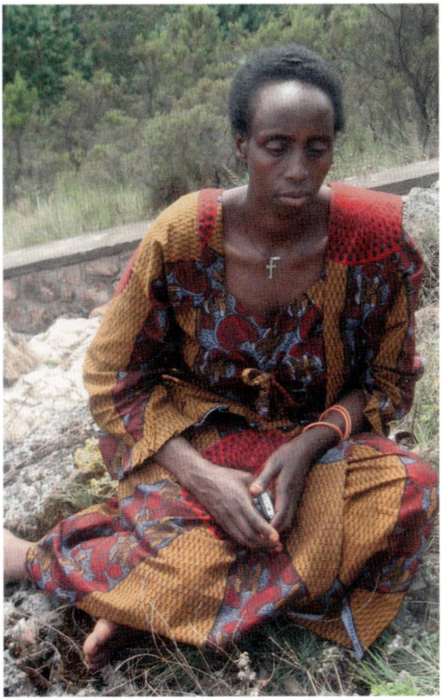

Bild 32: Vorne rechts Cousine Thérèse, die in Denises Haus ermordet wurde. Daneben Denises Bruder Moise und Sohn Charles-Vital.

Bild 33: Jeanne – sie hat alles verloren. Ihr Mann und ihre fünf Kinder wurden ermordet.

34

Bild 34: Denise mit Gakumba und seiner Frau. Gakumba tat viel für die Witwen und Waisen und half Denise beim Hausbau in Kigali.

Bild 35: Jonas Mulindahabi, ein Hutu-Christ. Er verlor seine Eltern durch Krankheit. Sein Traum ermutigte Denise.

36

Bild 36: In der Mitte Lydia, Denises beste Freundin vor und direkt nach dem Völkermord. Ihr Mann wurde getötet; Lydia starb durch Krankheit.

Bild 37: Links Kasanziki Viateur, Denises Nachbar und der Ehemann von Marie Goretti (rechts). Er wurde 1994 ermordet.

Bild 38: Abdou und seine Frau. Beide sind Muslime. Abdou fuhr Denise 1994 mit dem Auto nach Bwegera im Kongo.

Bild 39: Denise bei Theresie. In diesem Zimmer hatte Denise im Juli 1994 ein Geräusch ähnlich einer Bombe gehört.

38

39

Bild 40: Von rechts: Martine, Honorine, Denise, Mama Toto und ihr Mann. Sie waren Gebetspartner von Denise in Bugarama. Wiedersehen im August 2012.

Bild 41: Ein Porträt von Denise.

41

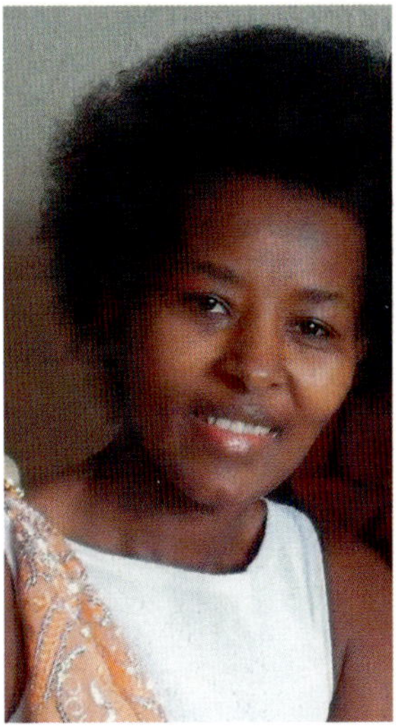

42

43

44

Bild 42: Zum ersten Mal reist Denise (Zweite von rechts) nach dem Völkermord nach Togoto-Kikuyu in Kenia. Daneben Drocella, Beata und Melena.

Bild 43: Wiedersehensfreude in Bugarama, als Denise 2012 zurückkommt. Einige dieser Bewohner hatten Vergebung erfahren von Denise.

Bild 44: Denise wird in Bugarama verabschiedet. Sie bekommt eine Lampe überreicht, weil sie immer ein Licht gewesen sei für viele; Februar 1999.

Gegenüberliegende Seite

Bild 45: Gedenkfeier mit den Überlebenden von Bugarama, 2011; bei Denise zu Hause in Remera-Kigali. Neben Denise ist Goretti.

Bild 46: Im Amahoro Stadion von Kigali versammelte sich die Bevölkerung, um Gott für die Befreiung vom ruandischen Völkermord zu danken; 26. August 2012.

Bild 47: Die trauernden Witwen, Denises Freundinnen, schütten vor Gott ihre Herzen aus. Bei der Verabschiedung von Denise im Februar 1999.

45

46

47

48

49

Bild 48: Denise Uwimana und Wolfgang Reinhardt heiraten am 3. Juli 2008 standesamtlich in Kigali.

Bild 49: Die kirchliche Hochzeit in Nyamata am 5. Juli 2008. Der lutherische Bischof von Ruanda segnet das Paar.

Bild 50: Die traditionelle Hochzeitsfeier auf dem Gelände der Eltern.

52

54

Bild 51: Denise mit Wolfgang und den drei Kindern beim Weihnachtsfest in Rutunga.

Bild 52: Wolfgang Reinhardt, Denises zweiter Ehemann.

Bild 53: Wolfgang in Ruanda.

Bild 54: Denise und Wolfgang.

55

57

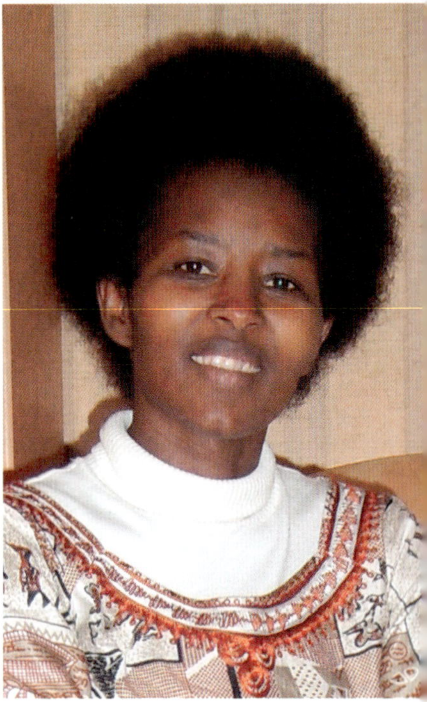

Bild 55: Denise und Wolfgang setzen sich mit allen verfügbaren Kräften dafür ein …

Bild 56: … dass es nach dem Genozid für kommende Generationen (hier Beatrix, Denises Cousine Alphonsine und Jacqueline) eine hoffnungsvolle Zukunft gibt …

Bild 57: … und dass die Menschen in Ruanda wieder lachen können (hier bei der Hochzeit von Gorettis Sohn).

Bild 58: Denise hat viel gesehen, viel gelitten, viel erlebt, viel verarbeitet, viel getröstet, viel vergeben. Und sie will weiterhin Hoffnung und Liebe vermitteln.

«Denise, du musst unbedingt mit deinen Kindern fliehen! Ich habe gehört, wie die Interahamwe sich brüsten, dass sie dich bald vergewaltigen werden.»

Ich erwidere: «Wie stellst du dir das vor? Wir werden ständig beobachtet. Wenn ich das Gebäude verlasse, töten sie mich und meine Kinder.»

Saidi hat schon einen Plan: «Ich kann dich nicht sterben sehen, Denise! Wenn ich zu Tarake, dem Anführer der Miliz, gehe und ihm Geld gebe, hilft er dir vielleicht zu entkommen.»

Tarake arbeitet eng mit Y. zusammen, dem Chef der Interahamwe in der Provinz Cyangugu, zu der auch Bugarama gehört, und wohnt elf Kilometer von hier entfernt.

Ein paar Tage später taucht Tarake plötzlich in der Krankenstation auf und will mich sehen. Ich trete ihm entgegen.

Er mustert mich neugierig und fragt: «Bist du diejenige, die in den Kongo will?»

«Ja, das bin ich.»

«Wie lange bist du schon hier in der Klinik?»

«Einen Monat.»

«Wie kann es sein, dass du schon so lange hier bist, ohne dass die Interahamwe in der Umgebung es wissen?»

«Sie wissen es.»

«Das ist unmöglich. Sie hätten dich längst getötet.»

«Sie wissen Bescheid. Deshalb habe ich auch so sehr Angst um mein Leben und um das Leben meiner Kinder. Sie haben schon mehrmals angekündigt, dass sie mich vergewaltigen und mich und meine Kinder töten werden.»

Tarake mustert mich erneut abschätzig und sagt mit ausdrucksloser Stimme: «Du brauchst keine Angst zu haben! Ich rede mit ihnen. Sie werden dich dann in Ruhe lassen. Hast du Geld?»

Weil ich wunderbarerweise mein Gehalt bekommen habe, kann ich ihm Geld geben: «Hier sind 5000 Francs.»

Tarake ergreift die Geldscheine, die ich ihm entgegenstrecke, und geht weg.

Ich vertraute Tarake, der ein mehrfacher Mörder ist, nicht. Später erfahre ich, dass er in dieser Zeit Cosme, einen Ingenieur der Zementfabrik, der sich bei seinem Schwiegervater versteckt hatte, eigenhändig umgebracht hat.

Eines Tages steht plötzlich der Milizionär wieder vor der Tür, der mir vor Wochen 100 Francs gegeben hat. Er fragt mich aus heiterem Himmel: «Wie heißt dein Baby?»

«Es hat noch keinen Namen. Ich nenne es nur Petit, der Kleine.»

«Darf ich dir einen Vorschlag machen?»

Noch bevor ich antworte, sagt er: «Nenne dein Baby Rushigajiki.»

Das bedeutet: Der Tod hat mir nichts gelassen.

Der Name gefällt mir nicht.

«Das ist kein schöner Name, und es ist kein Name für einen Christen. Deshalb kann ich ihm diesen Namen nicht geben.»

Der Milizionär erwidert: «Ich bin auch ein Christ. Ich stamme aus der Region Gikongoro und bin dort Mitglied in einer Kirche der Siebenten-Tags-Adventisten.»

Dann geht er, ohne meine Antwort abzuwarten.

Alle, die mich besuchen, fragen mich, welchen Namen ich meinem Baby geben werde. Es sei doch ein Wunder, dass ich den kleinen Petit überhaupt habe. Da müsse ich ihm doch einen entsprechenden Namen geben. Einige schlagen vor, ihn Niyonkuru, «Gott ist groß», zu nennen. Ich kann mich nicht entscheiden, ob ich ihn Niyonkuru nenne oder ihm einen anderen Namen gebe.

Wenig später hat Petit Probleme mit dem Nabel. Ich gehe in Marcels Büro und bitte ihn, nach dem Baby zu sehen.

Marcel fragt mich: «Wie heißt dein Kind?»

Dabei weiß er ganz genau, dass ich mich noch nicht entschieden habe.

«Er hat noch keinen Namen.»

Ohne von seinem Schreibtisch aufzusehen, schreibt Marcel den Namen Niyonkuru auf das Behandlungsformular. Damit war das Namensproblem gelöst, und Petit, der Kleine, heißt seitdem Niyonkuru, Gott ist groß.

Ein paar Tage später kommt H. in der Klinik vorbei. Er ist mit dabei gewesen, als Manasse vor über einem Monat im Haus von Kibuye gesucht wurde. Er hat sich damals dafür eingesetzt, dass meine Kinder nicht getötet wurden.

Als er jetzt vor mir steht, will ich mich bedanken. Ich frage ihn: «Als ihr kamt, um uns zu töten, hast du zu den anderen Interahamwe gesagt, dass sie meine Kinder verschonen sollen. Warum hast du das getan?»

«Als ich hörte, dass du gerade ein Baby bekommen hattest, überkam mich ein großes Mitgefühl für dich und deine Kinder. Deshalb sagte ich zu den anderen, dass sie deinen Kindern nichts tun sollen.»

Ich verstehe sein Verhalten nicht und fragte weiter: «Wie ist es möglich, dass ein Herz voll mit Hass, Mord und Verdorbenheit plötzlich Mitleid empfindet?»

Ich weiß, dass nur Gott so etwas bewirken kann, und bin gespannt, welche Erklärung er mir gibt.

Er antwortet: «Ich kam einmal in dein Büro und fragte nach einer Akte. Du hast sie mir sofort gegeben, ohne das sonst übliche Wenn und Aber. Erinnerst du dich?»

Für mich war es immer selbstverständlich gewesen, den Mitarbeitern der Fabrik, die in mein Büro kamen, so unbürokratisch wie möglich zu helfen.

«Ja, ich erinnere mich. Aber das war doch keine große Sache. Jedenfalls danke ich dir von ganzem Herzen, dass du meine Kinder vor dem sicheren Tod bewahrt hast!»

H. greift in seine Tasche, zieht 1000 Francs heraus und sagt, während er mir das Geld hinstreckt, ohne auf meinen Dank einzugehen: «Kauf Milch davon für deine Kinder!»

Es scheint, als ob H. nicht weiß, wie er mit meinem Dank umgehen soll. Er hat meine Kinder sicher nicht gerettet, weil ich im Büro freundlich zu ihm gewesen bin. Im Völkermord werden viele freundliche und hilfsbereite Menschen getötet, trotz ihres guten Charakters.

Gott hat diesen Mann in dem Augenblick, als meine Kinder getötet werden sollten, an die Geschichte mit der Akte erinnert und dadurch sein Herz berührt. Ich danke Gott in meinem Herzen. Er hat mich und meine Kinder bewahrt, weil er einen guten Plan mit uns hat.

Eine Zeitlang wohnt Madame Mulema mit ihren drei Töchtern in der Klinik. Ihr Mann, ein Tutsi, ist von den Interahamwe umgebracht worden. Sie ist allerdings nicht die richtige Frau ihres Mannes gewesen, sondern dessen Zweitfrau. Daher wird sie auch nicht als Witwe anerkannt. Außerdem hat sie einen zweifelhaften Ruf.

Während sie in der Klinik wohnt, geht sie oft weg, um mit den Milizionären zu reden. Ich vertraue ihr in keiner Weise und habe Angst, dass sie mich an die Interahamwe verrät. Ab und zu kocht sie eine Mahlzeit, zu der sie mich und meine Kinder einlädt. Dafür bin ich ihr dankbar. Den Kocher hatten uns Saidi und Anne Marie gebracht, damit wir ab und zu eine warme Mahlzeit haben.

Madame Mulema wird nach dem Völkermord eine gute Christin, zu der ich einen guten Kontakt habe, bis sie an AIDS stirbt.

19. Bewahrung in großer Not

Am 19. Mai 1994 bekomme ich hohen Besuch. Die drei Direktoren des Zementwerks, S., C. und G., sind sich nicht zu schade, als ganze Gruppe persönlich zu mir zu kommen. Mit allen dreien habe ich schlechte Erfahrungen gemacht. Sie sind Mitglieder der radikalen Hutu-Partei MRND. Allein die Tatsache, dass ich noch lebe, ist ihnen ein Dorn im Auge. Noch schlimmer ist es, dass ich mich ständig in ihrer Nähe, in der Krankenstation der Fabrik, aufhalte. Ich merke schnell, dass sie mich aus der Klinik werfen und in die Hände der Interahamwe geben wollen.

S. beginnt das Verhör: «Warum bist du hier in der Klinik? Bist du krank?»

«Nein», antworte ich einsilbig.

Die drei wissen natürlich, warum ich hier bin.

C. fragt mich: «Warum bist du nicht zu deinen Kakerlakenverwandten gegangen?»

Wer mich und meine Verwandten Inyenzi, Kakerlaken, nennt, bekommt von mir keine Antwort. G. schaut mich nur böse an, sagt aber nichts.

In bestimmendem Ton sagt C.: «Du musst hier verschwinden. Entweder gehst du zu den anderen Kakerlaken, zu deinen Verwandten, oder du gehst in eines der Flüchtlingslager. In zwei Tagen bist du hier weg!»

Die drei drehen sich um und verlassen die Klinik, ohne weitere Worte zu verlieren.

Ich bin traurig und niedergeschlagen. Ich denke an mein Schicksal und bitte Gott um Hilfe. Wo soll ich hingehen? Bei wem kann ich mit meinen drei Kindern wohnen? Die Tutsi in der Umgebung sind tot oder geflohen. Ihre Häuser sind geplündert oder zerstört. Welche Hutu-Familie würde es wagen, mich bei sich aufzunehmen? Jeder Hutu, der mir hilft, muss fürchten, von den eigenen Leuten umgebracht zu werden. Ich bin verzweifelt und weine die ganze Nacht.

Ich ringe mit Gott und frage ihn immer wieder, warum er mir nicht erlaubt, zu meinen Eltern in den Kongo zu fliehen. Dort wären wir in Sicherheit. Warum hat Gott mich bis heute leben lassen, nur damit ich schließlich doch noch von den Interahamwe vergewaltigt und getötet werde? Und wenn Gott mich durch weitere Wunder am Leben erhalten würde, was wäre das für ein Leben? Meine besten Freunde und fast alle meine Verwandten sind bereits tot, grausam ermordet durch von Hass erfüllte Hutu. In was für einer Welt würde ich leben, wenn ich den Völkermord überstehen würde?

Meine Gedanken werden wieder auf die Gegenwart gelenkt. In zwei Tagen muss ich hier verschwunden sein. Ich flehe zu Gott. Er soll mir zeigen, was ich tun und wohin ich gehen soll.

Am nächsten Tag gehe ich zu Marcel, dem Leiter der Klinik, und erkläre ihm meine Lage. Marcel geht zu Theobald, dem Verwaltungsleiter der Zementfabrik. Der ist zwar auch ein Hutu, gehört aber nicht zur radikalen MRND, sondern ist Mitglied in der PDC, der Parti Démocrate Chrétien, ein bekennender Christ. Der Verwaltungsleiter rät mir, einen Brief an den Generaldirektor der CIMERWA zu schreiben und ihn um Erlaubnis zu bitten, so lange in der Klinik bleiben zu dürfen, bis mein Haus, das von radikalen Hutu zerstört wurde, wieder hergerichtet ist. Der Verwaltungsleiter ist bereit, meinen Fall zu prüfen und mir zu helfen. Er schreibt eine Notiz zu meinem Brief an den Generaldirektor und gibt Marcel den Brief, um ihn weiterzuleiten.

Diese Antwort ist eine große Ermutigung für mich, an die ich mich bis heute erinnere, wenn ich in einer schwierigen Situation bin.

Der Generaldirektor selbst ist nicht erreichbar. Daher geht mein Gesuch an den stellvertretenden Generaldirektor. Der gehört allerdings zu den drei Männern, die mich in der Klinik besucht haben und mir ein Ultimatum stellten. Der Stellvertreter befindet sich währenddessen in Gitarama, wo er an einer Sitzung der Regierung, die Kigali wegen der Kämpfe verlassen hat, teilnimmt. Als er zurückkommt, liest er mein Gesuch, das ich an den Generaldirektor geschrieben habe.

Der Verwaltungsleiter hat einen Kommentar zu meinem Antrag angefügt: «Trotz der schweren Umstände gibt es sicher eine Möglichkeit, Denise zu helfen. Doch die letzte Entscheidung muss der Generaldirektor treffen.»

Der stellvertretende Generaldirektor notiert: «Die Antragstellerin muss die Klinik umgehend verlassen, kann aber wieder in ihrem alten Haus wohnen.»

Ich durchschaue sofort die Tücke dieser Entscheidung. Mein verwüstetes Haus hat keine Fenster und Türen. Niemand würde mir dort Lebensmittel für mich und meine Kinder bringen. Wir sind in diesem Haus schutzlos den Killern der Interahamwe und dem Hungertod ausgeliefert. Es würde nicht lange dauern, und die drei Direktoren wären mich endgültig los, so wie sie es sich gewünscht haben. Ich klammere mich an Gott und bitte ihn um Hilfe.

Der Verwaltungsdirektor, der mir helfen will, ist für den Bau und den Erhalt der firmeneigenen Gebäude zuständig. Er schickt Arbeiter zu meinem Haus, um das Gelände aufzuräumen und mit den Reparaturen zu beginnen.

Zwei Tage später kommt der stellvertretende Generaldirektor und fordert mich auf, die Klinik sofort zu verlassen.

Ich gehe mit meinen drei Kindern zurück in mein altes Haus. Meine Freundin Faina bringt uns etwas zu essen und hilft mir, meine wenigen Sachen zu transportieren.

Als ich mein altes Haus betrete, weiche ich schockiert zurück. Drinnen herrscht das absolute Chaos. Das Haus ist vollständig geplündert worden. Alles von Wert ist weg. Überall liegt zerbrochenes Geschirr herum. Stoff- und Papierfetzen stapeln sich an verschiedenen Stellen. Böden und Wände sind noch immer mit dem Blut meiner geliebten Freunde verschmiert, die in diesen Wänden grausam ermordet wurden.

Als ich das Schlafzimmer betrete, sehe ich die großen Blutschlieren an der Wand. Sie erinnern mich schmerzhaft an die schreckliche Nacht, als die Interahamwe in mein Haus eindrangen und fünf Menschen mit ihren Macheten zu Tode hackten. Auch hier liegen überall Papiere und Dokumente herum.

Schnell erkenne ich, dass die wichtigen Dokumente und die Fotos meiner Angehörigen fehlen. Die Interahamwe töten nicht nur die Tutsi, die ihnen über den Weg laufen, sondern sie forschen mit den Bildern und Schriftstücken, die sie bei ihren Opfern finden, nach weiteren Tutsi, um diese ebenfalls zu töten.

Ich gehe durch die Räume. Alle Stühle, Sessel, Matratzen, aber auch meine Bibel und die Liederbücher sind weg. Die komplette Einrichtung ist verschwunden, ebenso wie alle Lebensmittel. Es sieht aus, als wären die Bewohner ausgezogen und hätten nur noch den Müll zurückgelassen.

Lustlos wühle ich mit der Hand in einem Berg von zerrissenen Papieren. Plötzlich spüre ich etwas wie ein Buch an meinen Fingern. Ich greife fester zu und ziehe ein dickes Heft mit einem festen Einband hervor. Es ist mein geistliches Tagebuch. In meiner täglichen Gebetszeit habe ich alles in dieses Heft geschrieben, was mir beim Lesen der Bibel und in meinen Gebeten zu Gott wichtig geworden ist.

Dieses Heft hat einen großen Wert für mich. Ich drücke es dankbar an mich. Danach sehe ich es mir genauer an. Das Heft ist an vielen Stellen eingerissen, und vieles ist kaum noch lesbar. Doch das Heft ist ein wichtiger Schatz für mich, und ich behalte es als Erinnerungsstück an diese grausame Zeit.

Wieder überwältigt mich die erschütternde Situation, und ich atme tief durch. Der Geruch von geronnenem Blut kommt wie eine Welle über mich. Erst jetzt merke ich, dass es überall im Haus nach Blut riecht. Besonders stark ist der Geruch im Schlafzimmer, wo mein Cousin und mein Schwager durch die Verletzungen mit Macheten verbluteten. Ich entscheide mich, vorerst im Gästezimmer zu schlafen. Hier ist der Geruch noch am ehesten erträglich.

Tomas, ein Kollege aus der Zementfabrik und ein guter Christ, bringt mir zwei Matratzen. Eine davon hat er aus einer nahen Schule geholt. Ich muss die beiden Matratzen zurückgeben, wenn ich sie nicht mehr brauche. Mathias holt mit Theobald, dem Verwaltungsleiter, zwei Metallbetten aus dem verlassenen Wohnhaus der Chinesen. Später bringen sie mir Decken, finden aber keine Bettbezüge für mich und meine Kinder. Die Decken reichen aus, um uns vor der Kälte zu schützen.

Mein Baby schreit die ganze Nacht. Es scheint, dass Petit spürt, was in diesem Haus geschehen ist. Direkt vor meinem Haus ist eine Straßensperre der Interahamwe. Einer der Männer, die dort Wache schieben, fragt mich, warum mein Baby die ganze Nacht schreit. Es gibt viele Gründe, warum Petit schreit, und ich weiß nicht, was ich dem Mann antworten soll.

Wir sind wieder in unserem alten Haus und hilflos dem Geschehen um uns herum ausgeliefert. Doch ich weiß, dass Jesus seine Engel gesandt hat, um uns zu schützen. Bald kommt Chwitiri, ein fünfjähriges Nachbarmädchen, mit ihren Geschwistern zu meinen Kindern, um mit ihnen zu spielen. Josiane, ihre Mutter, weiß Bescheid, dass ihre Kinder bei mir sind, aber sie verheimlicht es vor ihrem Mann, der es nicht zulassen würde.

Josiane hat einen Hausboy, den sie auf den Markt zum Einkaufen schickt. Einmal bringt er mir Kohlköpfe im Auftrag von Josiane. Ich bin sehr froh darüber, weil es für mich nach wie vor lebensgefährlich wäre, selbst auf den Markt zu gehen.

Wenig später erfährt Samuel, Josianes Mann, dass die Kinder zu uns kommen. Er verbietet es ihnen, obwohl er nichts gegen mich hat. Aber er fürchtet, dass die Milizen seine Kinder töten, wenn sie erfahren, dass sie sich bei mir, einer verhassten Tutsi, aufhalten.

Mir ist nur noch zum Weinen zumute. Ich bin in diesem verwüsteten und im Grunde genommen unbewohnbaren Haus ganz allein mit meinen Kindern. Alle Tutsi sind verschwunden, getötet oder geflohen. Um mich herum leben nur Hutu. Die meisten Hutu hassen mich. Für sie bin ich ein Fremdkörper, der nicht hierher gehört. Vielleicht bin ich auch ihr schlechtes Gewissen? Meine Anwesenheit erinnert sie an ihre grausamen Untaten, die sie an unschuldigen Menschen verübt haben.

Die Musikiti-Bar von C. gegenüber von meinem Haus gibt es auch noch. Die Interahamwe treffen sich hier weiterhin, um mit ihren Taten zu prahlen und neue Aktionen zu besprechen. Kurz nachdem ich wieder in mein Haus eingezogen bin, schicken sie mir eine Botschaft und lassen mich wissen, dass sie bald kommen werden, um mich und meine Kinder zu töten.

In meiner Not frage ich meine Nachbarin Martine, ob sie Mädchenkleider für meine Kinder habe, damit ich meine Jungs verkleiden kann. Sie gibt mir Kleider von ihren beiden Töchtern, die ich meinen Söhnen anziehe. Es ist bekannt, dass die Interahamwe Tutsi-Jungs schonungslos töten, aber Tutsi-Mädchen manches Mal am Leben lassen. Meine Nachbarn sind Hutu und plaudern alles aus. Die Interahamwe schicken mir eine weitere

Botschaft und lassen mich wissen, dass ihnen bekannt ist, was ich vorhabe, und dass sie sich nicht täuschen lassen werden.

Celestin und Marcel gehen mittwochabends zu Tomas, der mir die Matratzen besorgt hat, um sich dort mit anderen zum Gebet zu treffen. Vor dem Völkermord habe ich auch an diesen Treffen teilgenommen. Jetzt bin ich davon ausgeschlossen, weil ich mein Haus nicht verlassen kann. Die beiden Männer kommen vorher bei mir vorbei, um mit mir zu beten und Gottes Willen für mein weiteres Leben zu erfahren. Würde Gott mich am Leben erhalten, oder würde ich doch noch sterben müssen?

Meine Lage hat sich alles andere als entspannt. Ich erfahre, dass die Milizionäre in der Musikiti-Bar gegenüber von meinem Haus sich nicht nur ihrer Mordtaten rühmen, sondern ein echter Wettbewerb unter ihnen entstanden ist, wer die meisten Tutsi umgebracht hat. Man sagt, dass der Sieger in diesem grausamen Wettstreit eine der begehrten Arbeitsstellen in der Zementfabrik bekommen wird.

Nach einiger Zeit wagen Celestin und Marcel, mich zu den Gebetstreffen bei Tomas mitzunehmen. Auf unserem Weg müssen wir an den Milizionären vorbei.

Einer von ihnen ruft uns nach: «Auch wenn ihr Denise mit zu eurem Gebetstreffen nehmt, hält uns das nicht davon ab, sie und ihre Kinder zu töten. Denise gehört uns! Vergesst das nicht!»

Meine beiden Begleiter nehmen mich in ihre Mitte und geben keine Antwort. Nach dem Ende der Gebetszeit begleiten sie mich zu meinem Schutz wieder nach Hause.

20. Bewahrung in der Hölle

Die Entwicklung der Dinge macht mir weiterhin Angst. Ich flüchte mich zu Gott und suche Trost in der Bibel. In dieser Zeit wird mir Psalm 86, die Verse 15 bis 17, besonders wichtig: «Du aber, Herr, Gott, bist barmherzig und gnädig, geduldig und von großer Güte und Treue. Wende dich zu mir, sei mir gnädig; stärke deinen Knecht mit deiner Kraft und hilf dem Sohn deiner Magd!

Tu ein Zeichen an mir, dass es mir wohl gehe, dass es sehen, die mich hassen, und sich schämen müssen, weil du mir beistehst, Herr, und mich tröstest.»

Diese Worte sind mein ständiges Gebet, seit ich wieder in meinem Haus wohne.

Die Situation wird für mich immer gefährlicher. Die Interahamwe wissen inzwischen, dass sie den Krieg gegen die Rebellen so gut wie verloren haben. Die RPF rückt immer weiter vor und besetzt immer größere Teile von Ruanda. Die Interahamwe wollen, bevor sie vor den Rebellen zurückweichen müssen, noch möglichst viele Tutsi töten.

Es ist bereits Juni, und ich warte darauf, dass die Rebellen auch Bugarama erreichen. In dieser Zeit spüren die Interahamwe weitere Tutsi auf, die sich bisher erfolgreich versteckt halten konnten.

An einem Sonntagabend gegen 7.00 Uhr kommt ein Interahamwe an mein Haus. Bevor er eintritt, erkenne ich ihn, es ist H. Er hat meine Kinder damals, als Manasse und der Student ermordet wurden, vor dem Tod gerettet und mir später in der Klinik Geld gegeben, um Milch für meine Kinder zu kaufen. Doch H. ist ein mehrfacher Mörder. Warum hat er mich bisher verschont? Ich kann es mir nur als ein Wunder von Gott erklären.

H. betritt, ohne zu fragen, mein Haus und steht plötzlich vor mir.

Eine Welle der Angst breitet sich in mir aus. Mit meinem letzten Rest von Mut frage ich ihn: «Was willst du von mir?»

Er klopft sich an die Brust und erwidert: «Ich beschütze dich!»

Ich schaue ihn an. An der Seite trägt er ein Schwert, dazu einen breiten Gürtel, an dem eine ganze Reihe von Handgranaten baumelt. Warum kommt er mitten in der Nacht? Was will er wirklich von mir?

H. nimmt Petit auf den Arm und hebt ihn hoch.

Petit hat keine Angst, sondern lacht sein helles Babylachen.

H. grinst und sagt auf Kinyarwanda: «Igisekeramwanzi!», was

so viel bedeutet wie: «Das Lachen von einem, der vor seinen Feinden lacht.»

Celestin hat mich vor den Milizionären gewarnt. Er hat mir gesagt, dass ich das Hoftor immer verschlossen halten soll. An diesem Abend ist es nicht verschlossen, weil ich auf das Hausmädchen warte, das noch in der Nacht von einem Besuch bei seinen Eltern zurückkommen will.

Während H. bei mir ist und seine Absicht noch nicht deutlich gemacht hat, kommen Celestin und Marcel von einem Gottesdienst aus Rubona zurück. Sie sehen, dass mein Hoftor offensteht und kommen ins Haus. Die beiden beginnen ein oberflächliches Gespräch und entspannen dadurch die Situation. Sie bleiben so lange, bis H. sich entscheidet zu gehen.

Als der Interahamwe weg ist, sagt Celestin zu mir: «Du weißt, warum er gekommen ist?»

«Ich kann es mir denken.»

«Seit Tagen erzählt er allen Leuten, dass er dich zu seiner Frau machen wird. Was er damit meint, ist offensichtlich. Er will dich vergewaltigen. Bitte sei vorsichtig und vergiss nie, das Hoftor und die Haustür abzuschließen!»

Ich verspreche es. Die beiden Männer, die Gott mir geschickt hat und die meine Ehre und mein Leben gerettet haben, verabschieden sich und gehen nach Hause.

Eines Tages bekomme ich überraschend Besuch von Bazatoha, einem bescheidenen und ruhigen Mann aus meiner Gemeinde. Obwohl er nicht weit von mir entfernt wohnt, haben wir bisher über die kirchlichen Veranstaltungen hinaus kaum Kontakt miteinander gehabt.

Bazatoha erzählt: «Denise, ich hatte einen Traum. Ich träumte in der vergangenen Nacht, dass ich in einer großen Kirche war, wo viele Menschen zusammen beteten und auf Gottes Wort hörten. Ich kannte niemand von diesen Leuten. Als ich zur Seite schaute, erblickte ich dich. Die Predigt in diesem Gottesdienst basierte auf einem Text aus dem Buch Jeremia, Kapitel 42, die Verse 10 bis 12: ‹Wenn ihr in diesem Land bleiben werdet, will ich euch bauen und nicht zerbrechen; ich will euch pflanzen und nicht ausreißen, denn das Übel, das ich euch getan habe, hat mich schon gereut. Ihr sollt euch nicht fürchten vor dem König von Babel, vor dem ihr euch fürchtet, spricht der Herr; ihr sollt euch vor ihm nicht fürchten, denn ich will bei euch sein, dass ich euch helfe und euch von seiner Hand errette. Ich will euch Barmherzigkeit erzeigen und mich über euch erbarmen und euch wieder in euer Land bringen.›»

Ich bedanke mich bei Bazatoha für seine Worte, worauf er mich verlässt und wieder nach Hause geht. Die Botschaft hat mein Herz berührt. Gott ist betrübt über das, was uns Tutsi angetan wurde. Ist es möglich, dass es noch andere Tutsi gibt, die noch am Leben sind, so wie ich? Gott will, dass ich hierbleibe und nicht in den Kongo fliehe, weil er Ruanda wieder aufbauen will. Er wird Ruanda zu einem Land machen, in dem alle Ruander ohne Diskriminierung friedlich zusammenleben werden.

Ja, ich fürchte mich vor meinem König von Babel, vor Y., dem Chef der Mörderbanden in mehreren Orten in der Präfektur Cyangugu, dessen Milizen in der Präfektur Kibuye in Bisesero und in anderen Orten besonders viele Tutsi getötet haben. Gott verspricht mir in seinem Wort, dass er mich vor den Mördern retten wird. Er wird mir seine Barmherzigkeit so deutlich zeigen, dass sogar die Mörder mir ihre Barmherzigkeit nicht verwehren können.

Im Mai 1994 wird mir besonders Psalm 118, Vers 8 wichtig: «Es ist gut, auf den Herrn zu vertrauen und nicht sich zu verlassen auf Menschen.»

Diese Worte beziehe ich auf die Verheißung Gottes, mich zu bewahren, die er mir mehrere Male gegeben hat. Umgeben von den grausamen Milizionären der Interahamwe, die jeden Abend, nur wenige Meter von meinem Haus entfernt, sich in der Musikiti-Bar ihrer tagsüber verübten Gräueltaten rühmen, fühle ich mich von den Menschen verlassen und von der Gesellschaft ausgestoßen.

Noch immer begreife ich nicht wirklich, was um mich herum

geschieht. Ich habe, wie alle Tutsi, meine Menschenwürde verloren. Die Hutu-Gesellschaft sieht mich nicht mehr als Menschen an, sondern als Schädling, der vernichtet werden muss. Sie nennen uns Tutsi Kakerlaken und glauben allen Ernstes, dass sie der Menschheit einen Dienst tun, wenn sie uns ausrotten.

Dieses Denken macht nicht einmal vor den christlichen Gemeinden halt. Tina, eine radikale Hutu-Frau, ist froh, dass die Tutsi getötet werden. Sie verbreitet die Nachricht, Pastoren würden von den Kanzeln predigen, dass Gott mit dem Töten der Tutsi einverstanden sei. Sie zitieren Passagen aus der Bibel, mit denen sie beweisen wollen, dass es mit Gottes Wort vereinbar ist, Tutsi zu töten.

Menschen, die keine Christen sind, verspotten mich und andere Tutsi-Christen und sagen, dass unsere Glaubensgeschwister uns verraten haben. Mein einziger Schutz besteht in den unsichtbaren Heeren des Himmels. Wenn schon die Regierung Ruandas den Befehl gibt, das Volk der Tutsi auszurotten, auf wen können wir dann noch zählen? Wir können keinen Polizisten, keinen Soldaten, keinen Bürgermeister, keine Freunde und Nachbarn um Schutz und Hilfe bitten. Kein Mensch ist mehr in der Lage, mir und allen anderen Tutsi zu Hilfe zu kommen. Mir bleibt in meiner Not allein Gott. Zu Gott rufe ich deshalb und nehme ihn beim Wort.

Ich sage zu ihm: «Oh Gott, ich vertraue dir seit meiner Kindheit. Ich glaube an deinen Sohn Jesus Christus, meinen Herrn und Retter. Ich glaube an dein Wort in der Bibel, und ich habe Menschen geholfen, ebenfalls an dich und dein Wort glauben zu können. Ich möchte dein Wort auf die Probe stellen. Du sagst, dass für dich nichts unmöglich ist. Oh Jesus, du Sohn Gottes! Du warst auf dieser Erde. Du lebtest mit diesen Menschen und hast selbst erfahren, wie grausam sie sein können, als sie dich ans Kreuz genagelt haben. Kannst du mir jetzt helfen?»

Ich schreie zu Gott und bitte ihn, mir in dieser schweren Zeit, in der es keine menschliche Hoffnung mehr gibt, seine Macht zu zeigen.

Dann gebe ich Gott ein Versprechen. Ich sage zu ihm: «Herr,

wenn du meine Seele, meinen Glauben, meinen Leib und meine Kinder bis zum Ende des Völkermords bewahrst, werde ich den Menschen sagen, dass es dich gibt und wer du bist. Ich werde die Menschen ermutigen, dir zu vertrauen. Meine Familie und ich werden dir dienen, und wir werden allen von unserem Leiden und von deiner wunderbaren Bewahrung erzählen.»

Eines Tages steht plötzlich Jonas vor meiner Tür. Er ruft meinen Namen: «Denise, ich bin's, Jonas! Bitte lass mich hinein, schnell, bevor mich jemand sieht!»

Ich öffne vorsichtig. Sofort drängt sich der junge Mann in mein Haus. Jonas arbeitet im Zementlager der Fabrik. Er ist von einer feinen weißen Zementschicht bedeckt, die ihm ein gespenstisches Aussehen verleiht. Unter den zementgrauen Augenbrauen bewegen sich seine Augen angstvoll hin und her. Ich biete Jonas einen Platz an, aber er schüttelt nur den Kopf, wodurch eine feine Zementstaubwolke über seinem Haar aufgewirbelt wird, und bleibt die ganze Zeit stehen.

Jonas, ein Hutu, hat seine beiden Eltern durch Krankheit verloren, als er acht Jahre alt war. Seine Tante wollte ihn nicht bei sich aufnehmen. Daraufhin lebte er sechs Monate mit seinen beiden jüngeren Brüdern in der Wildnis. Die beiden Brüder verhungerten dort nacheinander. Germaine, eine Tutsi, hörte von Jonas und seinem Schicksal, nahm ihn bei sich zu Hause auf und adoptierte ihn. Später heiratete Jonas. Doch seine Frau starb bald. Danach kehrte er zu Germaine zurück und heiratete deren Tochter Byukusenge. Als der Völkermord begann, verhalf Jonas seiner Schwiegermutter Germaine und Laurence, der Frau von Felix, und ihren Kindern zur Flucht in den Kongo. Seine Frau war noch immer in Lebensgefahr. Jonas gab den Milizen alle Dinge von Wert in seinem Haus, damit sie seine Frau am Leben ließen. Obwohl er ein Hutu ist, leidet er ständig unter Todesangst.

Ich lernte Jonas über meine Freunde Oscar und Consolée kennen. Nachdem Jonas seine Familie in Sicherheit gebracht hatte, wollte er mir ebenfalls helfen, in den Kongo zu fliehen. Ich lehnte dies aber ab.

«Was ist los, Jonas?», frage ich ihn.

«Denise, ich habe solche Angst. Draußen ist alles voll mit Milizionären. Wenn sie mich bei dir sehen, töten sie mich.»

Jonas hat zwischen den Fingern einen kleinen Brief versteckt, den er mir jetzt überreicht. Er ist von Felix, der schon nach Kaziba im Kongo geflohen ist. Jonas will, dass ich mit ihm in den Kongo fliehe. Ich erkläre ihm, dass Gott mir beisteht und ich nicht mitkomme. Jonas gibt sich nicht zufrieden und bittet mich: «Bitte überlege es dir noch einmal! Ich komme bald wieder.»

Kurze Zeit später besucht er mich erneut und sagt: «Du hast mir gesagt, dass Gott dich beschützen würde und du nicht in den Kongo gehen wirst. Ich habe mich darüber gewundert, weil ich dir doch helfen wollte. In der vergangenen Nacht hatte ich einen Traum. In meinem Traum floh ich mit vielen anderen Menschen in den Kongo. Jeder von uns trug ein Gepäckstück auf dem Kopf. Durstig und hungrig und sehr erschöpft schleppten wir uns zu Fuß über Hügel und durch Felder und Wälder. Plötzlich sahen wir dich, Denise, in einem Waldstück neben einer Quelle sitzen. Du warst frisch und ausgeruht und strahltest eine große Ruhe aus. Wir warfen unsere Gepäckstücke ab und stürzten uns auf das frische, klare Wasser. Du beobachtetest uns dabei, wie wir tranken, und sagtest kein Wort.»

Ich schaue Jonas interessiert an und frage: «Als ihr mich im Traum an der Quelle traft, war das diesseits oder jenseits des Rusizi-Flusses, der Ruanda vom Kongo trennt?»

Jonas erwidert: «Es war noch hier in Ruanda. Wir hatten den Fluss noch nicht überquert.»

Ich nicke und sage leise: «Gott will, dass ich hierbleibe. Er hat versprochen, mich zu beschützen. Dein Traum bestätigt das, Jonas. Ich bin gespannt, wie Gott es schafft, dass ich und meine Kinder überleben.»

«Denise, durch den Traum habe ich verstanden, dass du hierbleiben musst. Ich werde jeden Tag für dich beten!»

Jonas geht zur Tür und späht vorsichtig hinaus. Als er den Eindruck hat, dass niemand das Haus beobachtet, rennt er, so schnell er kann, zur Zementfabrik zurück.

Mitte Juni, zwei Monate nach der Geburt meines Kindes, mein Mutterschaftsurlaub ist offiziell zu Ende, werde ich eingeladen, wieder zur Arbeit zu kommen. Was soll ich tun? Ich kann es nicht ablehnen zu arbeiten, weil ich in einem Haus wohne, das CIMERWA gehört. Alle Menschen hier kennen meine Situation. Aber wie stellen sich meine Hutu-Kollegen das vor? Sie haben dafür gesorgt, dass alle Tutsi hier, außer mir und meinen Kindern, verschwunden sind, entweder durch den Tod oder durch die Flucht. Jetzt soll ich mit dieser Mörderbande zusammenarbeiten? Alles in mir wehrt sich dagegen.

Ich werde ständig beobachtet. Kaum jemand getraut sich, mich zu besuchen, außer Celestin und Marcel, die mich immer wieder zu ihrer Gebetsversammlung abholten. Meine Gebetsfreunde raten mir, wieder zu arbeiten. Schließlich bin ich einverstanden.

Von meinem Haus bis zu meinem Büro sind es nur einhundert Meter. Als ich mich zum ersten Mal seit Ausbruch des Mordens wieder auf den Weg zu meinem Arbeitsplatz mache, werde ich von meinen Hutu-Nachbarn genau beobachtet. Aus ihren Blicken spricht Verachtung und Hass; einige spucken sogar vor mir aus. Die Hutu sind es nicht mehr gewohnt, lebende Tutsi in ihrer Nähe zu sehen.

Ich höre ihre Gesänge in meinen Gedanken, mit denen sie uns Tutsi verhöhnten und unsere Vernichtung mit blumigen Worten proklamierten: «Wir rotten die Kakerlaken aus und werfen ihre Leichen in den Nil, der sie zurück nach Äthiopien trägt, woher sie einst gekommen sind.»

Ich sehe es ihnen an, dass sie meinen Anblick kaum ertragen können. Die Tatsache, dass ich noch immer lebe, treibt den Ekel in ihre Blicke. Sie fragen sich ohne gesprochene Worte, warum ich nicht auch im Nyarushishi-Camp bin, um dort mit den übriggebliebenen Tutsi endlich doch noch zu sterben.

Noch ein paar wenige Schritte, dann bin ich wieder in meinem alten Büro. Wie werden meine Kollegen reagieren? Viele von ihnen sind zu Mördern geworden. Einige von ihnen sind an der Ermordung meiner nächsten Angehörigen beteiligt gewesen …

Mutig gehe ich in die Zementfabrik. Die Kollegen, denen ich begegne, sind alles Hutu. Martine und ich sind die einzigen Tutsi in der Firma.

Auf dem Weg in mein Büro begegne ich Kollegen, mit denen ich vor dem Völkermord gut zusammengearbeitet habe. Die Blicke, mit denen sie mich mustern, sprechen Bände. Manche betrachten mich von oben herab, so als ob ich zu einer minderwertigen Rasse gehöre. Andere Blicke sind voller Hass. Sie sagen mir ohne Worte, dass ihre Aufgabe nicht erfüllt ist, solange ich noch lebe.

Wieder andere betrachten mich mit Verwunderung. Ich bin ein exotisches Wesen, das doch längst ausgerottet sein müsste. Sie begreifen nicht, dass ich noch lebe. Ich begreife es selbst nicht und kann es nur als ein Wunder Gottes bezeichnen, dass ich zwei Monate nach Beginn des Völkermords und mehreren Mordanschlägen gegen mich immer noch lebe.

Von den wenigen Tutsi, die mit mir hier in Bugarama überlebt haben, konnten ein paar nach Bukavu im Kongo fliehen, andere sind inzwischen in das Lager Nyarushishi in Cyangugu abtransportiert worden, um dort zu sterben. Ich habe große Angst, dass die Führer der Hutu-Milizen es sich anders überlegen und mich und meine Kinder ebenfalls nach Cyangugu deportieren.

Obwohl mir fast alle Hutu, denen ich in der Fabrik und in der Wohnsiedlung begegne, ihre Feindschaft offen zeigen, versuche ich bei jeder Gelegenheit ein Gespräch zu beginnen. Niemand lässt sich darauf ein.

Als Celestin mich wieder einmal besucht, berichte ich ihm von meiner Lage. Er macht mir den Vorschlag, öfters einen kleinen Spaziergang in der Nähe meines Hauses zu unternehmen, damit sich die Leute daran gewöhnen, dass ich wieder da bin. Ich befolge den Rat Celestins und zeige mich regelmäßig auf der Straße.

Einmal gehe ich wieder mit meinem jüngsten Sohn auf dem Rücken die Straße entlang, damit sich die Hutu-Nachbarn an meinen Anblick gewöhnen. Vor mir liegt das Haus, in dem sich die

Christen meiner Gemeinde zum Gebet treffen. Ich biege von der Straße ab, umrunde die Wohnsiedlung der Chinesen und der leitenden Angestellten und komme an Celestins Haus vorbei. Dahinter biege ich links ab und gehe auf die Hauptstraße, die sich zwischen der Fabrik und den Wohnungen der leitenden Angestellten befindet.

Hier stolpert mir ein Betrunkener im Zickzackkurs entgegen. Als er mich sieht, taumelt er auf mich zu und lallt: «Ndagukunda, Ndagukunda, Ndagukunda! Ich liebe dich, ich liebe dich, ich liebe dich!»

Ich kenne den Mann. Er hat einmal in der Fabrik gearbeitet und ist dann gegangen. Damals war er viel zu schüchtern gewesen, um mich anzusprechen; er hat mich nicht einmal gegrüßt. Ich versuche, seinen plumpen Annäherungsversuch positiv zu sehen und sage mir, dass es eine Botschaft von Gott ist, der mir sagt, dass er mich liebt und für mich sorgt.

Ich sitze allein in meinem Büro, als C. unvermittelt durch die Tür tritt.

«Denise, hast du etwas von deinem Mann gehört?»

Ich antworte: «Nein, nichts. Hast du denn etwas von ihm gehört?»

«Nein, auch nicht. Denise, hast du Angst davor, getötet zu werden?»

Ich antworte ihm mit einer Gegenfrage: «Hast du überhaupt keine Angst vor dem Tod?»

C. erwidert nachdenklich: «Jeder stirbt an dem Tag, der ihm bestimmt ist.»

Danach geht er wieder. In diesem Augenblick habe ich keine Angst, weil ich nicht nur mit dem Verstand, sondern auch mit dem Herzen begriffen habe, dass Gott mich schützt.

Wenig später, am 18. Juni 1994, einem Samstag, kommt mittags um 13.00 Uhr eine Gruppe junger Christen, die regelmäßig zusammen beten, heimlich in mein Haus. Sie sagen, dass sie eine Botschaft für mich haben, die Gott ihnen aufs Herz gelegt hat.

Die Botschaft lautet: «Fürchte dich nicht! Du wirst nicht mit dem Schwert getötet. Lobe Gott! Du wirst nicht sterben.»

Sie sagen, dass ich Gott loben soll, weil Gott mir neue Kraft und neuen Mut geben wird, damit ich weitermachen kann. Nachdem sie mir die Botschaft mitgeteilt haben, warten sie, bis die Straße menschenleer ist, und schleichen wieder davon. Sie haben Angst, dass die Interahamwe sie entdecken. Meine Besucher müssen sich alle vor den Milizen fürchten, weil es verboten ist, mit mir Kontakt zu haben.

Am nächsten Tag, einem Sonntag, starten die Interahamwe unter der Leitung von Y. einen neuen Mordfeldzug gegen die letzten Tutsi, die sich noch in der Umgebung der Zementfabrik aufhalten. Ziel des Angriffs sind Mukwiye und seine Familie, Come, Furaha, Mapendo und ich mit meinen Kindern. Ich bin vorher vor dem Mordanschlag gewarnt worden. Die Milizen machen kein Hehl aus ihrem Vorhaben, weil sie sich als die absoluten Sieger und Beherrscher der Lage fühlen. Sie sind stolz, dass sie so viele Tutsi getötet haben. Sie schnappen sich Come, der sich bei seinem Schwiegervater versteckt hat, und bringen ihn nach Rubumba, wo sie ihn töten. Es ist ein Wunder, dass ich immer noch lebe.

Da mein Leben ständig in Gefahr ist, komme ich innerlich nicht zur Ruhe. Die vielen gut gemeinten Botschaften und Ratschläge bewirken keinen inneren, dauerhaften Frieden in mir. Ich hadere immer wieder mit Gott. Einmal sage ich zu ihm: «Wenn es dich, Gott, gibt, dann bist du wohl ein Gott der Hutu, nicht der Tutsi. Womöglich handeln die Hutu sogar in deinem Auftrag, wenn sie uns Tutsi töten. Wie ist es sonst möglich, dass sie uns nach und nach alle umbringen können, ohne dass du sie daran hinderst?»

21. Operation Turquoise

Am 23. Juni 1994 beginnt der französische Militäreinsatz mit dem Namen «Mission Turquoise». Französische Truppen überqueren, vom kongolesischen Bukavu kommend, den Rusizi-Fluss, die Grenze nach Ruanda, und marschieren in Cyangugu ein. Die Franzosen haben den Auftrag, das Vorrücken der RPF-Rebellen aufzuhalten und das Morden der Interahamwe zu beenden.

Mit meinem kleinen Radio höre ich die Nachrichten aus dem Ausland, die meine anfängliche Freude über das Eingreifen der Franzosen in Enttäuschung verwandeln. Die Interahamwe-Milizen begrüßen die französischen Soldaten an der Grenze und heißen sie in Ruanda willkommen.

Die Stimme aus dem Radio ruft: «Der Präfekt von Cyangugu geht den befreundeten Soldaten aus Frankreich entgegen und begrüßt sie herzlich. Die Milizen halten Blumensträußchen und französische Fähnchen in ihren Händen und bejubeln den Einmarsch der Franzosen. Sie schütteln den französischen Uniformierten die Hände und drücken ihren Stolz darüber aus, die Europäer als Freunde begrüßen zu dürfen.»

Ich denke daran, dass das Tutsi-Blut an den Macheten der Interahamwe noch nicht trocken ist, als die Franzosen Ruanda betreten.

Hinter den Kulissen beginnt eine fieberhafte Tätigkeit. Auch wenn die Franzosen die Hutu-Regierung und die Interahamwe bisher mit Waffen unterstützt haben und jetzt als Freunde kommen, kann das offene Morden nicht mehr weitergeführt werden. Die Provinzregierung von Cyangugu beschließt, alle Tutsi sofort zu töten, die sich im Nyarushishi-Camp befinden, bevor es die Franzosen verhindern können. Die Milizen werden beauftragt, diesen Beschluss auszuführen.

Am 25. Juni 1994, morgens um 9.00 Uhr, kommen die Interahamwe von Y. und die Fabrikarbeiter in die Firma und konfiszieren einige großen Lastwagen der CIMERWA. Schwer bewaffnete Milizionäre besteigen die Fahrzeuge und lassen sich in das Nyarushishi-Camp fahren. Die Direktoren von CIMERWA unterstützen sie dabei und geben ihnen alles, was sie wollen.

Ich höre von meinem Haus aus lautes Rufen, als die Interahamwe sich sammeln. Während sie losfahren, brüllen sie ihre Hasslieder auf die Tutsi: «Yego mubatsembatsembe! Ja, rotten wir sie aus!»

Sie haben mir zuvor gesagt, dass ich an diesem Tag sterben müsse. Ich konnte mein Haus nicht verlassen, weil sie es ständig beobachteten. Ich gehe in mein Schlafzimmer, um zu beten.

Wenig später fahren die Lastwagen mit ihrer grölenden Fracht unter lautem Hupen nach Westen. Im Lager Nyarushishi sind Lydia, die mir etwas zum Anziehen gegeben hatte, und Karekezi, ein medizinischer Assistent vom Mashesha-Krankenhaus, interniert.

Ich bange um ihr Leben und schreie zu Gott: «Wie kannst du es zulassen, dass die Tutsi im Lager jetzt sterben müssen, nachdem du sie zwei Monate lang beschützt hast? Wie ist das möglich, wo du doch der barmherzige und gnädige Gott bist? Liebst du denn nur die Hutu, und die Tutsi sind dir gleichgültig? Wenn die Milizen später zu mir kommen und mich auch töten, steht es für mich fest, dass es keinen Gott gibt. Du sagst, dass du ein Gott der Liebe, der Barmherzigkeit und der Gnade bist und dass vor dir alle Menschen gleich sind. Wie kannst du da untätig zusehen, wie diese unschuldigen Tutsi sterben?»

Ich fürchte mich nicht vor dem Sterben. Aber ich kämpfe im Gebet vor Gott für das Leben der Tutsi im Nyarushishi-Camp. Wenn diese Menschen überleben, wäre das ein deutliches Zeichen für Gottes Eingreifen. Dadurch würde Gott geehrt, und der Plan des Feindes würde zunichte gemacht werden.

Einige Zeit später höre ich eine Schießerei und wütende Rufe, die immer näher kommen. Durch einen Blick aus dem Fenster sehe ich, dass es die Interahamwe sind. Was ist geschehen? Es kann nicht sein, dass sie ihre Todesmission schon erfüllt haben. Wer oder was hat sie davon abgehalten? Später erfahre ich, dass ein hoher ruandischer Offizier aus Cyangugu den Milizen eine Botschaft gesandt hat. Darin sind sie aufgefordert worden, niemanden im Camp zu töten, weil die Franzosen schon zu nahe seien.

Als meine Eltern im Kongo erfahren, dass ich noch am Leben bin, sind sie froh, aber auch besorgt, weil ich nicht in Sicherheit bin. Sie wenden sich deshalb an einen kongolesischen Lehrer, der an der Grenze zu Ruanda lebt, und bitten ihn, mir einen Brief zu bringen.

Nicht weit von der Zementfabrik entfernt befindet sich die Shara-Methodisten-Mittelschule, in der auch Lehrer aus dem Kongo unterrichten, die gute Kontakte zu Lehrern im Kongo haben. Sie bringen Kibuye, meiner Nachbarin, einen Brief von meinem Vater.

Auch für Kibuye ist es lebensgefährlich, mich zu besuchen. Sie schleicht sich an den Hintereingang meines Hauses, überreicht mir den Brief und verschwindet gleich wieder.

Vater schreibt, dass sie erfahren haben, dass ich und meine Kinder noch am Leben sind. Er will versuchen, uns aus Ruanda in den Kongo zu holen.

Nachdem ich den Brief gelesen habe, weine ich vor Heimweh. Ich vermisse meine Eltern sehr und fühle auch ihren Schmerz, den sie durch den Verlust eines großen Teils ihrer Verwandtschaft und durch meine lebensbedrohliche Situation haben.

Als Vater erfährt, dass mein Haus völlig geplündert worden ist und ich fast nichts anzuziehen habe, schickt er mir durch den kongolesischen Lehrer ein paar Kleidungsstücke. Danach fasst Vater sich ein Herz. Er geht nach Bukavu, die kongolesische Grenzstadt am Kivu-See, und bittet den Gouverneur von Bukavu um eine Audienz. Der Gouverneur verspricht, sich dafür einzusetzen, dass ich aus Bugarama geholt und in den Kongo gebracht werde. Das alles erfahre ich durch einen Brief mit folgendem Inhalt:

«Liebe Tochter Denise!

Ich grüße Dich im Namen des Herrn Jesus! Wie geht es Dir? Wie geht es Deinen Kindern? Wir haben erfahren, dass Du und Deine Kinder noch leben. Wir sind tieftraurig über den Tod unserer Eltern, Verwandten und Freunde und vermissen sie sehr. Wir tun alles, was wir können, um Dich aus Bugarama zu holen. Ich habe mit dem Gouverneur der Provinz Kivu in Bukavu gesprochen und ihn gebe-

ten, mit dem Präfekten von Cyangugu zu reden, damit er französische Soldaten zu Dir schickt, die Dich sicher in den Kongo bringen. Bitte sei jederzeit bereit, dass Du sofort mit ihnen gehen kannst! Wir beten für Dich, und wir haben die Christen in unserer Gemeinde und unsere Freunde gebeten, ebenfalls für Dich zu beten. Wir glauben, dass Gott Dich und Deine Kinder beschützt und Dich sicher zu uns bringt.

Möge der Herr mit Dir sein!
Viele Grüße von Deiner Mutter und Deinen Geschwistern!
Dein Dich liebender Vater,
Muganga Simeon

PS: Wir haben über den kongolesischen Lehrer in Bugarama erfahren, wie es Dir geht.»

Als ich meines Vaters Zeilen lese und erfahre, dass er und meine Familie im Kongo mit mir leiden, macht es mich froh, dass ich nicht allein in meinem Elend bin. Ich sehe eine Gelegenheit, diesen schrecklichen Ort endlich verlassen zu können und wieder ein normales Leben zu führen.

Ich zeige Celestin den Brief.

Er liest ihn und sagt: «Der Plan ist viel zu gefährlich, Denise. Wenn C. merkt, dass du gehen willst, wird er dich töten. Lass uns dafür beten, dass Gott diesen Plan nicht gelingen lässt. Du musst wissen, dass der Gouverneur von Bukavu und der Präfekt von Cyangugu unter einer Decke stecken. Sie werden die Interahamwe auf dich aufmerksam machen, damit sie dich und deine Kinder töten.»

C. ist ein Mitarbeiter in der Zementfabrik, ein besonders fanatischer Hutu. Die Hutu sind überzeugt, dass die Interahamwe mich früher oder später töten werden. Wenn ich versuche zu fliehen, wird C. mich töten, damit ich nicht entkomme.

Eines Tages bringt der kongolesische Lehrer mir ein Paket mit Babykleidung von einem jungen Tutsi-Ehepaar, dem es gelungen war, in den Kongo zu fliehen, bevor das Morden begann. Joram, der Mann, hatte wie ich in der Zementfabrik gearbeitet; seine Frau war Lehrerin an der Grundschule in Muganza. Sie haben von meinem treuen Freund Ezechias erfahren, dass ich noch am Leben bin und ein Baby bekommen habe.

Das Paket ist eine große Ermutigung für mich, gerade weil ich weiß, dass Joram und seine Frau als Flüchtlinge selbst kaum etwas besitzen.

Wenig später erscheinen die ersten französischen Soldaten in Bugarama. Sie haben den Auftrag, alle Tutsi zu finden, die sich hier versteckt haben, und sie in das Lager Nyarushishi zu bringen. Die Interahamwe sind nirgends auf der Straße zu sehen. Sie haben Angst vor den Franzosen.

Ich höre, wie die Menschen auf der Straße reden. Jemand sagt, dass Denise von Franzosen nach Nyarushishi gebracht wird. In meinem Herzen rufe ich zu Gott und bitte ihn, mir zu zeigen, was ich tun soll. Wenn die Franzosen mich zu meinen Eltern bringen, will ich mit ihnen gehen. Aber ich will auf keinen Fall in das Lager gebracht werden.

Ich bitte Gott um ein Zeichen. Wenn ich jetzt aus dem Haus gehe und die Franzosen mich erkennen, weiß ich, dass Gott will, dass ich mit ihnen gehe. Wenn sie mich nicht erkennen, ist es besser für mich, hierzubleiben. Ich trete auf die Straße und gehe langsam an den Soldaten vorbei. Sie mustern mich kurz und schenken mir danach keine weitere Beachtung. Jetzt habe ich Gewissheit. Gott will, dass ich hierbleibe. Beruhigt gehe ich nach Hause.

Auch wenn die französischen Soldaten mich nicht mitnehmen können, so retten sie doch andere Tutsi, die sich versteckt haben, vor den Mörderbanden. Einer von den Geretteten ist Karekezi, ein medizinischer Assistent im Gesundheitszentrum Mashesha. Die Franzosen bringen ihn in das Nyarushishi-Camp. Meine Nachbarn munkeln, dass Karekezi ermordet worden ist.

Wenig später bekomme ich durch einen Boten eine handschriftliche Notiz, in der mir Karekezi mitteilt, dass er am Leben ist. Ich freue mich sehr über diese Nachricht. Auch Jean Bapfakurera wird aus ihrem Versteck befreit und ins Camp gebracht. Ihre Tochter lebte mit uns in der Krankenstation der Zementfabrik.

Im Juli 1994 verlässt die Regierung Gitarama und zieht in die Provinz Cyangugu nach Gihundwe um, in den äußersten Südwesten Ruandas.

Überall geht die Angst um. Die Regierung, die aus radikalen Hutu besteht, hat Angst vor den Rebellen der RPF, die auf breiter Front, von Norden aus Uganda kommend, in Ruanda einmarschieren. Die Interahamwe haben Angst, dass die Rebellen sich für den Völkermord an ihnen rächen. Wir überlebenden Tutsi haben Angst, dass die Interahamwe uns doch noch töten, bevor sie vor der RPF in den Kongo fliehen. Celestin ruft die Christen zum Gebet und Fasten zusammen. Ich bin viel zu schwach, um auch noch fasten zu können, aber ich bete viel in dieser Zeit.

Gleich neben der Fabrik hat die offizielle ruandische Armee ein Lager aufgeschlagen. Die Soldaten werden von Tag zu Tag unruhiger. Sie fürchten sich vor den disziplinierten Kämpfern der RPF, vor denen die Regierungsarmee auf breiter Front zurückweicht. Wie werden die ruandischen Soldaten reagieren?

Wir erkennen, dass Disziplin und Moral der Uniformierten sich mehr und mehr auflösen. Aber gerade das macht sie so gefährlich. Was werden sie tun? Werden sie die Fabrik plündern und in die Häuser der Angestellten eindringen und deren Wertsachen mitnehmen, bevor sie nach Westen fliehen? Sie haben die Macht, das zu tun und noch viel mehr. Muss ich erneut um mein Leben und das meiner Kinder fürchten? Wir müssen mit allem rechnen.

Wir treffen uns oft zum Gebet und bitten Gott um Rat und Weisung. Einige von uns bekommen Botschaften von Gott.

Eine Mitbeterin, Seraphine, sagt zu mir: «Denise, Gott wird mit allen kämpfen, die dir Böses angetan haben. Deine Feinde werden rastlose Wanderer sein, wie Kain, nachdem er seinen Bruder Abel ermordet hat. Sie werden ins Ausland fliehen. Viele werden durch Epidemien, andere werden durch Waffen sterben.»

Wir alle, die wir hier zusammen beten, erhalten die Botschaft, dass wir nicht mit den anderen fliehen, sondern in Ruanda bleiben und mit der neuen Regierung zusammenarbeiten sollen.

Einer der Männer bekommt eine persönliche Botschaft. Er soll seine Frau holen und sie fragen, was sie getan hat. Seine Frau ist auch eine Christin und hat an vielen Gebetsversammlungen teilgenommen. Doch dann hat sie sich völlig verändert. Sie stellte sich gegen die Tutsi und verriet viele an die Mörder. Die Frau wird aufgefordert, ihre Schuld zu bekennen und ihre Taten zu bereuen. Doch sie weigert sich. Gott lässt ihr sagen, dass alles, was sie tut, ihr nicht gelingen wird.

In diesen Tagen fliehen viele Menschen vor den Rebellen in den Kongo, darunter auch Vincent, der meinen Cousin Manasse im Dach gefunden hat. Kongolesische Milizen töten ihn im Kongo, und seine Frau kommt alleine nach Ruanda zurück.

Die Hutu haben Angst, dass die Rebellentruppen, die hauptsächlich aus Tutsi bestehen, sich rächen und alle Hutu umbringen wollen. Ein riesiges Durcheinander entsteht. Soldaten der Hutu-Regierung, Milizionäre und Arbeiter plündern die Fabrik und nehmen alles von Wert mit. Leute rufen, dass alle verschwinden sollen, weil sie die Fabrik anzünden würden.

Saidi, der Mann meiner Freundin Anne Marie, kommt mit dem Fahrrad bei mir vorbei und sagt mir, dass er große Angst habe und mit den anderen in den Kongo fliehen werde. Er fordert mich auf mitzukommen, was ich ablehne. Ich sage Saidi, dass ich hierbleiben werde, weil Gott mir versprochen habe, mich zu beschützen.

Saidi schüttelt verständnislos den Kopf und fährt nach Hause. Ich verstehe Saidi nicht. Er hat doch nichts von den Rebellen zu befürchten? Er war ein Freund der Tutsi und hat mich seit 1990 immer unterstützt.

Anne Marie, seine Frau, ist gegen eine Flucht. Sie macht Saidi deutlich, dass die Flüchtenden alles Mörder sind, die Angst haben vor der Rache der Inkotanyi, der Unbesiegbaren, wie sich die Rebellen selbst nennen. Sie und ihr Mann haben niemanden getötet und müssten daher auch nicht fliehen.

Saidi hört nicht auf seine Frau und schließt sich den Flüchtenden an; Anne Marie folgt ihm. Sie kommen bis nach Kamanyola, wo es ihnen sehr schlecht geht. Als Saidi dort sein Fahrrad belädt, rutscht ihm ein Gummispanngurt aus der Hand und schlägt ihm ins Gesicht. Dabei wird eines seiner Augen schwer verletzt. Da es keine ärztliche Hilfe vor Ort gibt, kehren sie nach Ruanda zurück.

Für Anne Marie ist die Verletzung ein Zeichen Gottes, dass sie nicht zusammen mit den Mördern auf der Flucht sein sollen.

Am 18. Juli 1994 ruft der Direktor der Zementfabrik alle Mitarbeiter zusammen und teilt ihnen mit, dass die Fabrik geschlossen wird. Alle bekommen noch ihr Gehalt. Dann werden sie aufgefordert, vor den Rebellen in den Kongo zu fliehen.

W., einer meiner Mitarbeiter, der während des Völkermords kein einziges Wort mit mir gesprochen hat und die Tutsi abgrundtief hasst, erzählt mir, dass er vorhat, in die Gegend, in der meine Eltern wohnen, zu fliehen.

A., ebenfalls eine Mitarbeiterin, fordert mich auf, auch zu fliehen, weil es hier viel zu gefährlich sei.

Ich sehe Dan, einen Lastkraftwagenfahrer und früheren Nachbarn meines Großvaters, vor dem Büro der Fabrik stehen.

Da ich ihn gut kenne, frage ich ihn: «Was machst du hier? Willst du auch in den Kongo fliehen?»

«Ja», antwortet Dan.

«Warum?»

Dan schaut mich traurig an und schweigt.

Zunächst kann ich nicht verstehen, warum der friedliche Dan meint, vor den Rebellen fliehen zu müssen. Doch dann kommt mir der Gedanke, dass sich dieser Mann während des Völkermords vielleicht völlig verändert hat, wie viele andere Hutu auch, und selbst zum Mörder wurde.

Ich mache mich nachdenklich auf den Weg nach Hause. Als ich durch das Fabriktor gehe, sehe ich den Interahamwe, der mir auf der Krankenstation 100 Ruanda-Francs zugesteckt hat. Aus seinen Augen spricht panische Angst.

Krampfhaft hält er seine Machete in der Hand und ruft mir zu: «Ich gehe auch in den Kongo!»

Ich betrachte ihn mitleidig und erwidere: «Gute Reise! Wenn du zu meinen Eltern gehst, werden sie dich willkommen heißen.»

Als ich wieder zu Hause bin, besucht mich Celestin. Er sagt, dass es immer gefährlicher werde, und meint, dass ich in das Haus umziehen solle, in dem sich die Gebetsgruppe trifft. Dort sei es sicherer.

Auf dem Weg dorthin treffe ich zufällig den Pastor der Methodistengemeinde in Shara, der gerade von Haus zu Haus geht und den Christen aus seiner Gemeinde sagt, sie sollten hierbleiben und nicht in den Kongo fliehen.

Er ruft jedem Einzelnen zu: «Bitte bleib hier! Denk an die Verheißung, die Gott uns gegeben hat. Wir werden uns alle am Nyabintare-Berg treffen.»

Ich weiß zwar nicht, was er damit meint, aber ich erinnere mich an unser letztes Gebetstreffen, wo uns Gott deutlich zeigte, dass wir in Ruanda bleiben sollen.

Zwei Tage später treffe ich Gerard, der auch zu dieser Gemeinde gehört. Er berichtet mir, dass tatsächlich einige aus der Gemeinde hiergeblieben seien und sich am Nyabintare-Berg versammelt hätten.

Als ich danach bei Marcel vorbeischaue, kommt Seraphine herein, um mit uns für Marcel und A., seine Frau, zu beten, die ebenfalls in den Kongo fliehen wollen und gerade beim Packen sind. Während wir für die beiden beten, packt A. einfach weiter. Das entmutigt Seraphine, und sie hört auf, für die beiden zu beten. A. sagt zu ihr: «Seraphine, du weißt ganz genau, dass es mit unserer Regierung aus und vorbei ist. Die Regierung, die wir jetzt bekommen, ist auf der Seite von Denise, und wir müssen gehen.»

Seraphine ist von dieser Frau enttäuscht. Danach kommt Seraphine zu mir nach Hause und fragt mich, ob sie etwas Gemüse aus meinem Garten haben kann. Als sie es sich geholt hat, gehen wir zum Haus zurück.

Wir erschrecken, als wir dort einen Regierungssoldaten antreffen, der sich am Wasserhahn auf der Rückseite meines Hauses erfrischt. Sein Gewehr hat er gegen die Hausmauer gelehnt. Er ist verschwitzt und wäscht sich Gesicht und die Haare mit dem frischen, kühlen Wasser. Als er damit fertig ist, erblickt er mich und sagt: «Ich bin sehr hungrig! Hast du etwas Cassavabrot?»

«Leider nicht. Aber ich kann dir Matoke und Bohnen zu essen geben.»

Als er hungrig von meinen Speisen isst, frage ich ihn: «Warum gehst du nicht in das Restaurant?»

Er sagt: «Alle sind auf der Flucht vor den Inkotanyi, den Rebellen. Fürchtest du dich auch vor ihnen?»

«Ja!», antworte ich.

Darauf meint er: «Du brauchst dich nicht vor ihnen zu fürchten.»

Er bedankt sich für das Essen und verschwindet. Die Begegnung mit dem Regierungssoldaten verstärkt meine Angst, und ich sage zu Seraphine, dass ich hier weggehen muss.

Mein Haus liegt an der Straße. Viele kommen hier vorbei, die auf der Flucht sind. Sie wissen, dass die Rebellen die Oberhand gewinnen. Die Milizen haben große Angst vor den Rebellen und fühlen sich durch ihre Niederlage gedemütigt.

Dadurch wächst ihre Wut auf die wenigen Tutsi, die den Völkermord überlebt haben, und die Gefahr für mich und meine Kinder nimmt wieder zu. Sie sagen, dass sie die Zementfabrik niederbrennen werden, und fordern die Menschen auf, in den Kongo oder nach Burundi zu fliehen.

Seit kurzem lebt mein Cousin Alodie bei mir. Er hat vorher bei meiner Tante Priscilla gelebt. Tante Priscilla wurde von den Interahamwe ermordet. Alodie konnte entkommen. Er versteckte sich lange Zeit und landete schließlich bei mir.

Ich nehme meine Kinder und meinen Cousin und verlasse mein Haus, in dem ich mich nicht mehr sicher fühle. Ich befolge den Rat von Celestin, und wir machen uns auf den Weg zu dem Haus, in dem sich die Gebetsgruppe trifft.

Unterwegs begegnen uns viele Menschen, die uns entgegenkommen und auf der Flucht sind. Sie schleppen viele Dinge mit sich: Matratzen, Koffer, Geschirr, Matten und vieles mehr. Jeder trägt ein Gepäckstück auf dem Kopf.

Ich treffe Elie, einen ehemaligen Kollegen meines Mannes. Er fordert mich auf, mit ihm in den Kongo zu fliehen. Um in Ruhe gelassen zu werden, erkläre ich mich einverstanden, und sage, dass ich später nachkommen werde, setze jedoch meinen eigenen Weg in die andere Richtung fort.

Im Gebetshaus treffen wir Honorina. Sie ist erstaunt darüber, dass ich noch lebe, gibt mir aus Freude darüber ein Handtuch für mein Kind und sagt: «Denise, du warst auf dich selbst gestellt. Niemand hat dich beschützt, und dennoch lebst du noch. Das ist ein großes Wunder. Ich glaube, dass Gott uns alle hier schützt, so wie er dich beschützt hat.»

Dann kommt meine erste Nacht im Gebetshaus. Als es dunkel ist, hören wir viele Schüsse. Menschen, die auf der Flucht sind, werden beschossen. Milizen und Verbrecher treiben ihr Unwesen.

Wir fühlen uns im Gebetshaus doch nicht sicher und verbringen die Nacht in einer nahen Bananenplantage. Mein Baby schreit die ganze Nacht. Die anderen haben Angst, dass wir deshalb von den Milizen entdeckt werden. Doch die Milizionäre sind so sehr mit Plündern beschäftigt, dass sie nicht auf die Idee kommen, in der Plantage nach Opfern zu suchen.

Am nächsten Morgen ist alles ruhig. Wir gehen nicht in das Gebetshaus zurück, sondern zu Celestin. Ich kann auch nicht in mein Haus zurück, nachdem ich erfahren habe, dass zwei Milizionäre mich dort gesucht haben.

Von Celestins Haus aus können wir beobachten, was in der Fabrik geschieht. Hier ist das Chaos ausgebrochen. Die Fabrik wird geplündert. Ich beobachte seltsame Dinge. Ein Mann trägt einen kompletten Schrank auf seinem Kopf und rennt damit weg. Es hat den Anschein, dass die Männer dämonische Kräfte besitzen. Ich bleibe mit meiner Cousine Allodie und meinen Kindern vorerst bei Celestin und seiner Frau Thérèse.

Am 20. Juli 1994 besucht mich Seraphine in Celestins Haus. Wir beten zusammen. Später kommt Gerard vom Nyabintare-Berg zu uns.

Seraphine hatte eine Prophezeiung von Gott für mich: «Denise, Gott wird immer für dich da sein! Er wird dich mit Lebensmitteln versorgen und dein Leben schützen. Gott wird dir ein sicheres Zuhause geben! Er wird dir ein Zeichen als Bestätigung geben. In wenigen Tagen wird ein Uniformierter zu dir kommen. Das soll das Zeichen sein, dass Gott zu dir gesprochen hat. Er wird dir auch eine Aufgabe geben. Du sollst dich um arme und seelisch verletzte Menschen kümmern. Sei geduldig und warte auf den richtigen Augenblick!»

Zehn Tage später kommt ein weißer französischer Soldat in Uniform vorbei und fragt nach mir. Ein Arbeiter der Zementfabrik, der mich kennt, begleitet ihn. Der Franzose hat einen Notizzettel bei sich, auf dem mein Name und der von Gasore stehen.

Der Franzose sagt zu mir: «Gasore hat mich geschickt. Ich soll dich abholen und in das Nyarushishi-Camp bringen. Dort bist du sicher.»

Ich antworte ihm: «Ich gehe nicht mit dir ins Lager. Aber du kannst mich zu meinen Eltern in den Kongo bringen.»

«Dabei kann ich dir nicht helfen. Ich bin nur für das Lager verantwortlich.»

Doch ich will auf keinen Fall in das Lager und schicke ihn wieder weg. Ich bin nicht auf den Schutz der Soldaten angewiesen. Gott selbst hat mich während des Völkermords beschützt und wird mich weiter beschützen, bis ich meine Eltern wiedersehe.

Das Erscheinen des französischen Soldaten erinnert mich aber an die Prophezeiung, die Gott mir durch Seraphine gab.

Ich wohne weiterhin bei Celestin, weil ich sonst nirgends hingehen kann. Thérèse, Celestins Frau, ist sehr lieb zu mir. Sie lässt ihre Kinder zusammen mit meinen im selben Raum schlafen. Sie kocht für uns alle genug Essen. Ich helfe ihr im Haushalt, so gut ich kann.

Am 2. August 1994 treffen wir uns wieder einmal zum Gebet im Gästezimmer von Celestins Haus. Wir sitzen auf einer Matte auf dem Fußboden. Während wir beten, hören wir den Lärm, den die Milizionäre machen, als sie die Fabrik und die verlassenen Wohnhäuser der Arbeiter und Angestellten, die in den Kongo geflohen sind, plündern.

Nach dem Beten breiten Celestin und Thérèse ihre Matten auf dem Boden aus und legen sich schlafen.

Ich kann noch nicht schlafen. Dazu bin ich noch viel zu aufgewühlt. Ich bitte Gott, mir ein Zeichen seiner Gegenwart zu geben. Danach gehe ich nach nebenan und lege mich neben Petit auf mein Bett. Plötzlich schrecke ich durch eine laute Explosion auf dem Dach hoch. Ich habe Angst, dass jemand eine Granate auf das Hausdach geworfen hat, gehe zu Celestin und Thérèse und frage sie: «Habt ihr den Knall eben gehört?»

Celestin antwortet mir verwundert: «Welchen Knall? Wir haben nichts gehört.»

«Aber das war richtig laut, wie eine Explosion!» Ich verstehe nichts mehr.

Celestin meint: «Hast du nicht auf ein Zeichen von Gott gewartet? Vielleicht war es das? Gewiss war der Knall ein Zeichen von Gott. Sonst hätten wir ihn auch gehört.»

Am nächsten Morgen beten wir weiter. Als ich meine Bibel öffne, schlage ich zufällig Jesaja 38, Vers 5 auf. Hier steht, dass Hiskia von Gott fünfzehn weitere Lebensjahre geschenkt bekommt. Durch das eigenartige Zeichen in der Nacht und das Lesen der

Bibelstelle erhalte ich die Gewissheit, dass ich den Völkermord überleben werde und dass mir Gott mehr Lebensjahre hinzugeben wird als die fünfzehn für Hiskia.

22. Besuch bei meinen Eltern

Jeden Tag denke ich an meine Eltern, die sich große Sorgen um mich machen. Wenn ich sie doch nur besuchen könnte, um ihnen zu zeigen, dass wir, ich und meine Kinder, noch leben! Ich bete zu Jesus und bitte ihn, mir einen Weg zu meinen Eltern zu zeigen.

Am folgenden Tag erhalte ich Besuch von Rose, einem jungen Tutsi-Mädchen. Sie erzählt mir, dass es ihr, als das Morden begann, gelungen war, Bugarama zu verlassen und in den Kongo zu fliehen. In Bwegera traf sie meine Eltern, die sie herzlich aufnahmen. Nachdem die Lage sich etwas entspannt hatte, baten meine Eltern Rose, mich in Bugarama aufzusuchen und nach Bwegera im Kongo zu holen.

Rose ist nicht allein; ein Hutu-Mann, den ich nicht kenne, begleitet sie. Meine Eltern haben dem Hutu eine Kuh versprochen, wenn er mich sicher zu ihnen bringt.

Ich schaue mir den Hutu-Mann genau an und kann kein Vertrauen zu ihm fassen. Vielleicht ist es ein Milizionär, der nur darauf wartet, mich in seine Hand zu bekommen und zu töten?

Ich wende mich an Celestin und frage ihn um Rat. Er empfiehlt mir, drei Tage lang zu beten und abzuwarten. Danach würde Gott mir deutlich machen, wie ich sicher in den Kongo zu meinen Eltern komme.

Nicht alle Hutu fliehen vor den Truppen der Rebellen in den Kongo. Theobald, der Verwaltungsdirektor des Zementwerkes, ist sich seiner Verantwortung für die Fabrik als Einziger der Führungsleute bewusst. Er schließt sich nicht den fliehenden Interahamwe an, sondern geht wieder an die Arbeit. Gerard Mukwiye und andere helfen ihm, die Ordnung in der Fabrik wiederherzustellen. Zunächst ruft Theobald alle Arbeiter der Firma zusammen und fordert sie auf, alles, was sie aus der Fabrik gestohlen haben, zurückzubringen. Seine Anweisung hat teilweise Erfolg.

Nach und nach kommen einige, aber lange nicht alle der Arbeiter und bringen Möbel und viele andere brauchbare Sachen zurück, die sie wenige Tage vorher eilig weggetragen haben. Die Angestellten von CIMERWA suchen in dem von den Plünderern hinterlassenen Chaos nach den Dokumenten der Firma, die überall verstreut umherliegen.

Während der Verwaltungsleiter versucht, das Zementwerk wieder zum Funktionieren zu bringen, bekomme ich Besuch von einem weiteren Boten aus dem Kongo, den meine Eltern mir geschickt haben. Er teilt mir mit, dass sie mich freudig erwarten, wenn ich es für richtig halte, zu ihnen zu kommen.

Ich habe Gott versprochen, nicht in den Kongo zu fliehen. Dieses Versprechen will ich auch halten. In der Zeit, die ich mit Gott im Gebet und mit Bibellesen verbringe, zeigt er mir aber, dass ich meine Eltern besuchen kann.

Die Mitarbeiter der Fabrik treffen sich mit den übriggebliebenen Dokumenten zu einer Sitzung und beraten, wie sie den Betrieb wieder starten können. Da ich offiziell immer noch bei CIMERWA angestellt bin, bitte ich den Verwaltungsdirektor, mich zu beurlauben, damit ich meine Eltern besuchen kann. Er ist einverstanden.

Ich lege meine Abreise auf den 8. August 1994 fest. Ich weiß nicht, wie ich reisen soll. Das normale Leben funktioniert nicht mehr in Ruanda. Öffentliche Verkehrsmittel verkehren gar nicht oder nur sporadisch. Ich brauche ein Wunder, um reisen zu können.

Das Wunder kommt in der Person eines Geschäftsmannes. Er heißt Abdul. Wir beide kennen uns aus der Zeit vor dem Völkermord. Abdul ist ein Neffe des berüchtigten Milizenführers Y., den er jedoch nie unterstützte. Sein Onkel wollte ihn deswegen töten. Doch Abdul konnte in den Kongo fliehen, wo er bis zum Ende des Völkermords blieb. Abdul hörte von Gerard, dass ich noch am Leben bin und eine Möglichkeit suche, meine Eltern im Kongo zu besuchen.

Abdul kommt, um Zement zu kaufen und um mich zu sehen. Ich treffe ihn vor der Fabrik. Als er mich erkennt, weiten sich seine Augen, und ein glückliches Lächeln macht sich auf seinem Gesicht breit: «Denise! Bist du es wirklich? Du bist noch am Leben? Ich freue mich so, dich zu sehen!»

Ich bin ebenso überrascht und erfreut wie Abdul: «Abdul! Das ist eine Überraschung! Ich freue mich auch, dich wiederzusehen. Was machst du hier?»

«Ich kaufe Zement für meinen Auftraggeber, und ich wollte dich sehen. Gerard hat mir von dir erzählt. Was machst du? Arbeitest du noch hier?»

«Ja, Abdul. Ich bin noch bei CIMERWA beschäftigt. Ab heute habe ich Urlaub. Ich will meine Eltern im Kongo besuchen. Leider habe ich keine Ahnung, wie ich dorthin kommen soll. Meinst du, du kannst mich bis zur Grenze fahren?»

«Na klar mach ich das. Ich fahre dich noch weiter, bis zu deinen Eltern. Ich freue mich so, dass du noch lebst und es dir gut geht!»

Abdul fährt mich, meine drei Buben und meine Cousine Allodie tatsächlich bis nach Bwegera. Unterwegs kommen wir noch in Ruanda an eine Straßensperre der Interahamwe. Zu meinem großen Schreck werden wir angehalten.

«Was wollen die von uns? Warum sind sie noch nicht geflohen? Der Krieg ist vorbei! Abdul, was machen wir jetzt? Ich habe solche Angst!»

Abdul bleibt ganz ruhig, kurbelt das Fenster herunter und schaut dem Anführer fest in die Augen. Der Milizionär erkennt Abdul, den Neffen seines Chefs. Abdul sucht schweigend in seiner Tasche und holt ein Geldbündel heraus. Er streckt es dem Milizionär hin, der es kurz mustert und dann in seiner eigenen Tasche verschwinden lässt. Mit einer kurzen Handbewegung befiehlt er, dass die Absperrung zur Seite geschoben wird und wir weiterfahren können.

Wenig später kommen wir an die Grenze zum Kongo. Auch hier öffnet sich der Schlagbaum für uns, nachdem Abdul dem

Grenzpolizisten ein Geldgeschenk gemacht hat. Ich bin erleichtert und danke Gott für Abdul, der mir vorkommt wie ein von Gott gesandter Engel.

Meine Eltern sind überglücklich, als sie mich und ihre drei Enkel in die Arme schließen.

Nach der ersten Wiedersehensfreude mache ich eine schreckliche Entdeckung. Auf den Straßen treffe ich einige Milizionäre wieder, die ich aus Bugarama kenne. Sie gehören zu den Mördern, die viele meiner Freunde, Verwandten und Bekannten auf dem Gewissen haben. Sie sind vor den Rebellen in den Kongo geflohen. Ich treffe sogar den Präfekten und den Bürgermeister, die mir schon vor dem Völkermord das Leben schwergemacht haben.

Ich berichte meinen Eltern, was diese Männer getan haben und wozu sie fähig sind. Wie können wir uns hier in Bwegera sicher fühlen, wenn die Straßen voll von Interahamwe sind?

Diese Mörder sind sicher nicht dadurch gute Menschen geworden, dass sie die Grenze überquerten. Ihr Hass auf uns Tutsi lebt weiter in ihnen. Ihre Zeit in Ruanda geht bald zu Ende. Das wissen sie. Deshalb sind sie geflohen. Doch hier im äußersten Osten des Kongo, wo die kongolesische Staatsmacht kaum in die Streitigkeiten der hier lebenden Volksgruppen eingreift, haben die Hutu-Milizen viel Handlungsspielraum. Ich fühle mich in Bwegera auch nicht sicherer als in Bugarama.

Ich teile der Familie meine Bedenken mit. Meine Eltern verstehen die Situation und beschließen, dass wir alle zusammen nach Burundi gehen sollen. Vorher möchte ich meinem Vater einige der Männer zeigen, die für die Morde an den Tutsi verantwortlich sind.

Kamanyola, ein Ort nicht weit von Bwegera entfernt, ist zu einem Zentrum der geflohenen Interahamwe geworden. Vater und ich sehen die Mörder dort frei auf der Straße und auf den Märkten herumlaufen, so als hätte der Völkermord nie stattgefunden.

Wir treffen auch einige aus Ruanda geflohene Tutsi, ehemalige Nachbarn von mir, die durch die Anwesenheit der Interahamwe völlig verunsichert sind und nicht wissen, ob sie dem Morden tatsächlich entkommen sind oder ob es nun hier im Kongo weitergeht.

Am Sonntag werde ich in die Kirchengemeinde eingeladen, in die meine Eltern gehen. Die Christen dort sind neugierig, wie es mir gelungen ist, am Leben zu bleiben. Ich berichte, wie Gott mich durch viele Wunder vor dem Tod gerettet hat.

Während ich rede, wird mir bewusst, dass ich noch immer stark traumatisiert bin und nicht wirklich begreife, dass ich noch lebe.

Unsere Abreise nach Burundi steht kurz bevor. Am Sonntag, den 21. August 1994, findet ein Abschiedsgottesdienst in der Gemeinde statt, die zum großen Teil aus Tutsi besteht, die aus Ruanda geflogen sind. Es ist dieselbe Kirche, in der Charles und ich geheiratet haben. Der Prediger Fidele Bipfubusa spricht Worte, die mich sehr berühren.

> «Viele von uns leben schon seit Jahren als Flüchtlinge in diesem Land, im Kongo. Wir haben hier als Menschen, die nicht hier geboren sind, viele Probleme. Viele von uns sind hier bereits gestorben, andere leben noch, so wie wir. Jetzt ist die Zeit gekommen, dass wir zurück in unser Vaterland Ruanda gehen.
>
> Niemand ist gerne Flüchtling. Jeder sollte sich in seinem Heimatland sicher fühlen.
>
> Hier im Kongo sind wir ständig unterwegs. Lasst uns zurückgehen in unser geliebtes Heimatland Ruanda. Dort ließen wir unsere Verwandten, unsere Mütter und Väter und unsere Brüder und Schwestern zurück.
>
> In dieser Welt, in der wir leben, werden wir niemals vollkommene Freude empfinden. Erst wenn wir im Himmel bei unserem König Jesus Christus sind, wird unsere Freude vollkommen sein.

Wir werden nach Ruanda zurückkehren und dort auf unseren Herrn Jesus warten, so wie Menschen auf dem Zentralbahnhof auf den Bus oder den Zug warten, der sie nach Hause bringt. Wenn sie den Bahnhof auch nur für kurze Zeit verlassen, wird der Bus oder der Zug, den sie erwarten, kommen – und sie werden ihn verpassen.

Lasst uns nach Ruanda, zu unserem Zentralbahnhof, zurückkehren und dort auf die Wiederkunft unseres Herrn und Königs, Jesus Christus warten!»

Die Predigt erinnert mich an Bazatoha, den Christen aus meiner Gemeinde, der mir in Bugarama seinen Traum mitgeteilt und auf das Buch Jeremia, Kapitel 42, die Verse 10 bis 13 hingewiesen hat.

Nach dem Gottesdienst gibt mir mein Vater seine Bibel in Kinyarwanda als Geschenk. Ich freue mich sehr darüber, weil meine eigene Bibel, die ich als Belohnung für den erfolgreichen Abschluss eines Bibelstudiums an der Schule in Bideka erhalten hatte, während des Völkermords verloren gegangen ist.

Am 23. August 1994 bereiten meine Eltern die Abreise nach Burundi vor. Täglich kommen neue Gruppen von geflohenen Interahamwe durch die Stadt. Je mehr von ihnen über die Grenze kommen, desto unsicherer fühlen wir uns hier in Bwegera. Ein kongolesischer Christ besucht uns an diesem Tag. Er hat von meinem Schicksal gehört und will mich kennenlernen. Während wir miteinander reden, weist er mich auf zwei Bibelstellen hin, mit denen er mich ermutigen will.

Er liest mir zuerst aus dem Buch Josua, Kapitel 1, die Verse 1 bis 9 vor. Danach ermutigt er mich mit dem 5. Buch Mose, Kapitel 33, Vers 25: «Deine Riegel seien aus Eisen und Erz, und deine Kraft möge dir lebenslang bleiben.»

Ich weiß, dass Gott mir neue Kraft geben wird, die ich dringend brauche, nicht nur wegen meiner Leiden während des Völkermords, sondern auch wegen einer chronischen Entzündung der Mandeln, die ich seit meiner Kindheit habe und nicht losgeworden bin. Bisher bekam ich nicht die richtige Behandlung dafür. 1990 hatte ich versucht, nach Bujumbura zu reisen und mich dort operieren zu lassen. Doch dann begann der Bürgerkrieg mit dem Einmarsch der RPF-Rebellen. Die Polizei nahm mir meine Reisedokumente ab, und ich konnte Ruanda nicht verlassen. Seit der Zeit, als Charles, mein Mann, ins Gefängnis kam, leide ich zusätzlich unter Magenbeschwerden.

Die biblische Botschaft des kongolesischen Christen ermutigt mich in der Hoffnung, dass Gott mich in Burundi heilen wird.

Mein Vater bekommt die notwendigen Reisedokumente, und wir können uns am 27. August auf den Weg nach Burundi machen. Zu Fuß gehen wir von Bwegera nach Osten, überqueren den Rusizi-Fluss und kommen nach Cibitoke in Burundi. Innerhalb des Kongo werden wir von Regierungssoldaten begleitet, die uns vor Übergriffen der Interahamwe schützen. Von Cibitoke aus fahren wir mit dem Auto nach Bujumbura, wo wir von meinem Bruder Phocas, der hier lebt, herzlich begrüßt werden.

Unsere Verwandten in Burundi freuen sich riesig über unseren Besuch. Als sie mich sehen, erschrecken sie. Zwar haben sie einiges über die schrecklichen Vorgänge in Ruanda gehört, aber das wahre Ausmaß des Leidens der Tutsi ist ihnen noch nicht bewusst. Mein Aussehen gibt ihnen eine kleine Vorstellung davon, welchen Qualen wir in Ruanda ausgesetzt waren. Ich bin ausgezehrt, schwach und unterernährt, und ich sehe krank aus. Meine Haut ist ungewöhnlich weiß, schält sich, und ich habe Läuse. Während des Völkermords konnte ich oft viele Tage lang keine richtige Körperpflege machen.

Viele Freunde meines Bruders kommen zu Besuch. Sie betrachten mich voller Mitleid und fragen mich, wie ich es geschafft habe, am Leben zu bleiben. Ich erzähle ihnen ein wenig von meinem Ergehen und mache immer wieder deutlich, dass es ein großes Wunder Gottes ist, dass ich noch lebe. Unter den Besuchern ist auch meine Freundin Bernadette, deren Mann leider schon verstorben ist. Die Besucher bringen mir Kleider und Geld, weil sie wissen, dass mir alles gestohlen wurde, was ich besessen habe.

Mein Bruder Phocas bittet mich, ihn zu einer seiner Patientinnen zu begleiten. Sie heißt Rose, ist Burundierin, und jeder nennt sie nur «Tante Rose». Sie ist Christin und hat nie geheiratet. Als junges Mädchen hatte sie einen Unfall und ist seitdem behindert. Sie ist eine liebenswerte Dame, die leider die meiste Zeit des Tages im Bett verbringen muss. Als sie mich sieht, leuchten ihre Augen vor Freude.

Sie erzählt mir, dass sie für mich betet, seit sie von meiner verzweifelten Lage in Ruanda erfahren hat. Sie dankt Gott, dass ich hier und am Leben bin. Dann fragt sie mich, auf welche Art Gott mich bewahrt habe. Ich erzähle ihr einiges aus meinem Leben während des Völkermords. Sie dankt Gott und gibt mir Kleidungsstücke und Geld.

Diese warmherzige Frau beeindruckt mich sehr. Ich bin es eher gewohnt, anderen Menschen zu helfen, auch behinderten, als mir selbst helfen zu lassen. Wobei ich noch nie zuvor eine Frau getroffen habe, die so schwer behindert war wie Tante Rose, die es kaum schafft, aufrecht in einem Rollstuhl zu sitzen. Es ist unglaublich, aber diese schwer behinderte Frau hilft jetzt mir.

Ich frage sie: «Woher hast du das Geld? Du kannst doch nicht arbeiten?»

«Gott gibt mir nicht nur alles, was ich brauche, sondern noch viel mehr. Deshalb kann ich anderen Menschen helfen.»

Tante Rose erzählt mir, wie Gott sie während der Unruhen in Burundi bewahrte. Sie betet für den Frieden in ihrem Land und in Ruanda. Tante Rose wird mir eine gute Freundin. Sie schreibt mir später oft Briefe mit Bibelversen, um mich zu ermutigen und mir zu versichern, dass sie täglich für mich betet.

Gott zeigt mir durch das Beispiel von Rose, dass ich mich um Menschen kümmern soll, die an Leib und Seele verwundet sind. Ich soll immer dann helfen, wenn meine Hilfe gebraucht wird, ohne zu überlegen, ob es passt oder nicht, so wie es auch Rose tut.

Ich hatte später noch ein paar Mal die Möglichkeit, Tante Rose in Bujumbura zu besuchen. Inzwischen hat Rose ihre irdische

Reise beendet und ist bei ihrem Herrn und König Jesus Christus in der Ewigkeit.

Einmal fragt mich mein Bruder: «Denise, wie heißt dein Baby?»

«Wir werden es Niyonkuru, Gott ist groß, nennen.»

Phocas ist nicht zufrieden: «Das ist ein schöner Name, aber es fehlt noch etwas. Ich werde ihn mit dem zweiten Namen Grace, Gnade, nennen.»

«Und warum willst du ihn Grace nennen?», frage ich meinen Bruder.

«Es ist Gottes Gnade, dass er dir dieses Kind mitten im Völkermord geschenkt hat.»

Ich bin nicht ganz glücklich mit dem Namen: «Phocas, Grace ist ein Mädchenname. Mein Petit ist ein Junge. Wenn schon Grace, dann Grâce de Dieu, Gottesgnade.»

Phocas ist sehr traurig über das, was in Ruanda geschah. Er kann nicht begreifen, dass so viele Menschen gedemütigt und ermordet wurden.

«Sie haben wirklich alles aus deinem Haus mitgenommen?», fragt er mich immer wieder, weil er es nicht glauben kann. Ich nicke.

«Auch dein Bett und die Matratzen?» Wieder nicke ich.

Phocas gibt mir ein schönes Radiogerät, das er selbst geschenkt bekommen hat.

«Du musst doch wissen, was in Ruanda geschieht! Es gibt hier auch christliche Radiosender, die christliche Lieder und Musik spielen. Das ist ein guter Trost für dich, nach allem, was du durchlitten hast.»

Meine Kinder bekommen Kleidung und Schuhe geschenkt. Ich bin glücklich, dass wir wieder wie zivilisierte Menschen herumlaufen, und danke Phocas und den anderen für ihre Großzügigkeit.

Mein Sohn Christian wird heute zwei Jahre alt. Zum ersten Mal stellt er mir die Frage: «Mama, ist mein Vater gestorben?»

Diese Frage schockiert mich. Was soll ich Christian antworten? Er spürt, dass sein Vater tot ist. Christians Frage macht mich so traurig, dass ich seinen Geburtstag nicht richtig feiern kann.

Wir machen uns Gedanken, wohin wir als Familie gehen sollen. Meine Eltern können nicht nach Bwegera zurück. Dort ist der Aufenthalt für Tutsi inzwischen lebensgefährlich geworden. Aber wohin sollen wir gehen? Über das Radio erfahren wir, dass Kigali in der Hand der Rebellen ist. Dort sind wir sicher.

Mein Vater mietet, zusammen mit einigen Nachbarn vom Volk der Banyamulenge, einen Bus, mit dem wir von Bujumbura nach Ruanda fahren. Unterwegs treffen wir andere Ruander, die auch in ihr Heimatland zurückkehren.

Wir Heimkehrer empfinden keine wirkliche Freude auf dem Weg in die Heimat, weil wir wissen, dass niemand uns in Ruanda willkommen heißen wird. Unsere Verwandten und Freunde sind tot, und unsere alten Hutu-Nachbarn wollen uns nicht sehen.

In Kanyaru überqueren wir die Grenze. Auf dem Weg nach Butare treffen wir keinen einzigen Menschen, aber ringsum auf den Hügeln sehen wir viele zerstörte Häuser der Tutsi.

Als wir in Butare eintreffen, presse ich mein Gesicht an die Scheibe in der Hoffnung, meinen Onkel Elie Ndaruhutse zu sehen, der hier lebt. Tatsächlich sehe ich ihn auf der Straße und sage es Vater, der ihn allerdings nicht erkennt, da er ihn schon sehr lange nicht mehr gesehen hat.

Ich packe meinen Vater am Arm und rufe: «Bitte lass den Bus anhalten!»

Der Busfahrer hält an, und wir stürzen auf die Straße. Jetzt erkennt auch mein Vater seinen Bruder. Er rennt auf ihn zu und nimmt ihn in seine Arme; dabei laufen ihm die Tränen über sein Gesicht. Vater weiß, dass mindestens eines seiner Geschwister den Völkermord überlebt hat.

Elie erzählt uns, dass seine beiden Söhne ermordet wurden, als sie sich bei einem Methodistenpastor verstecken wollten. Jemand musste sie auf der Straße gesehen und an die Interahamwe verraten haben. Wir müssen uns wieder von Onkel Elie trennen und unsere Reise nach Kigali fortsetzen, wo wir am 30. August 1994 ankommen, ohne zu wissen, wo wir wohnen können.

Mein Bruder Phocas hat einige Freunde in Kinshasa, der Hauptstadt des Kongo.

Eine von ihnen, Consolate, lebt seit kurzer Zeit in Kigali, im Kabuga-Haus im Stadtteil Muhima. Sie heißt uns in ihrem Haus, in dem genug Platz für uns alle ist, herzlich willkommen.

Wir sind froh, dass wir bei der Kongolesin unterkommen, wollen aber so bald wie möglich eine eigene Wohnung für uns finden.

Am nächsten Tag machen wir uns auf den Weg und gehen durch die Stadt. Ein junger uniformierter Mann, der meine Familie aus Bwegera kennt, hat von unserer Ankunft erfahren. Er kennt sich hier gut aus und weiß, wo es unbewohnte Häuser gibt. Während des Völkermords sind viele Bewohner der Stadt geflohen und haben eine große Zahl leerer Häuser zurückgelassen.

Zusammen mit dem jungen Mann gehen wir durch die Straßen. Die Spuren des Völkermords sind überall zu sehen: Tote liegen am Straßenrand und im angrenzenden Gebüsch. Wir betreten ein leerstehendes Haus und werden von einer Wolke von Fliegen empfangen. Auf dem Boden liegt ein halbverwester Mann.

Moise, mein jüngerer Bruder, bemerkt traurig: «Diese Menschen wurden vor über vier Monaten umgebracht. Ihre Leichen liegen immer noch überall herum. Niemand begräbt sie.»

Trauer und Verzweiflung kommen wieder wie eine Welle über mich. Ich ertrage den Anblick der Toten nicht mehr, weil ich dabei an meinen Mann denken muss, der vielleicht ebenfalls irgendwo tot am Straßenrand liegt. Wenn ich doch nur wüsste, was aus ihm geworden ist! In meinem Herzen rufe ich zu Gott: *Kannst du nicht dafür sorgen, dass diese armen Menschen endlich begraben werden?*

Schließlich komme ich mit unserem Führer in den Stadtteil Karuruma-Gasyata, wo wir ein leerstehendes gelbes Haus ohne Eingangstür betreten. Um das Haus herum gibt es Grünflächen mit Buschland. Hinter dem Haus zieht sich ein kleiner Eukalyptuswald den Berg hinauf.

Der junge Uniformierte empfiehlt mir, dieses Haus zu nehmen, weil es kaum zerstört worden ist. In einem der Räume liegt ein blutdurchtränkter Teppich. Ich erkläre, dass ich in einem Haus, in dem Menschen ermordet worden sind, nicht wohnen kann, und wir gehen zu meinen Eltern zurück.

Meine Eltern haben während meiner Abwesenheit erfahren, dass Innocent, ein Freund meines Bruder Phocas, ganz in der Nähe unseres Quartiers wohnt. Innocent schlägt vor, dass wir in ein verlassenes Nachbarhaus ziehen, in dem niemand ermordet wurde, weil es einem Hutu gehört, der vor den Rebellen in den Kongo geflohen ist. Wir nehmen das Angebot als Übergangslösung an.

Überall fehlen Ärzte und medizinische Assistenten. So bekommt mein Vater sofort eine Stelle im CHK, dem Zentralhospital von Kigali. Dort trifft er eine ehemalige Kollegin aus Burundi aus der Zeit in Kibuye, wo ich geboren wurde. Sie gibt ihm ein Foto, auf dem ich zu sehen bin, wie ich, zusammen mit anderen Kindern, die Sonntagsschule in Kibuye besuche. Ich bin sehr gerührt, als ich das Foto sehe, weil ich im Völkermord alles verloren habe, auch all meine Erinnerungsfotos.

Viele Tutsi sind nach Kigali gezogen, weil die Sicherheitslage auf dem Land noch immer katastrophal ist. Das macht uns Hoffnung, dass wir hier einzelne Verwandte finden, die den Völkermord überlebt haben. Tatsächlich sehen wir unseren Bruder Fidele wieder, der in der Rebellenarmee ist. Meine Mutter trifft ihre Neffen, die ebenfalls Soldaten in der Rebellenarmee sind und sich in Kigali aufhalten. Sie besuchen uns und versorgen uns mit Lebensmitteln.

Ich weiß immer noch nicht, was aus Charles, meinem Mann, geworden ist. Eines Morgens beschließe ich, ins Stadtzentrum zu gehen. Von unserer Wohnung in Muhima bis zum Einkaufszentrum sind es nur ein paar Minuten Fußweg. Ich hoffe, dort

Menschen zu treffen, die etwas über meinen Mann wissen. Bis zu diesem Zeitpunkt habe ich noch Hoffnung, ihn wiederzusehen, weil ich denke, dass es ihm geglückt sein könnte, sich schwimmend in den Kongo zu retten. Während des Völkermords sagte mir ein Arbeiter des Zementwerkes, dass mein Mann hatte fliehen können und meine Schwiegermutter ebenfalls am Leben wäre. Damals lebte Charles' Mutter tatsächlich noch.

Ich vermisse Charles unendlich. Wenn ich meine Kinder betrachte, kommen mir die Tränen, weil sie ihren geliebten Vater vielleicht nie wiedersehen werden. Oft gehe ich in der Hoffnung aus dem Haus, dass Charles uns hier in Kigali sucht und ich ihn auf der Straße treffe. Doch ich finde ihn nirgends.

Durch die traumatischen Erlebnisse kann ich oft nicht mehr klar denken. Einmal treffe ich ein Tutsi-Mädchen auf der Straße, das ich aus Bugarama kenne, wo sie zur Schule ging. Ich schaue sie an, aber ich begrüße sie nicht, weil ich denke, dass sie es vielleicht doch nicht ist und ihr nur ähnlich sieht. Sie schaut mich ebenfalls an, ohne mich zu grüßen. Wir sind beide nicht nur traumatisiert, sondern wir haben uns auch äußerlich durch das Leiden verändert. Wir können uns beide nicht vorstellen, dass die andere überlebt hat. Später erfahre ich, dass sie wirklich das Mädchen ist, das ich aus Bugarama kenne.

Charles kann ich nicht finden, aber ich finde seine Mutter, die nur einen Kilometer von uns entfernt wohnt. Sie ist sehr krank und hochgradig traumatisiert. Sie war auf den Kopf und auf den ganzen Körper geschlagen worden und hat immer noch überall Schmerzen. Am Ende des Völkermords lebte sie im Nyarushishi-Camp. Von dort aus wurde sie wegen ihren schweren Verletzungen nach Kigali gebracht. Sie spricht nicht über Charles, weil sie davon überzeugt ist, dass er dem Morden nicht entkommen konnte. Tatsächlich sind, wie sich später herausstellt, alle ihre sechs Söhne, einschließlich Charles, beim Völkermord umgekommen. Doch sie freut sich sehr darüber, dass sie mich und ihre Enkel wiederhat.

Vater trifft viele Menschen in der Klinik, darunter viele Bekannte aus Burundi und dem Kongo. Oft bringt er Menschen mit nach Hause, darunter viele Waisen, die für eine gewisse Zeit bei uns wohnen. Wir nehmen diese armen Menschen gerne bei uns auf und teilen alles mit ihnen.

In Kigali treffe ich auch meine ehemalige Nachbarin und Freundin Goretti mit ihren beiden Kindern wieder. Sie erzählt mir, was sie erlebt hat, seit wir uns im April in der Krankenstation der Zementfabrik trennen mussten. Wenig später war ihr Kind tot zur Welt gekommen. Es war durch den Schlag, den Goretti durch die Interahamwe auf den Kopf bekommen hatte, in ihrem Leib gestorben. Für Goretti und mich ist es ein großes Wunder, dass wir beide am Leben sind.

Ich treffe auch Lydia wieder, die mir während des Völkermords geholfen hat. Divine, eine ihrer beiden Töchter, ist bei ihr; die andere starb im Nyarushishi-Camp. Sie macht mich mit ihrem Bruder Mushimira und ihrer Großmutter bekannt. Sie erzählt, dass ihre beiden Schwestern Clementine und Uwera noch am Leben sind, aber alle anderen Verwandten den Mörderbanden zum Opfer gefallen sind. Lydia lebt im Stadtteil Kimironko. Sie und ihr Bruder bieten mir ein Grundstück an, auf dem ich für mich und meine Familie ein Haus bauen kann, wenn wir in Kigali bleiben wollen. Leider stirbt Lydia nicht viel später an einer Krankheit.

Später treffe ich auch Felix und Laurence, die mir zur Flucht in den Kongo verhelfen wollten, was ich damals ablehnte. Ihnen war die Flucht mit ihren Kindern durch ein Wunder gelungen. Zusammen dankten wir Gott für seine Bewahrung.

Felix macht sich Sorgen darüber, wie ich als Witwe zurechtkomme, und gibt mir gute Ratschläge. Später treffe ich noch weitere Freunde, die den Völkermord überlebt haben.

Als ich meine Cousine Christine und ihren Mann Bosco im Stadtteil Gikondo besuche – sie sind gerade aus Burundi gekommen –, treffe ich dort weitere Besucher an. Christine stellt mich den anderen vor und sagt, dass ich den Völkermord überlebt habe, obwohl ich in Ruanda geblieben bin.

Ein junger Mann aus dem Kongo schüttelt den Kopf und sagt: «Das ist unmöglich! Sie muss sich mit den Interahamwe eingelassen haben, sonst hätte sie nicht überlebt.»

Ich wehre mich und antworte: «Ich war nie die Frau eines Interahamwe! Es ist ein Wunder Gottes, dass ich überlebt habe.»

Ein anderer junger Mann unterstützt mich: «Ich glaube dir. Auch ich habe durch ein Wunder Gottes überlebt. Als die Milizen Jagd auf uns machten, floh ich mit anderen Tutsi in die katholische Kirche unserer Stadt. Die Interahamwe drangen in die Kirche ein, um uns zu töten. Ich sprang über eine Mauer und landete auf dem Nachbargelände, auf dem die katholischen Nonnen lebten. Ich versteckte mich im Hundestall. Der Hund, ein Wachhund, bellte nicht und ließ mich in Ruhe. Ich verkroch mich ganz nach hinten. Die Nonnen brachten dem Hund Futter, ohne mich zu entdecken. Der Hund erlaubte mir, dass ich einen Teil seines Futters aß. So habe ich überlebt.»

Die Menschen im Raum schweigen berührt von dem Gehörten.

Obwohl mich viele Christen während des Völkermords zum Teil schwer enttäuscht haben, halte ich an meinem Glauben an Jesus Christus fest. Gott hat mir klargemacht, dass ich niemals auf Menschen vertrauen soll, sondern nur auf ihn. Dennoch bin ich immer noch aufgewühlt und verwirrt von dem, was ich an Schrecklichem erlebt habe. Jeden Abend treffen wir uns als Familie mit meinen Eltern zum Gebet. Doch selbst während ich bete, spüre ich die tiefen Verletzungen in meinem Herzen.

Auch wenn ich alleine bin, suche ich die Nähe zu Gott im Gebet und beim Lesen der Bibel. Dabei denke ich viel über meine Zukunft nach, die völlig dunkel vor mir (und schwer auf mir) liegt. Mein Herz ist leer und ohne Freude, kein Lachen kommt über meine Lippen.

Dann kommt Innocent, ein junger Mann, der als Evangelist für unsere Gemeinde tätig ist. Er wohnt auf demselben Grundstück wie wir, nur in einem anderen Gebäude. Frühmorgens, bevor er zur Andacht in die Kirche geht, betet er und singt bei offenem Fenster Psalm 103: «Lobe den Herrn, meine Seele, und was in mir ist, seinen heiligen Namen! Lobe den Herrn, meine Seele, und vergiss nicht, was er dir Gutes getan hat!»

Es ist ein wunderschönes Lied, das mich morgens aufweckt. Weil ich noch immer nicht verstehe, wie ich den Völkermord überleben konnte, hilft mir das Lied, Gottes wunderbares Handeln an mir etwas besser zu begreifen.

Als ich erfahre, dass das Büro von CIMERWA in Kigali die Arbeit wieder aufgenommen hat, beschließe ich, dort einen Besuch zu machen. Ich treffe den Verwaltungsdirektor von CIMERWA, der mir in Bugarama geholfen hat. Er ist inzwischen zum Generaldirektor von beiden Werken ernannt worden. Ich frage ihn: «Gibt es für mich eine Arbeitsstelle in Kigali?»

Er antwortet: «Hier in Kigali brauchen wir im Augenblick niemanden, im Gegensatz zu Bugarama. Dort sind viele Angestellte und Arbeiter in den Kongo geflohen. In Bugarama kannst du sofort wieder arbeiten. Ich gebe dir Bescheid, wenn in Kigali etwas frei wird.»

«Vielen Dank! Ich werde es mir überlegen. Wenn ich nach Bugarama zurückgehen würde, könnte ich allerdings nicht mehr in demselben Haus wohnen wie bisher, weil es zu viele bittere Erinnerungen in mir weckt.»

«Das ist kein Problem. Dort stehen jede Menge Häuser leer. Wir finden schon etwas Passendes für dich.»

Ich vertraue diesem Mann, weil er bisher alle seine Versprechen gehalten hat. Im Grunde genommen bin ich noch immer bei CIMERWA angestellt, weil ich einen zeitlich unbegrenzten Arbeitsvertrag habe und mir nicht gekündigt worden ist.

So wage ich es, ihn zu fragen: «Kann die Firma mir etwas Geld leihen? Ich kann es mit meinem zukünftigen Lohn zurückzahlen.»

Er schaut mich überrascht an und antwortet: «Wieso sollte ich dir Geld leihen, wo ich weiß, dass du ohne eigene Schuld alles verloren hast? Ich gebe dir 40.000 Ruanda-Francs, die du behalten kannst.»

Ich nehme das Geld in Empfang, bedanke mich und kaufe davon eine Matratze und Milch für die Kinder.

Ich bespreche die Situation mit meinen Eltern und meinen Freunden. Sie sind dagegen, dass ich nach Bugarama zurückkehre nach all den schrecklichen Erfahrungen, die ich dort gemacht habe. Sie wollen mir helfen, eine andere Arbeit in Kigali zu finden. Seit dem Ende des Völkermords gibt es hier viele Hilfsorganisationen. Das Land muss neu aufgebaut werden, da werden viele qualifizierte Menschen gesucht.

Was soll ich tun? Ich erinnere mich an Gottes Versprechen, das er mir gegeben hat, als ich in ständiger Lebensgefahr war. Er hat mir gezeigt, dass er mich bewahren und mir meinen Arbeitsplatz in Bugarama zurückgeben wird. Gott hat sein Versprechen gehalten. *Er* hat mich bewahrt, nicht meine Eltern. Ich muss Gott mehr vertrauen als meinen Eltern. Im Grunde meines Herzens will ich nicht zurück an den Ort meiner Leiden. Aber ich weiß, dass Gott will, dass ich nach Bugarama zurückgehe.

23. Ein Leben unter null Grad

Ich treffe die Entscheidung, Anfang November nach Bugarama zurückzukehren.

Am Abend vor meiner Abreise aus Kigali beten meine Eltern für meine Reise und den Neuanfang. Der Firmendirektor schickt mir einen Omnibus aus Bugarama. Meine jüngere Schwester Rose begleitet mich. Fiston, meinen ältesten Sohn, lasse ich bei meinen Eltern. Da er schulpflichtig ist, muss ich in Bugarama erst nach einer Schule suchen, in die er aufgenommen werden kann. So lange bleibt er in Kigali.

Nachdem der Bus mit meinen Sachen beladen ist, machen wir uns auf die lange Reise. In Kitabi, in der Provinz Gikongoro, machen wir eine kurze Pause. Als ich aussteige, wird mir schwindelig, und ich falle neben dem Fahrzeug zu Boden. Meine Schwester Rose hilft mir wieder auf die Beine und bringt mich zum Restaurant. Ich bin körperlich noch sehr schwach, nicht zuletzt wegen meiner starken Magenbeschwerden.

Als ich in Bugarama ankomme, bewegen mich viele Fragen: Wie wird mein Zusammenleben mit den Menschen hier? Vor kurzem haben sie sich noch wie wilde, grausame Tier benommen, an denen nichts Menschliches mehr zu finden ist. Sie nannten uns Tutsi Schlangen und Kakerlaken. Einige meiner ehemaligen Hutu-Nachbarn haben sich freiwillig den Interahamwe-Mörderbanden angeschlossen. Andere haben den Völkermord mit geplant und die Befehle gegeben, alle Tutsi zu töten. Andere haben zwar nicht selbst getötet, doch sie haben geschrien: «Alle Tutsi müssen sterben!»

Wieder andere verrieten Tutsi, die sich versteckt hatten, an die Milizen. Andere vergewaltigten und folterten Tutsi-Frauen zu Tode. Andere plünderten unsere Häuser und zerstörten sie danach. Das Leiden, das mir die Hutu zugefügt haben, geht weit über mein Verstehen. Wie soll ich damit umgehen? Ich bitte Gott um Weisheit, damit ich es schaffe, mich wieder in diese Gesellschaft zu integrieren.

Doch es muss auch gesagt werden, dass nicht alle Hutu am Morden beteiligt waren. Einige waren nicht nur dagegen, sondern unterstützten uns Tutsi, soweit es ihnen möglich war, obwohl sie dabei ihr Leben riskierten.

Ich habe hier in Bugarama oft Besuch von den unterschiedlichsten Menschen. Alle wollen hören, wie ich es geschafft habe, mit meinen Kindern zu überleben. Einige kommen, weil sie mir helfen wollen; andere kommen nur aus Neugierde.

Meine besten Freunde warnen mich. Sie sagen, dass ich vorsichtig sein soll, weil einige der Besucher böse Absichten gegen mich haben. Bugarama ist dafür bekannt, dass hier Getränke mit Fetischen vergiftet werden. Das Gift nennen sie «Igituntu». Wird jemand durch Igituntu krank, kann kein Arzt feststellen, was der Patient wirklich hat. Die Symptome bestehen aus hohem Fieber und Gewichtsverlust, wie bei Malaria. So wird oft Malaria diagnostiziert, obwohl es keine Malaria ist.

Ich werde ermahnt, beim Tischgebet mit meinen Besuchern niemals die Augen zu schließen. Dasselbe gilt auch, wenn ich bei anderen einen Besuch mache. Bei der kleinsten Unaufmerksamkeit kann es passieren, dass der Fetisch in das Getränk gegeben wird. Das Gift ist so stark, dass ein Kind davon sterben kann.

Am besten sollte ich gar keine Besuche mehr machen.

Ich sage meinen besorgten Freunden, dass ich mich nicht vor den Fetischen fürchte, weil Gott mich beschützt. Da ich viele Besuche bei Armen und Kranken mache, erkenne ich in der Warnung die teuflische Absicht, meine Besuche und damit meine Hilfe für andere einzustellen.

Wenn es nach mir gehen würde, wäre ich nicht nach Bugarama zurückgekommen. Aber ich weiß, dass es Gottes Wille ist. Jesus Christus versteht meine Gefühle, weil er selbst auf dieser Welt lebte und sehr viel leiden musste.

Celestin und seine Familie heißen mich in ihrem Haus willkommen. Sie freuen sich, mich wiederzusehen. Niemand versteht, warum ich mir das antue und an den Ort meines Leidens zurückkehre. Meine Freundin Lydia meint, dass ich so bald wie möglich nach Kigali zurückkehren sollte. Sie selbst bekommt Arbeit im Büro von CIMERWA in Kigali.

Wenige Tage später bietet mir CIMERWA ein Haus in einer anderen Umgebung an, wo ich sofort einziehen kann. Ich möchte mein altes Haus mit den blutverschmierten Wänden nie mehr sehen. Wenn ich unterwegs bin, meide ich diesen Teil der Wohnsiedlung.

Wenig später kommt Matata mich besuchen. Er bringt mir meinen Metallkoffer, den er während des Völkermords für mich aufbewahrt hat, ohne dass ich ihn darum gebeten hatte. Ich bin sehr bewegt von seiner Treue und Zuverlässigkeit.

Ich arbeite wieder in meinem alten Büro bei CIMERWA. In der Zementfabrik hat sich viel geändert. Vor dem Völkermord bewachten Soldaten der alten Hutu-Regierung und firmeneigene Wächter das Areal vor den Soldaten der RPF, der Befreiungsarmee. Jetzt wird die Fabrik durch die Wachleute der Fabrik und durch Soldaten der RPF und der UNO vor den Hutu-Milizen beschützt, die immer noch mordend und plündernd durch das Grenzland ziehen.

Immer wenn ich die Soldaten der RPF sehe, weine ich in meinem Herzen, weil mir diese Männer leidtun. Einmal bekomme ich Besuch von Bernard und seinen Kameraden – alle Soldaten der RPF, der Rebellenarmee. Bernard stammt aus Kibuye. Er fragt mich nach Augustin, seinem Cousin, der im Zementwerk arbeitete. Augustin war der Mann meiner Freundin Lydia und wurde von den Interahamwe umgebracht.

Bestürzt hören Bernard und seine Kameraden mir zu. Dann sagen sie mir, dass sie sich den Rebellen angeschlossen haben, um dem Morden ein Ende zu machen und um ihre Freunde und Verwandten zu retten. Als sie die Interahamwe vertrieben hatten, mussten sie feststellen, dass ihre Brüder und Schwestern und ihre Eltern alle tot waren. Darüber sind sie sehr traurig.

Ich verstehe ihre Trauer, weil es mir genauso geht, und bewundere gleichzeitig ihre Anstrengungen für unser Land Ruanda, das sie unter Einsatz ihres Lebens befreit haben. Sie teilen ihr Schicksal mit mir. Dadurch sind sie für mich wie Brüder, die ich liebe, und sie lieben mich wie ihre Schwester.

Einmal fragen sie mich: «Wie hast du es geschafft, mit deinen Kindern an dem Ort zu überleben, der von Y. kontrolliert wurde, einem der grausamsten Milizenführer der Interahamwe?»

Ich versuche eine Erklärung dafür zu finden: «Es war ein Wunder, das ich der Gnade Gottes verdanke. Ich habe überlebt, weil Gott mir verheißen hat, dass ich überleben werde.»

Auf ihre Nachfrage erzähle ich ihnen, was ich in den Jahren 1990 bis 1994 erlitten und durch Gottes Hilfe überlebt habe.

Sie wundern sich über meinen Bericht und sagen: «Dein Gott ist sehr stark! Diene ihm auch weiterhin. Unser Ziel im

Kampf war es, die Tutsi vor dem Tod zu bewahren. Es tut uns unendlich leid, dass so viele schon tot waren, als wir hier ankamen.»

Ich habe noch andere Nachbarn, die Blauhelmsoldaten der UNO. Einige von ihnen halten sich in dem kleinen Fußballstadion der Fabrik ganz in der Nähe auf. Was wollen sie hier? Ich will sie nicht sehen, weil sie mich wütend machen. Als wir sie in der höchsten Not brauchten, kamen sie nicht. Sie hörten nicht auf unsere Hilferufe und rührten keine Hand, um die Interahamwe daran zu hindern, uns Tutsi zu ermorden.

Weihnachten 1994. Am 26. Dezember bin ich sieben Jahre verheiratet. Davon lebte ich zwei Jahre und zehn Monate mit meinem Mann Charles zusammen. Von dem Tag an, als Charles ins Gefängnis kam, veränderte sich mein Leben und das meiner Kinder vollständig. Am 6. Oktober 1990, dem Tag seiner Verhaftung, betete ich zu Jesus: «Du wirst mir jetzt meinen Mann ersetzen müssen, mein Leben führen und Entscheidungen für mich treffen! Du wirst auf meine Kinder aufpassen müssen und in allem für mich einstehen! Du wirst uns Nahrung und Kleider geben müssen und mich ernst nehmen. Mein Gott, ich gebe dir mein Herz! Mache mit meinem Leben, was du willst! Es ist mein größter Wunsch, dass ich mich so verhalte, dass du dadurch geehrt wirst!»

Am 26. Januar 1995 spricht Gott zu mir durch das Buch Jesaja, Kapitel 54, die Verse 4 bis 17. Durch diese Worte zeigt mir Gott seine Liebe und verspricht mir seinen Schutz für mich und meine Kinder. Jedes Mal, wenn ich diesen Abschnitt lese, werde ich daran erinnert, dass Gott bei mir ist und mich beschützt.

Jeden Abend setze ich mich mit meinen Kindern und meinen Gästen, wenn welche da sind, zusammen, um den Tag zu besprechen und zu beten. Wenn wir erkennen, dass wir etwas Unrechtes getan haben, bitten wir Gott um Verzeihung.

Christian, mein zweiter Sohn, liebt die Soldaten der RPF. Wegen ihnen nennt er sich selbst «Comando». Bald sagen alle zu ihm nur noch Comando. Einer der Soldaten gibt ihm eine Uniform, die Christian voller Stolz trägt, auch wenn sie ihm viel zu groß ist.

Einmal kommt mein Bruder zu Besuch nach Bugarama und nimmt Christian mit nach Kigali. Christian, alias Comando, zieht vor der Reise stolz seine Uniform an. In Kigali nimmt ihm ein Soldat die Uniform ab, worüber Christian sehr traurig ist.

Esther, ein junges Mädchen, ist weitläufig mit mir verwandt. Sie überlebte den Völkermord und wohnt jetzt bei mir. Ihre Eltern und die meisten ihrer Geschwister wurden ermordet. Ihr Bruder Esron konnte in den Kongo fliehen. Esther ist extrem traumatisiert. Oft kann sie nachts nicht schlafen. Dann höre ich, wie sie weint und schreit und nach ihren Eltern und Geschwistern ruft. Wenn ich sie frage, warum sie weint, sagt sie mir, dass sie ihre Eltern und Verwandten in der Nacht gesehen habe.

Ich kann sie sehr gut verstehen, weil es mir ähnlich geht wie ihr. Aber ich kann ihr nicht helfen. Ich weiß überhaupt nicht, wie man einer traumatisierten Person hilft. Auch gibt es in Bugarama niemanden, der sich damit auskennt. Niemand kann Esther helfen. Meine Freundin Consolée kommt zu mir. Zusammen beten wir dafür, dass Esther eine ruhige Nacht erlebt.

Im Nachbarhaus leben RPF-Soldaten. Tinka, der Kommandant, ist ein freundlicher Mann. Eines Nachts, als Esther wieder schreit, sehe ich ihn und weitere RPF-Soldaten vor unserem Haus stehen, um zu sehen, was bei uns los ist. Sie klopfen nicht an die Tür, sondern beobachten nur das Haus, weil der Lärm ein Sicherheitsrisiko darstellt. Consolée und ich beten weiter für Esther, bis sie schließlich einschläft. Am nächsten Tag fragt mich Tinka, was bei uns los gewesen ist. Ich sage ihm, dass Esther krank ist, weil ich nicht weiß, wie ich ihm die seelische Not Esthers verständlich machen kann.

Wieder einmal habe ich eine schwere Mandelentzündung und bin sehr schwach. Die Medikamente, die ich bekomme, helfen mir nicht. Ich friere am ganzen Körper, obwohl draußen dreißig Grad im Schatten herrschen. Bugarama ist der heißeste Ort von ganz Ruanda. Dennoch ziehe ich mir einen Pullover über.

Nachdem ich mich wieder erholt habe, erkranke ich an Malaria. Ich fühle mich schwach und kann nichts essen. Nie zuvor bin ich an Malaria erkrankt. Nach einer Klinikbehandlung werde ich wieder gesund.

Die Atmosphäre auf dem Gelände von CIMERWA ist sehr schlecht, so als ob ein Fluch über der Wohnsiedlung und der Fabrik läge. Ich fühle, dass noch viele Kämpfe auf mich warten. Täglich treffe ich Hutu, die mitgeholfen haben, Menschen aus meinem Volk, den Tutsi, zu töten. Sind sie dieselben geblieben, die sie während des Völkermords waren, oder haben sie sich geändert?

Ich sehe Frauen auf der Straße, die meine Kleider tragen. Josephine erzählt mir, dass sie Familien kennt, in deren Häuser Möbel von mir stehen. Ich kann diese Menschen nicht nach meinen Sachen fragen, auch wenn ich genau weiß, wer mich bestohlen hat. Sicherlich hätte ich das Recht, meine Sachen zurückzubekommen.

Allerdings weiß ich auch, dass die meisten Plünderer Mörder waren. Ich will meine Sachen, die sich Mörder angeeignet haben, nicht zurückhaben. Auf diesen Dingen liegt ein Fluch, und das Blut ermordeter Tutsi klebt an ihnen. Ich spüre, dass alles, was die Mörder zu sich nach Hause genommen haben, mit einem Fluch belastet ist.

Ich trauere weit mehr um die von mir geliebten Menschen, die nicht mehr am Leben sind, als um meinen materiellen Besitz.

Meine Freunde drängen mich, zu den Plünderern zu gehen und meine Sachen zurückzufordern oder mir Geld dafür geben zu lassen, aber das lehne ich kategorisch ab.

Als ich zum Einkaufen zwei Straßen weiter gehe, sehe ich meinen Kühlschrank in einem der Läden stehen. Der Ladenbesitzer, ein Hutu, hat ihn aus meinem Haus geholt. Als die Rebellen kamen, floh er in den Kongo. Ein anderer Mann betreibt jetzt den

Laden und benutzt meinen Kühlschrank. Ich fordere mein Gerät nicht zurück, obwohl ich es dringend bräuchte.

Saidi versteht mich nicht. Er fragt mich: «Denise, warum holst du dir nicht deinen Kühlschrank zurück?»

Ich erkläre ihm: «Saidi, nach allem, was mit dem Gerät geschehen ist, will ich es nicht mehr in meinem Haus haben. Ich vermisse es nicht, ganz im Gegensatz zu den Menschen, die mir lieb und wert waren und die alle tot sind.»

«Dann erlaube mir, dass ich den Kühlschrank zurückfordere und ihn verkaufe. Den Erlös würde ich gerne den Völkermordwaisen in meiner Familie geben.»

«In Ordnung! Damit bin ich einverstanden.»

Nach dem Ende des Völkermords ist viel von Vergebung die Rede. Der Pastor meiner Kirche in Bugarama macht die Vergebung zum Hauptthema seiner Predigten. Er richtet seine Worte speziell an die Tutsi, die überlebt haben, und fordert sie auf, den Mördern zu vergeben.

Ich warte darauf, dass zuerst einmal die Pastoren, Evangelisten und Diakone vom Volk der Hutu, die direkt oder indirekt mitschuldig am Tod vieler Tutsi sind, öffentlich um Vergebung bitten. Aber das geschieht nicht. Ich bin wütend auf die Hutu-Christen aus meiner Kirchengemeinde, die mich während des Völkermords völlig im Stich gelassen haben.

Dabei hatte ich mich sehr in der Gemeinde engagiert. Ich sang im Chor und arbeitete als ehrenamtliche Diakonin aktiv mit. Als mein Mann 1991 aus dem Gefängnis kam, schenkten wir dem Gemeindechor unser Reisfeld, damit sie ihren Dienst besser erfüllen und den vielen Armen im Chor helfen konnten. Wir taten das als Dank an Gott für die Bewahrung von Charles im Gefängnis. In meinem Gebet hatte ich immer zu Gott gesagt: «Wenn Charles aus dem Gefängnis kommt, will ich meinen Dank in das Haus Gottes bringen.»

Fast alle, die mich und meine Kinder nach dem Völkermord besuchen und uns unterstützen, sind Menschen, mit deren Hilfe ich nicht gerechnet habe. Die anderen, auf die ich gewartet habe, sind nie gekommen.

Ich bitte Gott um Weisheit, wie ich mich in dieser scheinheiligen Gesellschaft verhalten soll. Jeden Dienstag lege ich einen Fastentag ein und nehme mir viel Zeit für das Gebet, für mein Reden mit Jesus Christus. Täglich bitte ich Gott um Vergebung dafür, dass es mir so schwerfällt, den Mördern und meiner eigenen Gemeinde, die mich im Stich gelassen hat, zu vergeben. Ich wundere mich, dass keiner aus der Gemeinde mich besucht, obwohl sie wissen, dass ich wieder hier bin.

Ich hadere aber auch mit Gott selbst. Warum hat er es zugelassen, dass über eine Million Tutsi getötet wurden und die Überlebenden für ihr ganzes Leben gezeichnet sind? Warum sind viele kleine Kinder zu Waisen geworden und vermissen schmerzlich die Liebe ihrer Eltern? Warum gibt es so viele verzweifelte Witwen? Wie sollen wir, die wir so sehr traumatisiert worden sind, jemals in der Lage sein, wieder Familien zu gründen?

Ich bitte Gott, mir meine Fragen zu beantworten.

Gott zeigt mir eine Stelle im Buch Hiob, Kapitel 14, Vers 7: «Für einen Baum gibt es noch Hoffnung: Wenn man ihn fällt, schlägt er wieder aus.»

Ich wundere mich über diese Antwort Gottes. Wir Tutsi sind also wie ein abgehauener Baum. Das bedeutet, dass es für uns die Hoffnung gibt, dass wir wieder leben, wieder gesund werden und unsere Würde wieder erhalten. *Wie wirst du das tun, Gott, und wann wird es geschehen?*

Gott antwortet mir in meinen Gedanken: *Denise, dein Überleben verdankst du meiner Gnade. Vergib dem Pastor deiner Gemeinde, vergib den Christen, die dich im Stich gelassen haben, und vergib den Milizionären, die deine Angehörigen ermordet haben. Wenn sie ihre Schuld nicht zugeben und nicht um Vergebung bitten, werde ich sie am Ende der Tage richten.*

In dieser Zeit kommen viele Menschen zu mir und beten für mich. Einige sagen mir, dass Gott sie gesandt hat, um mich zu ermutigen. Gott hat offensichtlich einen Plan für mein weiteres Leben, und er wird mich und meine Kinder beschützen.

Während des Völkermords besaß ich ein Stück Land, auf dem ich Cassava, Mais, Kartoffeln und Gemüse angepflanzt habe, um zu überleben. Als ich nach Bugarama zurückkomme, sind alle Pflanzen aus dem Boden gerissen und gestohlen worden. Schweren Herzens beginne ich erneut damit, mein verwüstetes Stück Land zu kultivieren und zu bepflanzen. Niemand hilft mir dabei. Die Menschen meiden den Kontakt mit mir, weil sie ein schlechtes Gewissen haben.

Die neue Regierung setzt Beamte ein, sogenannte Vertrauensleute, die sich darum kümmern sollen, dass Unrecht wiedergutgemacht wird, soweit das möglich ist.

Ich gehe zum örtlichen Vertrauensmann und bitte ihn, einen Aufruf zu machen. Er soll alle Leute versammeln, die etwas von mir gestohlen haben. Um die betroffenen Menschen nicht bloßzustellen, wird die Versammlung in einem anderen Ort, in Nyakabuye im Ortsteil Gitambi, einberufen. Ich gehe ebenfalls zu diesem Treffen und bin überrascht, wie viele Menschen gekommen sind.

Bevor das Treffen eröffnet wird, erkläre ich dem Beamten, dass ich nicht eine Wiedergutmachung von den Menschen verlange, sondern nur ein Eingeständnis ihrer Schuld, die sie mir gegenüber auf sich geladen haben. Wenn sie ihre Fehler zugeben, werde ich Frieden mit ihnen schließen.

Der Beamte hat eine Liste mit vielen Namen von Menschen, die Mais, Maniok, Soja, Bohnen und vieles mehr von meinem Feld gestohlen haben. Langsam liest er Namen für Namen vor und fragt jedes Mal, was die betreffende Person gestohlen hat.

Die Angesprochenen kommen nach vorn und zählen auf, was sie mitgenommen haben. Nachdem der Beamte mit der Liste fertig ist, fordert er mich auf, zu den Menschen zu reden.

Ich schaue den Personen vor mir in die Augen und beginne: «Warum seid ihr nicht zu mir gekommen, als ihr gemerkt habt, dass ich wieder hier bin? Warum musste euch der Beamte hierherzitieren? Ich hätte auch zur Polizei gehen und euch anzeigen können. Ich weiß genau, wer mich bestohlen hat. Doch ich will keine Rache. Ich möchte die Angelegenheit persönlich mit euch regeln und in Frieden mit euch leben. Was kann ich dafür tun?»

Sie rufen alle gleichzeitig durcheinander: «Bitte vergib uns! Bitte vergib uns! Bitte vergib uns!»

«Ja, ich bin bereit, euch zu vergeben.»

Eine der betroffenen Frauen zeigt ihre Rührung und ruft: «Sie vergibt uns wie Jesus am Kreuz!»

Ich kann den Menschen, die mir viel Böses zugefügt haben, von ganzem Herzen vergeben, weil Gott mir den Auftrag dazu in seinem Wort, in Apostelgeschichte, Kapitel 26, Vers 16 bis 18 gegeben hat:

> «Denn dazu bin ich dir erschienen, dass ich dich ordne zum Diener und Zeugen des, das du gesehen hast und das ich dir noch will erscheinen lassen; und will dich erretten von dem Volk und von den Heiden, unter welche ich dich jetzt sende, aufzutun ihre Augen, dass sie sich bekehren von der Finsternis zu dem Licht und von der Gewalt des Satans zu Gott, zu empfangen Vergebung der Sünden und das Erbe samt denen, die geheiligt werden durch den Glauben an mich.»

Ich bin glücklich, dass ich mit den Menschen Frieden geschlossen habe. Jetzt werde ich mir mein Leben hier wieder neu aufbauen. Ich hoffe, dass die Menschen, die mir so viel Leid zugefügt haben, dabei helfen. Alle wissen, dass ich eine Witwe bin, die ihr ganzes Hab und Gut verloren hat.

Ich mache mich an die Arbeit. Jeden Tag bin ich auf dem Feld. Während der Arbeit schaue ich mich um, ob jemand vorbeikommt und mir hilft. Die Menschen nahmen meine Vergebung gerne an. Damit, so scheint es, ist der Fall für sie erledigt. Doch nicht nur meine Nachbarn und Arbeitskollegen verweigern mir ihre Hilfe, sogar die Christen aus meiner Kirchengemeinde meiden mich.

Nachdem ich den Menschen, die mir viel Böses zugefügt haben, öffentlich vergeben habe, gehe ich am darauffolgenden Sonntag in meine Kirchengemeinde. Dort erzähle ich den Christen, dass ich den Menschen vergeben habe, die meine Verwandten und Freunde getötet und die mich verraten und gegen mich gearbeitet haben. Einige aus der Gemeinde verstehen mein Handeln nicht. Ich erkläre ihnen, dass ich vergebe, um inneren Frieden zu bekommen.

Durch mein Verhalten bekomme ich Schwierigkeiten mit der neuen Staatsmacht und werde wenig später von einem RPF-Soldaten angesprochen: «Wir sind für die Sicherheit hier zuständig. Wir haben gehört, dass du mit Hutu in deiner Gemeinde kollaborierst, die zu den Interahamwe gehören.»

Ich erkläre ihm mein Verhalten: «Ich arbeite nicht mit ihnen zusammen, sondern ich versuche, sie davon zu überzeugen, dass sie große Schuld auf sich geladen haben. Sie sollen ihre Schuld bekennen.»

Dann stelle ich ihm eine Frage: «Warum habt ihr uns eigentlich nicht gerächt und die Interahamwe getötet, die für den Völkermord verantwortlich sind?»

«Die neue Regierung will keine Rache, sondern Einheit und Versöhnung.»

Ich nicke und erwidere: «Ich bin Christin und versuche, die Milizionäre zu bewegen, ihre Schuld zu erkennen, zu bereuen und um Vergebung zu bitten für das, was sie getan haben. Wenn ich das nicht mache, wer macht es sonst?»

Der Soldat nickt und sagt: «In Ordnung. Mach weiter so!»

24. Erste Gespräche mit Völkermordwitwen in Bugarama

Vielen Tutsi-Witwen geht es nach dem Völkermord nicht viel besser als mir. Ich will mich um einige von ihnen kümmern und lade sie zu mir nach Hause ein.

Zur ersten Gruppe, die sich bei mir zum Reden und Beten trifft, gehören Pascasie, Suzane, Beatrice, Julienne, Germaine, Madame Mulema und Consolée. Die ersten drei sind Schwiegertöchter des Methodistenpastors, der sein Leben während des Völkermords verlor.

Da wir die Leichname unserer Angehörigen nicht beweinen können – denn wir wissen nicht, wo sie sich befinden –, erzählen wir unsere Geschichten, weinen zusammen und beten füreinander. Wir reden über unsere Angst vor dem Zusammenleben mit den Mördern unserer Lieben.

Es gibt immer noch Hutu, die offen sagen, dass sie noch nicht fertig seien mit ihrer Arbeit, dem Töten der Tutsi. Jede Nacht kommen Interahamwe vom Kongo, wohin sie geflüchtet sind, über die Grenze nach Ruanda und töten Überlebende des Völkermords.

Germaine, auch eine Völkermordwitwe und Mitarbeiterin, kann nachts vor Angst nicht schlafen. Einmal schreit sie mitten in der Nacht um Hilfe, weil ihr Haus von Unbekannten angegriffen wird. Wir alle sind traumatisiert und versuchen, uns gegenseitig Mut zu machen.

Jeden Donnerstag treffen wir uns am späten Abend in meinem Haus. Nachdem wir miteinander gegessen haben, erzählen wir uns unsere Geschichten, teilen unsere Sorgen vor der Zukunft und beraten, wie wir die enormen Herausforderungen als Witwen meistern können. Wir sind fast die ganze Nacht zusammen. Aus Sicherheitsgründen geht jede noch vor dem Morgengrauen wieder nach Hause.

Jede von uns hat ihre persönliche traurige Geschichte. Eine Frau ist extrem traumatisiert, weil ihre gesamte Verwandtschaft ermordet wurde. Sie leidet ständig unter starken Kopfschmerzen. Immer wieder hört sie eine Stimme in ihrem Kopf, die ihr sagt, sie solle zum Himmel hinaufschauen, dort könnte sie ihre Angehörigen sehen. Sie sieht fast ständig zum Himmel hinauf, kann dort aber niemanden sehen.

Eine andere Frau verkauft Reis in einem Laden. Viele Kunden wollen von ihr nicht bedient werden, weil sie eine Tutsi ist. Wir leiden sehr darunter, dass wir in der Gesellschaft unerwünscht sind.

Unsere getöteten Männer haben fast alle in der Zementfabrik

gearbeitet, abgesehen von den Männern von Beatrice und Germaine. Dennoch waren wir in der Fabrik nicht willkommen.

Die Fabrik beschließt, den Witwen der Ermordeten eine Entschädigung zu bezahlen. Da viele einen Kredit bei der Firma aufgenommen hatten, wurde die Restschuld mit der Entschädigung verrechnet. Das betraf auch mich, da mein Mann von der Firma Geld geliehen hatte. Er konnte es nicht zurückbezahlen, weil er ins Gefängnis musste.

Wir sind mit dem Vorgehen der Firma gar nicht einverstanden. CIMERWA gehört dem ruandischen Staat. Dieser Staat warf unsere Männer ins Gefängnis und ließ sie später umbringen, nur weil sie Tutsi waren. Somit war es die Schuld des Staates, dass unsere Männer die Darlehen nicht zurückzahlen konnten. Ich bin sehr wütend. Wenn sie uns unsere Männer, die sie uns genommen haben, zurückgeben, werden diese ihre Schulden bezahlen.

Die Delegation einer Menschenrechtsvereinigung besucht daraufhin CIMERWA. Sie treffen sich mit einigen der Arbeiter und Angestellten. Wir dürfen Fragen stellen.

Ich frage: «Wie beurteilen Sie das Verhalten der Firma uns Witwen gegenüber?»

Einer aus der Delegation antwortet: «Das Verhalten der Firma ist unmenschlich. Wie kann sie von den Opfern des Völkermords Geld zurückfordern, das diese nicht haben? Diesen Witwen muss geholfen werden! Es kann nicht sein, dass man von Ihnen, die Sie völlig mittellos sind, auch noch Geld fordert!»

Wir müssen die Schulden unserer Männer nicht bezahlen. Doch wir haben auch so noch genug Probleme.

Bugarama ist nach wie vor kein guter Ort zum Leben. Durch die Nähe zum Kongo gibt es ständig Übergriffe von Interahamwe. Sie kommen in der Nacht über die Grenze. Sie zerschneiden Stromleitungen, damit überall die Beleuchtung ausfällt. Im Schutz der Dunkelheit legen sie Minen auf den Straßen. Vorbeifahrende Autos explodieren, und viele Menschen sterben.

G., ein Hutu-Christ aus meiner Kirchengemeinde und ehemaliger Mitarbeiter in der Zementfabrik, hat sich einer Interahamwe-Terrorgruppe angeschlossen, die Jagd auf überlebende Tutsi macht. Er tötet auch zwei weiße Männer, die beim Wiederaufbau des Landes helfen. Für G. und die Interahamwe ist es ein «heiliger Krieg», den sie so lange führen wollen, bis die alte Vormachtstellung der Hutu-Power, der radikalen Hutu, wiederhergestellt ist.

G. wird später während eines Angriffs festgenommen und getötet. Die Leute können nicht glauben, dass er tot ist. Eine Delegation kommt deshalb extra aus Kigali nach Nyakabuye. G. wird exhumiert, weil sie sehen wollen, wie er aussieht.

Ich fühle mich in Bugarama absolut nicht sicher und bitte Gott jeden Tag, mir einen Ort zu zeigen, an dem ich und meine Kinder geschützter sind.

Ich hoffe so sehr, dass wir Tutsi endlich in Frieden leben können. Ich habe Gott darum gebeten, dass ich nie wieder blutende Menschen sehen muss, nachdem ich in meinem eigenen Haus eine ganze Nacht im Blut von geliebten Menschen liegend verbringen musste.

Anfang März 1995 bekomme ich Besuch von Basilisa, der Frau meines Schwagers Anselm, der am 16. April 1994 in meinem Haus von den Milizionären der Interahamwe ermordet worden ist. Ich habe Basilisa seit dem Völkermord nicht mehr gesehen.

Anselms Witwe ist sichtlich aufgeregt und sagt: «Denise, du musst sofort nach Gafunzo fahren. Joseph Ngaboninza ist sehr krank und wird bald sterben. Er muss dringend etwas mit dir klären, bevor er stirbt.»

Ich fühle mich geehrt, dass jemand etwas mit mir klären möchte, um in Ruhe sterben zu können. Ich habe keine Ahnung, worum es geht, kann aber die letzte Bitte eines Sterbenden unmöglich ablehnen.

Früh am nächsten Morgen kommt Celestin mit seinem Motorrad, um mich und Basilisa abzuholen. Es ist der 16. März 1995, als Celestin und ich in Gafunzo ankommen. Wir treten an das

Bett von Joseph Ngaboninza, der so schwach ist, dass er sich nicht erheben kann. Joseph freut sich sehr, mich zu sehen.

«Du weißt, Denise, dass Charles, dein Mann, mir sein Auto gab, nachdem er aus dem Gefängnis entlassen worden war. Charles war auf der Flucht. Ich sollte sein Fahrzeug aufbewahren, bis er in Sicherheit war. Ich floh mit Charles' Auto in den Kongo. Eines Tages kamen kongolesische Milizionäre zu mir und wollten den Landrover mitnehmen. Ich weigerte mich, hatte aber keine Chance gegen sie. Schließlich willigten sie ein, mir 1000 US-Dollar für das Fahrzeug zu bezahlen. Der Landrover war weit mehr wert, aber ich dachte, es sei besser, 1000 US-Dollar zu bekommen als gar nichts. Die Milizionäre hätten sich das Auto so oder so genommen. Als ich nach dem Völkermord aus dem Kongo nach Ruanda zurückkam, hörte ich, dass ihr, du und die Kinder, noch am Leben seid. Ich wollte dir das Geld geben, das ich für Charles' Auto bekommen habe, und dich um Verzeihung bitten, dass ich es weit unter Wert verkauft habe.»

Das Verhalten Josephs beschämt und erfreut mich. Ich erwarte weder Geld noch ein Auto von ihm. Ich bin bereit, ihm auch ohne Gegenleistung zu vergeben. Ich weiß, dass viele Ruander, die in den Kongo geflohen sind, dort ausgeplündert wurden. Joseph trifft keine Schuld. Ich habe nur den Wunsch, ihn von seinem Schuldgefühl zu befreien, damit er seinem Herrn Jesus, an den er glaubt, in Frieden begegnen kann. Nicht jeder ist vor seinem Tod bereit, alles mit den Menschen, denen er Unrecht getan hat, zu klären und um Verzeihung zu bitten.

Das Verhalten von Joseph ist sowohl für ihn als auch für mich ein großer Segen.

Joseph reicht mir seine schwache Hand und bittet mich um Vergebung. Ich nehme seine Hand, danke ihm, vergebe ihm und bete für ihn.

Wenige Tage später erfahre ich, dass Joseph Ngaboninza gestorben ist.

In dieser unruhigen und gefährlichen Zeit bedeutet uns das gemeinsame abendliche Gebet sehr viel. Alle, die unter meinem

Dach wohnen, treffen sich dazu in einem Raum. Neben meinen drei Kindern leben zwei Waisenkinder, Eveline und Esther, sowie mein Hausmädchen Gode bei mir.

Wir singen Lieder in Swahili, Kirundi und Kinyarwanda. Ein Lied in Swahili lautet: «Jesus sitzt am Steuer unseres Lebens. Sei es im Krieg, in Problemen, in unserem Leben hier in Bugarama, immer sitzt Jesus am Steuer!» Dazu machen wir mit den Kindern die entsprechenden Bewegungen, so als ob wir am Steuer eines Autos säßen.

Wir wissen, dass Jesus immer bei uns ist, ganz gleich, was geschieht. Darüber sind wir sehr froh. Nachdem wir unsere Anliegen im Gebet vor Gott gebracht haben, schlagen wir die Bibel auf und lassen uns von Gottes Wort überraschen. Die gefundenen Bibelstellen nennen wir «Manna», wie das Manna, das die Israeliten auf ihrer Wüstenwanderung aßen und das sie am Leben erhielt. Unser «Manna» ist geistliche Nahrung. Es sind Worte aus der Bibel, die uns ermutigen und unser Vertrauen in Gott stärken.

Ich bringe meinen Kindern bei, andere Menschen zu lieben und zu achten. Das gilt auch für die Hutu, die uns hassen und verfolgen. Wir beten für unsere Feinde und bitten Gott, dass sie ihre Schuld erkennen und bereuen.

Am 21. August 1996, als wir wieder einmal unser abendliches Gebetstreffen haben, sagt Christian zu mir: «Mama, hab keine Angst und mach dir keine Sorgen! Gott hält seine Hand über uns und schützt uns!» Die Worte aus dem Mund meines kleinen Sohnes ermutigen mich und geben mir neue Kraft.

Bugarama liegt nicht weit von den Grenzen zu Burundi und dem Kongo entfernt und wird von den Interahamwe, die von den Nachbarländern heraus agieren, bevorzugt angegriffen. Eines Nachts sind sie plötzlich wieder da, greifen die Zementfabrik an und versuchen, sie zu zerstören. Sie werfen zuerst eine Handgranate auf die zentrale Stromversorgung. Danach prasseln Trümmerteile auf unser Blechdach und der Strom fällt für einige Zeit aus.

Ich bekomme Angst und versammle alle Bewohner im Kinderzimmer. Gode, mein Hausmädchen, eine Hutu, sagt zu mir: «Wieso hast du Angst vor einem Angriff der Milizen, obwohl du den Völkermord überlebt hast? Du brauchst dich nicht zu fürchten! Gott ist doch bei uns!»

Ich antworte ihr: «Ja, du hast Recht! Jesus beschützt uns! Ich muss mich nicht fürchten.»

Die Milizen konnten die Fabrik nicht betreten, weil sie gut bewacht war. Sie mussten sich rasch wieder zurückziehen.

Als mein Mann Charles noch bei mir war, wurden wir uns einig, dass wir unsere Kinder im Glauben an Gott erziehen und ihnen unsere ganze Fürsorge zukommen lassen wollten. Jetzt bin ich allein mit meinen Kindern, ohne meinen Mann. Ich habe keine Ahnung, wie ich es ohne ihn schaffen soll, meinen Kindern genug Liebe und Fürsorge zu geben.

Durch das Erlebte während des Völkermords haben meine Gefühle und Empfindungen sehr gelitten. Ich fühle keine Freude mehr und kann nicht mehr lachen. Ich nehme mir Zeit für meine Kinder und mache Spiele mit ihnen; doch ohne Lachen, ohne die Unbeschwertheit, die ein Vorrecht der Kinder ist und ihnen zusteht. Die Wunden in meiner Seele sind tief und schmerzen so sehr, dass ich sie nicht einen Augenblick vergessen kann.

So wie mir geht es auch den anderen Witwen, mit denen ich mich regelmäßig treffe. Wir stärken und ermutigen uns gegenseitig. Unsere Feinde sollen keinesfalls triumphieren in dem Glauben, dass es ihnen doch noch gelungen ist, unser Leben zu zerstören.

Manchmal gelingt es mir, meinen Kindern Freude und Unbeschwertheit vorzuspielen. Gleichzeitig denke ich an die vielen geliebten Menschen, die durch die Mörderbanden aus meinem Leben gerissen worden sind. Vielleicht bin ich auch schon tot, und mein Leben ist nur ein Traum?

Immer wieder ertappe ich mich dabei, wie ich meinen Körper und die Körper meiner Kinder betaste. Sind wir wirklich noch am Leben, oder sind wir nur Geister in der Totenwelt? Ich kontrolliere meinen Atem und achte darauf, wie ich die Luft durch die

Nase einziehe und wieder ausatme. Tote atmen nicht, also bin ich noch am Leben.

Oft verkrieche ich mich in meinem Schlafzimmer, schließe die Tür und liege auf meinem Bett. Die Trauer überkommt mich, und ich suche Trost bei Jesus. Wenn mich meine Kinder suchen, klopfen sie laut an meine Tür.

Ich schrecke auf und gerate kurz in Panik. Das Klopfen setzt schreckliche Bilder in meinem Kopf frei, Bilder von eingeschlagenen Türen, durch die grässlich verzerrte Fratzen mit blutigen Macheten in mein Haus eindringen.

Nie wieder will ich das ächzende und berstende Geräusch von unter Äxten zersplitternden Holztüren hören! Nie wieder will ich so leiden wie in den vergangenen Monaten! Nie wieder will ich in das Menschen zermalmende Räderwerk eines Völkermords geraten. Lieber will ich gleich am Anfang sterben. Nie wieder will ich im Blut meiner Verwandten liegen. Ich bekomme diesen Geruch lange nicht mehr aus meiner Nase.

Christian, mein zweiter Sohn, ist oft krank. Obwohl er verschiedene Antibiotika bekommen hat, leidet er noch immer an einer schmerzhaften Mykose, einer Infektion des Gewebes an seinem Bein. Wir haben auch versucht, ihm mit Heilkräutern zu helfen, doch ohne Erfolg. Oft sind die Schmerzen so heftig, dass er nicht laufen kann. Immer wieder eitern die Wunden so stark, dass seine Hose nass wird. Zusätzlich ist Christian besonders stark durch die Erfahrungen beim Völkermord traumatisiert. Er leidet unter Appetit- und Schlaflosigkeit und fragt immer wieder, warum sein Vater nie mehr zurückkommen wird.

Gott gibt mir Weisheit und Kraft, um meine Kinder im christlichen Glauben führen zu können und nicht mit Hass erziehen zu müssen. In vielen Hutu-Familien ist der Hass auf die Tutsi zum zentralen Bestandteil der Erziehung geworden. Als Fiston mit einem Nachbarskind, einem Hutu, spielt, nennt dieses ihn einen Somalier und Äthiopier. Fiston kennt beide Begriffe nicht und erzählt mir davon. Mir ist sofort klar, dass das Nachbarskind nicht von alleine auf diese Namen kommen kann. Seine Eltern haben ihm das beigebracht. Während des Völkermords fielen immer wieder Aussprüche wie: «Ihr gehört nicht hierher! Ihr kommt aus Äthiopien, und dahin schicken wir euch wieder zurück!»

Ich rufe das Nachbarskind zu mir und erkläre ihm, dass wir Ruander sind, wie die anderen auch, nicht Somalier oder Äthiopier. Ich verbiete ihm, meinen Sohn Fiston noch einmal so zu nennen, wie er es getan hat. Er tut es nicht wieder, und die beiden werden richtige Freunde.

Die in den Kongo fliehenden Hutu-Milizen tragen eine Welle der Gewalt in das Nachbarland. Sie erreichen, dass auch die Kongolesen Jagd auf Tutsi machen. Neue Massaker an den Tutsi sind die Folge. Im Jahr 1996 machen die Banyamulenge, ein den Tutsi verwandtes Volk, einen Aufstand gegen das Regime im Kongo und fordern, dass sie als gleichberechtigte Staatsbürger anerkannt werden und die Verfolgung beendet wird. Während der gewalttätigen Auseinandersetzungen fliehen viele Banyamulenge nach Burundi und Ruanda.

Auch über die Grenze in der Nähe von Bugarama erreichen Hunderte von Banyamulenge das rettende Ruanda. Die Flüchtlinge, fast nur Frauen und Kinder, sind in einem bemitleidenswerten Zustand. Zusammen mit einer Freundin bringe ich ihnen Essen und Kleidung. Viele von ihnen sind verwundet. Sie berichten, dass die meisten Banyamulenge-Männer getötet worden sind. Einige der Flüchtlinge, unter ihnen Mariam aus Baraka, sterben wenige Tage später an den Folgen der Strapazen, denen sie während ihrer Flucht ausgesetzt waren.

In dieser Zeit wird die Schwiegermutter meiner ermordeten Tante Priscilla, die in Nyakabuye lebt, von Interahamwe angegriffen. Sie überschütten das Haus der alten Frau mit Petroleum und zünden es an, dabei sterben alle Bewohner des Hauses.

Als ich von dem Vorfall erfahre, gehe ich nach Nyakabuye, wo ich auf meine Verwandten treffe, die von Kigali gekommen sind, nachdem sie die schreckliche Nachricht bekommen haben. Wir betreten die Überreste des Hauses und finden nur noch eine verkohlte Hand; alles andere ist vollständig verbrannt. Wir sind alle tief erschüttert.

Neben mir steht Leonie, eine Völkermordwitwe wie ich und, wie meine ermordete Tante Priscilla, ebenfalls eine Schwiegertochter der ermordeten alten Frau.

In meinem tiefen Schmerz frage ich sie: «Leonie, liebt Gott nur die Hutu? Warum müssen die Tutsi auch nach dem Ende des Völkermords immer noch leiden und sterben? Warum haben die Milizionäre diese alte Frau getötet, obwohl sie wussten, dass sie eine Hutu ist? Musste sie sterben, nur weil sie mit einem Tutsi verheiratet war?»

Leonie schaut mich an und erwidert: «Nein, Denise, bitte glaube nicht, dass Gott die Hutu mehr liebt als die Tutsi! Wie könnte Gott einen Mörder mehr lieben als einen Unschuldigen? Die getöteten Tutsi waren unschuldig. Sie wurden ermordet, weil sie als Tutsi geboren worden sind. Das ist alles. Die Hutu, die das getan haben, sind Mörder und werden eines Tages dafür bestraft. Da kannst du sicher sein.»

Leonie ist auch eine Hutu, wie ihre Schwiegermutter, und sie ist ebenfalls mit einem Tutsi verheiratet.

Die Interahamwe greifen auch das Haus der neuen Bürgermeisterin an. Sie ist eine Tutsi, die den Völkermord überlebt hat. Jetzt, zwei Jahre nach Ende des Mordens, wird sie von Interahamwe getötet. Die Milizen kommen mitten in der Nacht. Sie sind plötzlich da. Ich bin überzeugt, dass sie sich in den Häusern der Bewohner in der Umgebung versteckt halten. Viele Hutu, die nicht in den Kongo geflohen sind, hassen uns Tutsi noch immer und unterstützen daher das Vorgehen der Interahamwe auch in einem Ruanda, dessen Regierung einen friedlichen Neuanfang mit Hutu und Tutsi machen will.

An einem Nachmittag klopft es an die Tür. Ich höre, wie Fiston mit jemandem spricht. Dann kommt er zu mir gerannt.

«Mama, draußen steht eine Frau!»

«Wer ist es?»

«Keine Ahnung. Sie sagt, sie kommt aus dem Kongo und braucht deine Hilfe.»

Ich blicke vorsichtig zur Haustür und erschrecke. Draußen steht Marry, eine Hutu-Frau. Ist das möglich? Sie gehört zu denjenigen, die uns verfolgten. Als die Rebellen kamen, ist sie mit den Interahamwe geflohen.

Was soll ich tun? Wie kann sie es wagen, mir unter die Augen zu treten, nach allem, was sie mir angetan hat? Warum hat sie mich nicht während des Völkermords besucht und mir geholfen? Warum kommt sie jetzt zu mir? Ich reiße mich zusammen und gehe zur Haustür.

«Hallo, Marry! Komm herein! Wie geht es dir?»

«Hallo, Denise! Ich wollte dich wiedersehen. Ich komme aus dem Kongo zurück, wohin wir vor den Rebellen geflohen sind. Dort war ich in einem Flüchtlingscamp, wo viele von uns gestorben sind. Es war schrecklich!»

Ich kann Marry nicht abweisen und gebe ihr etwas zu essen und zum Anziehen. Sie bedankt sich und geht. Ich schließe die Haustür, lehne mich dagegen und hole tief Luft. Tränen laufen mir über das Gesicht. Ich muss allein sein, renne in mein Schlafzimmer und schließe die Tür hinter mir.

Ich knie mich vor mein Bett, lasse meinen Tränen freien Lauf und rede mit Gott: «Oh Gott, sag mir, was ich tun soll! Du siehst diese Frau, die mich hasste und meinen Tod wollte. Jetzt kommt sie zu mir und will meine Hilfe. Was soll ich tun? Du sagst, dass ich nicht an Rache denken soll, weil du dich darum kümmerst. Selbst wenn ich wollte, könnte ich mich nicht rächen; dazu bin ich viel zu schwach.»

Ich höre Gottes Stimme in meinem Herzen: *Denise, mein Kind! Ich selbst schicke diese Leute zu dir, damit du ihnen mit allem hilfst, was du hast. Sie brauchen dich! Du weißt, dass du nur überlebt hast, weil ich bei dir war. Jetzt hast du genug zu essen und anzuziehen. Du hast mehr, als du brauchst. Menschen haben dir geholfen, von denen du keine Hilfe erwartet hast. Tu jetzt dasselbe! Sei ein Vorbild für die anderen, solange du noch hier bist!*

Im Laufe der nächsten Tage kommen immer mehr Hutu aus

dem Kongo zurück. Ich helfe ihnen nun gerne. Manche brauchen Kleider, andere brauchen Essen. Einige sind sehr krank und unterernährt. Wir besuchen sie in der Krankenstation der Firma, in der ich den Völkermord mit meinen Kindern überlebte. Einige der Frauen nehmen allen Mut zusammen und erzählen stockend und unter Tränen von schrecklichen Dingen, die sie im Kongo erlebt und erlitten haben.

Immer wieder denke ich an C. Er arbeitete früher ebenfalls bei CIMERWA und war einer der schlimmsten Mörder. Ich bete zu Gott, dass C. zur Rechenschaft gezogen wird. Der Gedanke, dass er entkommen könnte, ist mir unerträglich. Ich bitte Gott, dass dieser Mann erkennt, was er getan hat, und um Vergebung bittet, auch wenn das die Menschen, die er getötet hat, nicht zurückbringt.

Wenige Tage später fliegt ein seltsamer Vogel über das Fabrikgelände.

Ein Arbeiter deutet auf das eigenartige Tier und ruft: «Seht doch, C. kommt zurück!»

Alle Angestellten und Arbeiter stürzen aus dem Fabrikgebäude und beobachten den Vogel, der ein paar Mal über das Gelände fliegt.

Viele von ihnen wundern sich über das seltsame Tier und murmeln: «Ja, C. kommt zurück!»

Ein Jahr später bekomme ich einen Anruf von J., einem Bekannten.

«Denise, ein Unglück ist geschehen!»

«Was ist passiert?»

«Ich habe C. in Nyabugogo getroffen!»

«Ist das wirklich wahr?»

«Ja, Denise! Ich bin sehr erschrocken und hatte Angst, als ich ihn sah.»

«Weißt du, woher er kam?»

«Ich habe mich erkundigt und erfahren, dass er aus dem Gefängnis in Kigali kam.»

«Ich dachte, er wäre noch im Kongo?»

«Nein, er ist zurückgekommen, zusammen mit seiner Familie und vielen anderen Milizionären. Dann haben sie ihn verhaftet und ins Gefängnis gebracht.»

Ich danke Gott in meinem Herzen, dass C. zurück ist und zur Verantwortung gezogen wird für seine schrecklichen Taten.

Ich denke oft über den Völkermord nach und mache mir Gedanken darüber, wie es mit uns und unserem Land weitergeht. Wie kommen wir in Ruanda aus diesem menschenverachtenden Denken und dem Hass, den die Hutu auf uns haben, heraus? Kein Mensch kann dieses Problem lösen. Nur eine Person, die weit über den Menschen steht, Gott allein, kann die seelischen Verletzungen der Tutsi heilen, den Hass aus den Herzen der Hutu entfernen und der Regierung Weisheit geben, eine friedliche Lösung des Problems zu finden.

Gott schickt mir immer wieder Menschen, die mich trösten und ermutigen. Ihre Botschaft ist stets ähnlich:

«Denise, mach dir nicht so viele Sorgen um dein Leben hier in Bugarama! Erinnere dich an die Verheißungen, die du von Gott bekommen hast. Suche Gottes Nähe und diene ihm. Er hat einen guten Plan für dein Leben.»

Einmal kommt ein Mann zu Besuch, den ich nicht kenne. Er sagt zu mir: «Du bist vor Gott geschätzt und hoch geachtet. Deshalb wird er gegen alle Widrigkeiten kämpfen, denen du ausgesetzt bist.» Er unterstreicht seine Worte mit zwei Bibelversen aus dem Buch Jesaja, Kapitel 43, die Verse 4 und 5.

Eines Tages kommt Augustin Gakumba, ein blinder Mann, zu Besuch. Gakumba kannte meinen Großvater Muzungu in der Provinz Kibuye, weil er selbst aus Kibuye stammt. Augustin hatte mich schon vor dem Völkermord besucht und freut sich jetzt, dass ich noch am Leben bin. Er segnet mich mit Versen aus dem 2. Korintherbrief, Kapitel 1, die Verse 3 und 4.

Nachdem mich viele Menschen auf diese Art ermutigt haben, ist es mir ein Bedürfnis, anderen Menschen zu erzählen, was ich mit Gott erlebt und wie er mich und meine Kinder bewahrt hat. Ich frage bei verschiedenen Pastoren an, ob in ihren Gemeinden ein Interesse daran besteht, dass ich meine Geschichte erzähle.

Viele Pastoren sagen mir, dass ich nicht die ganze Geschichte erzählen sollte, weil das eine schlechte Atmosphäre in der Gemeinde erzeugen würde. Ich solle nur meinen Dank gegenüber Gott ausdrücken, ohne Einzelheiten zu erwähnen.

Einerseits verstehe ich das Anliegen, weil es in den Gemeinden viele Christen gibt, die aktiv an dem Morden beteiligt gewesen sind. Andererseits bin ich enttäuscht darüber, weil durch einen allgemeinen Dank nicht deutlich wird, wie groß das Wunder tatsächlich ist, mit dem Gott mein Leben erhalten hat. Ich hätte auch gerne darüber gesprochen, dass mich die meisten Christen meiner Gemeinde während des Völkermords vollkommen im Stich gelassen haben.

In meiner Enttäuschung über das Desinteresse an meiner Geschichte stoße ich auf Jesaja 23, Vers 10: «Fahr durch dein Land wie ein Strom, du Tochter Tharsis. Da gibt es keine Einschränkung mehr.»

Als ich diesen Vers lese, erinnere ich mich an meinen Schulunterricht im Kongo. Da lernte ich, dass der Nil, wenn er über die Ufer tritt und das Land überflutet, dunklen Schlamm mit sich führt, der das Land fruchtbar macht. Der Gedanke macht mich zuversichtlich, dass auch unser Land Ruanda wieder fruchtbar und von Gott gesegnet sein wird. Was mich betrifft, zeigt mir der Vers, dass Gott mich zum Segen für unser Land gebrauchen möchte.

Im Laufe der nächsten Wochen und Monate werde ich immer öfter von Gemeinden eingeladen, die meine Geschichte hören wollen. Einige, die am Völkermord beteiligt gewesen sind, gestehen mir nach dem Gottesdienst, dass sie schuldig geworden sind, und bitten Gott um Vergebung. Doch kaum jemand ist bereit, seine Schuld öffentlich zu bekennen und diejenigen um Vergebung zu bitten, denen sie Leid zugefügt haben. Sie haben große Angst davor, angeklagt zu werden und ins Gefängnis zu kommen.

An einem Nachmittag sehe ich von meinem Arbeitsplatz aus einen alten Chinesen, der genüsslich in seiner Pause raucht. Es ist der leitende Mechaniker, mit dem ich beruflich nichts zu tun habe.

Einige Tage später kommt der alte Chinese in mein Büro und sagt zu mir: «Denise, morgen gehe ich für immer in meine Heimat zurück.»

Dann reicht er mir ein Päckchen, das in eine chinesische Zeitschrift mit chinesischen Schriftzeichen eingepackt ist.

«Das ist für dich. Bitte zeige es niemand anderem!»

Danach verlässt der alte Mann den Raum. Ich bin neugierig zu erfahren, was der alte Chinese mir zum Abschied geschenkt hat, und öffne das Päckchen. Ein hässlicher alter Hut, der nach Tabak riecht und aussieht wie die Hüte der Chinesen, die sie auf den Reisfeldern tragen, kommt zum Vorschein. Ein schreckliches Geschenk! So etwas würde ich nie jemandem zum Abschied schenken. Was hat er sich nur dabei gedacht? Mein Vater liebt Hüte. Dieser Hut würde ihm allerdings überhaupt nicht gefallen. Warum hat der Chinese mir nicht einfach zwanzig Dollar zum Abschied geschenkt? Weiß er denn nicht, dass ich eine Witwe bin? Damit hätte ich etwas anfangen können.

Ich drehe und wende den Hut in meiner Hand und lache laut hinaus.

Plötzlich höre ich eine Stimme in meinem Herzen. Sie sagt: *Warum verachtest du ein Geschenk, das dir jemand zum Abschied gemacht hat? Überleg mal, was ein Hut in der Bibel bedeutet!*

Ich antworte: «Rettung. Ein Hut in der Bibel bedeutet Rettung.»

Die Stimme fährt fort: *So wie du diesen Hut in deiner Hand zurückweist, genauso weisen viele ihre Rettung, ein Geschenk Gottes, zurück. Halte deine Rettung fest!*

Sofort bin ich froh und glücklich und berichte anderen von meinem Geschenk und was mir dadurch deutlich geworden ist.

Dollar bedeuten nichts, aber ich muss meine Rettung festhalten. Diese Botschaft ist eine Warnung für mich, weil ich vielen Versuchungen ausgesetzt bin. Gott weist mich darauf hin, dass ich mich fest an ihn halten und den Versuchungen ausweichen soll.

In meinem Urlaub fahre ich nach Kigali, um meine Verwandten dort zu treffen. Am Sonntag besuche ich den Gottesdienst in der Restoration-Church in Kigali. Hier fühle ich mich frei von den Bedrängnissen, denen ich in Bugarama ausgesetzt bin.

Während ich in Kigali bin, geht es mir gesundheitlich nicht gut. Seit meiner Kindheit habe ich Probleme mit den Mandeln. Keine Medizin hilft mir. Oft habe ich Gott gebeten, mich zu heilen, ohne dass Gott meiner Bitte entsprochen hätte.

Dazu kommt, dass ich allergisch bin gegen jede Art von Parfüm. Die großen, entzündeten Mandeln in meinem Rachen verbreiten einen unangenehmen Geruch, von dem mir schlecht wird. Kalte Getränke bekommen mir nicht mehr, und ich friere ständig, so dass ich auch in der heißen Trockenzeit einen Pullover trage. Auch schmeckt mir das Essen nicht, und ich nehme immer mehr ab. Es geht mir so schlecht, dass ich mich entscheide, meine Mandeln operativ entfernen zu lassen.

Als ich meinen Freunden davon berichte, raten sie mir entschieden ab. Sie sagen, dass bei allen, die operiert worden sind, danach Probleme auftauchten. Entweder wuchsen die kranken Mandeln teilweise nach, oder die Stimmbänder wurden so sehr beschädigt, dass der Patient die Stimme verlor.

Als ich in Kigali in die Klinik gehe, rät mir der behandelnde Arzt, ich solle das Problem zunächst weiter mit einer konservativen Behandlung, also ohne Operation, angehen. Doch ich bin am Ende mit meiner Kraft.

Eine meiner Freundinnen hat einen ganz anderen Rat für mich, sie sagt: «Denise, spiele nicht mit deinem Leben und deiner Gesundheit! Wir haben den Völkermord überlebt, aber Krankheit ist eine ganz andere Sache. Lass dich endlich operieren!»

Ich bete und rede mit Jesus: «Herr, du weißt, dass ich sehr gerne für dich singe. Das Singen ist ein großer Trost für meine verletzte Seele. Wenn die Operation gelingt, will ich zu deiner Ehre singen.»

Mein Vater vereinbart einen neuen Termin für mich im Kigali-Hospital. Im Wartezimmer treffe ich Patienten, die zur Nachuntersuchung gekommen sind. Einige von ihnen können nicht richtig sprechen. Ich bekomme Angst und rufe in meinem Herzen zu Jesus: *Du weißt, was ich dir versprochen habe. Bitte lass mich gesund werden, damit ich für dich singen kann!*

Dann werde ich operiert. Als ich nach der Operation im Krankenzimmer bin, kommen meine Freundinnen Goretti und Immaculée, um mich zu versorgen.

Am nächsten Tag kommt der Arzt und bringt mir Eis. Ich weigere mich, es zu nehmen, und erkläre ihm, dass mein Hals allergisch auf alles Kalte ist. Er erklärt mir, dass das Eis helfen würde, die Blutung zu stoppen. Vorsichtig nehme ich etwas von dem Eis und stelle erstaunt fest, dass mein Hals nicht mehr allergisch auf Kälte reagiert.

Nach drei Tagen werde ich entlassen und gehe nach Hause. Es geht mir von Tag zu Tag besser. Ich fühle mich so gut wie nie zuvor. Meine Stimme hat keinen Schaden erlitten, und ich kann Gott mit meinen Liedern loben.

Für September 1997 ist eine große Konferenz für Frieden und Versöhnung in Minembwe, im Südwesten des Kongo, geplant. Ich würde gerne daran teilnehmen und fahre nach Bukavu, um dort mehr Informationen zu bekommen. Ruganza, ein Munyamulenge, ein netter und gläubiger Christ, Verwalter eines Krankenhauses in Bukavu, heißt mich in seinem Haus willkommen.

Nachdem ich alle Informationen über die Kosten der Reise und die Reise selbst bekommen habe, fahre ich wieder zurück nach Bugarama, um meine Reise nach Mulenge-Minembwe vorzubereiten. Rechtzeitig vor Beginn der Konferenz fahre ich wieder zu meiner Gastfamilie nach Bukavu. Dort sind inzwischen weitere Gäste eingetroffen; unter ihnen auch zwei Juden, Nowah und sein Kollege Boaz, die auch an der Konferenz teilnehmen wollen.

Wir essen zusammen zu Abend. Danach gehen Nowah und Boaz in ihr Hotel.

Ich freue mich auf diese Konferenz, weil sie mir die Gelegenheit bietet, vor vielen Menschen über meine Erfahrungen mit Gott während des Völkermords zu berichten und die Opfer zu ermutigen, Gott in ihren großen Problemen zu vertrauen.

Am nächsten Tag, dem 12. September 1997, soll unser Flug nach Minembwe gehen. Das Flugzeug ist nicht groß genug, um alle Reisenden zu befördern, und fliegt deshalb die Strecke zweimal.

Für den ersten Flug werden die beiden Juden, einige Pastoren wie Pastor Rushambara, Pastor Kadogi, Pastor Ndaruhutse, Pastor Tabazi Nehemi, Pastor Mutama und weitere Reisende morgens um 8.00 Uhr zum Flughafen gebracht.

Ich warte bei meiner Gastfamilie auf die Rückkehr des Flugzeugs. Ich freue mich sehr auf diese Konferenz und kann es gar nicht erwarten, abgeholt zu werden. Unruhig schaue ich immer wieder auf die Uhr. Es wird Mittag, und nichts passiert. Das Flugzeug müsste längst zurück sein.

Am Nachmittag um 3.00 Uhr meldet sich jemand vom Flughafen mit der traurigen Nachricht, dass das Flugzeug abgestürzt ist und niemand überlebt hat. Niemand kann uns sagen, warum das Unglück passiert ist. Alle im Haus meiner Gastfamilie sind völlig schockiert, und wir trauern um unsere Freunde. Meine Freude ist wie weggeblasen. Ich bin verwirrt und kann nicht glauben, was man mir erzählt. Unter den Toten befinden sich einige Pastoren, die ich gut kenne.

Nachdem ich Gewissheit darüber habe, dass mein Mann Charles nicht mehr am Leben ist, fasse ich den Entschluss, Jesus Christus für mein restliches Leben vollständig zur Verfügung zu stehen. Ich will nicht mehr heiraten. Immer wieder frage ich Gott, warum er meinen Mann nicht beschützt hat; er hätte die Macht dazu gehabt, das hat er doch in meinem Leben bewiesen.

Ich war 29 Jahre alt, als ich meinen Mann verlor. Viele Völkermordwitwen sind deutlich jünger als ich. Sie hatten, ebenso wie ich, zusammen mit ihren Männern große Pläne für ihre Zukunft gemacht. Wir waren jung und hatten den Tod nicht eingeplant. Alle meine Pläne und Wünsche sind durch Charles' Tod geplatzt.

Ich erinnere mich in diesen Tagen an die Botschaft, dass ich durchhalten soll, wie die Ruth der Bibel, um mein Leben zu einem guten Ziel zu führen. Unser Leben auf dieser Erde ist ein Kampf. Durch meine Arbeit mit den Völkermordwitwen und Waisen bin ich vielen Anfechtungen ausgesetzt und kämpfe täglich darum, dass mein Vertrauen in Gott nicht verloren geht. Ich engagiere mich in der Kirchengemeinde, besuche arme, bedürftige Menschen und helfe, wo ich gebraucht werde. Mein Arbeitsfeld ist endlos, und ich kann nicht überall helfen, wo ich gebraucht werde.

Eines Tages treffe ich Celine, auch eine Tutsi, die den Völkermord überlebt hat, auf der Straße, bekleidet mit einer alten, abgerissenen Decke. Sie ist aggressiv und beleidigt Menschen, denen sie begegnet. Sie belästigt sogar die Menschen in ihren Häusern. Die Leute halten sie für verrückt. Celine spricht mich an und sagt: «Ich weiß, dass du viele Probleme hast. Deshalb lasse ich dich in Ruhe.»

Wenig später bekomme ich Besuch von Nura, die mir erklärt, dass Celine nicht verrückt ist, und mich bittet, diese Frau zu besuchen.

Nach meiner Arbeit gehe ich in den Stadtteil Kuryambere, wo Celine wohnt. Sie lebt in unmenschlichen Verhältnissen. Ihr Haus ist halb zerstört, ohne Türen und Fenster. Im Haus gibt es keine Möbel, nicht einmal ein Bett oder einen Stuhl. Celine schläft auf einem Plastiksack. Am Kopfende des Sackes liegt ein Kreuz aus Metall. Neben dem Sack liegen drei Steine, ihre Kochstelle, zwischen denen sie ein Feuer entzündet, um ihre karge Mahlzeit, gegrillten Mais, zuzubereiten. Celine freut sich über meinen Besuch und teilt ihr Essen mit mir.

Ich frage sie: «Was bedeutet das Kreuz auf deinem Bett?»

«Es ist meine Hoffnung.»

Ich begreife, dass Celine eine gläubige Christin ist.

Sie schüttet mir ihr Herz aus und erzählt mir, dass ihre Verwandten ermordet wurden und ihr Hutu-Mann die Kinder mitgenommen hat. Niemand von ihrer anglikanischen Gemeinde kümmert sich um sie, und die Leute halten sie für verrückt. Ich bete für sie und lade sie zur morgendlichen Gebetsstunde, die ich leite, in die Hindurwa-Gemeinde ein.

Ich bin überrascht, als sie am nächsten Tag tatsächlich kommt. Sie ist nicht verrückt, sondern sie braucht Liebe und Zuwendung. Im Laufe der Zeit verändert sie sich positiv.

Bald darf sie ihre Kinder, die bei ihrem Mann leben, wieder besuchen. Später zieht sie auch wieder zu ihrer Familie.

Viele Menschen suchen Trost bei mir. Ich erhalte Trost durch Gottes Wort in der Bibel. Ich verabscheue Trennung und Hass und versuche, mit allen Menschen in Frieden zu leben.

Eines Tages, als ich von einem Besuch bei meiner Familie in Kigali zurückkomme, erwarten mich zwei junge Frauen, Mary und Seraphine, in meinem Haus. Es ist das erste Mal, dass sie mich besuchen.

Seraphine fragt mich: «Wo bist du gewesen, Denise?»

«Ich habe ein paar Urlaubstage in Kigali verbracht.»

«Wir sind zu dir gekommen, weil ich von dir geträumt habe.»

«Du hast von mir geträumt? Worum ging es in deinem Traum?»

«Wir waren beide in einem Dorf. Plötzlich fuhr ein großer weißer Mann in seinem Auto an uns vorüber. Er hatte Schwierigkeiten, das Auto zu lenken, und musste anhalten. Er suchte nach jemandem, der mit seinem Auto fahren konnte, und fand niemanden. Jemand rief: ‹Gibt es hier denn niemanden, der dem Mann helfen kann?› Doch keiner meldete sich. Dann sagtest du, Denise: ‹Ich weiß, wie man Auto fährt. Ich habe es gelernt, als ich in der Stadt lebte.› Du stiegst in das Auto und fuhrst damit.»

Ich wundere mich über Seraphines Traum und sage: «Ihr wisst doch, dass ich nicht Autofahren kann? Die einzige größere Stadt, in der ich für längere Zeit lebte, ist Bujumbura, aber ich habe dort nie Autofahren gelernt.»

Seraphine erwidert: «Es war nur ein Traum, Denise.»
Ich erinnere mich oft an den Traum von Seraphine und frage mich jedes Mal, wer wohl der Mann ist, dem ich geholfen habe, sein Auto zu fahren?

Jedes Jahr am 16. April, dem Jahrestag des Völkermordbeginns in Bugarama, treffe ich mich mit den Witwen der Umgebung zu einer Trauerfeier. Wir sagen uns gegenseitig, was uns bedrückt, und trauern um unsere ermordeten Männer, Kinder und Verwandte. Später laden wir auch Überlebende ein, die weiter weg wohnen. Dazu verfassen wir Einladungskarten mit folgender Aufschrift:

Einladung

«Dass wir, erlöst aus der Hand unserer Feinde, ihm dienen ohne Furcht unser Leben lang in Heiligkeit und Gerechtigkeit.»
Lukas-Evangelium, Kapitel 1, die Verse 74 und 75

Wir freuen uns, dich zu unserem Treffen einladen zu können.

Wir wollen an unsere Lieben denken, die seit dem 16. April 1994 nicht mehr bei uns sind. Wir danken Gott, erzählen uns unsere persönlichen Geschichten und ermutigen uns gegenseitig mit Gottes Wort.
Das Treffen findet am 16. April von 9.00 bis 16.00 Uhr statt.
Wir treffen uns bei unserer Schwester Frau Kayihura Uwimana Denise, die für die Organisation zuständig ist.

Die Probleme in der Zementfabrik hören nicht auf. Im Jahr 1998 starten die leitenden Angestellten einen neuen Versuch, mich aus meinem Haus hinauszuwerfen. Sie werfen mir vor, dass ich und Julienne, ebenfalls eine Völkermordwitwe, zu Unrecht in Häusern wohnen, die für leitende Angestellte gebaut worden sind. Sie sagen, dass ich ausziehen muss, damit andere leitende Angestellte dort einziehen können.

Ich weiß, dass das nur ein Vorwand ist. Es gibt keine leitenden Mitarbeiter, die in mein Haus einziehen wollen. Es ist lediglich eine neue Schikane. Ich vermute, dass ich ihnen zu selbständig bin. Ich bitte sie nie um Hilfe und komme allein zurecht. Dadurch haben sie keinen Einfluss auf mich und können mich nicht von sich abhängig machen.

Am 17. Mai 1998 erhalte ich eine Nachricht von Mary, die mit in meiner Gebetsgruppe ist. Sie ermahnt mich, in nächster Zeit sehr vorsichtig zu sein und jedes Wort, das ich öffentlich sage, vorher genau zu überlegen. Auch soll ich mich vor den Mitarbeitern in Acht nehmen. Diese hätten sich wegen mir getroffen und machten Pläne, wie sie gegen mich vorgehen könnten.

Ich will endlich weg von Bugarama. Oft stehe ich nachts auf und gehe in den kleinen Schuppen hinter meinem Haus, der für die Ziegen gebaut worden ist, jetzt aber leer steht. Dort bete ich die ganze Nacht und ringe mit Gott darum, endlich in Frieden leben zu können. Gleichzeitig weiß ich, dass noch viele Schwierigkeiten auf mich zukommen werden.

An einem Morgen, nachdem ich die ganze Nacht im Ziegenstall im Gebet verbracht habe, will ich die Bodenmatte draußen in die Sonne legen. Als ich die Matte hochhebe, ergreift eine giftige schwarze Schlange, sich langsam ins Freie schlängelnd, die Flucht. Ich wundere mich, dass sie mich in der Nacht nicht gebissen hat. Vor der Schlange habe ich nicht wirklich Angst, weil ich weiß, dass Gott mich beschützt.

Wenig später ruft die Personalleitung eine Zusammenkunft ein. Das einzige Thema, das behandelt wird, betrifft mich und den Rauswurf aus meinem Haus. Nachdem sie diesen Beschluss gefasst haben, rufen sie mich und teilen mir mit, dass alle Angestellten der Fabrik aus ihren Häusern ausziehen müssen. Ich sei die Erste, die ihr Haus verlassen muss. Ich antworte ihnen, dass ich mein Haus nicht verlassen kann.

Wenig später kommt die chinesische Geschäftsführerin zu mir und sagt: «Denise, es tut mir leid, aber du musst dein Haus verlassen und dir eine andere Wohnung suchen!»

Ich antworte: «Warum kann ich nicht in Kigali arbeiten? Dann gehe ich weg von hier, und mein Haus ist leer.»

Sie erwidert: «Das geht leider nicht. Wir brauchen dich nicht in Kigali.»

Sie denkt nach, dann spricht sie weiter: «Wir werden eine Lösung für deinen Fall finden! Zunächst solltest du den Direktoren erklären, warum du nicht ausziehen kannst.»

«Das werde ich nicht tun!», rufe ich wütend.

Ich finde es unverschämt, dass sie mich einfach rauswerfen wollen, nach allem, was ich und meine Kinder während des Völkermords ertragen mussten.

Die Chinesin geht. Wenig später kommt einer der leitenden Angestellten zu mir und fragt mich: «Denise, willst du mir etwas sagen?»

Ich überlege, ob die Chinesin ihn vielleicht geschickt hat, damit ich meine Gründe erläutere, warum ich nicht ausziehen will.

Ich antworte ihm: «Ich komme in die Versammlung und rede da.»

Der Mann ist ein Jugendfreund von Charles. Ich habe Vertrauen zu ihm und will ihm doch noch etwas sagen: «Du weißt, dass sich die Situation im Land geändert hat. Ihr habt jetzt kein Recht mehr, mir Vorschriften zu machen. Wo stecken denn die hohen Herren, die während des Völkermords die Firma geleitet haben und mich ständig schikaniert haben?»

«Sie sind alle in den Kongo geflohen.»

«Ich dachte, dass jetzt bessere Zeiten anbrechen, nachdem diese Mörder verschwunden sind. Aber es hat sich wenig geändert. Ich werde immer noch schlecht behandelt. Sag dem Komitee, dass ich nicht ausziehen werde.»

Er antwortet mir nicht.

Ich rede weiter: «Wenn du etwas in der Firma zu sagen hast, dann sorge dafür, dass ich nach Kigali versetzt werde. Dann seid ihr mich los, und mein Haus ist endlich leer, so wie ihr das wollt.»

«Wir haben keine Stelle für dich in Kigali.»

Nach einer Pause holt er Luft und klagt mich an: «Denise, was ist los mit dir? Du bist so rebellisch!» Danach geht er.

Kurze Zeit später kommt der Generaldirektor aus Kigali zurück. Er ruft mich zu sich in sein Büro und fragt mich: «Denise, was ist dein Problem?»

«Das Komitee hat mich aufgefordert, mein Haus zu verlassen.»

«Und wie hast du dich entschieden?»

«Wenn es nicht anders geht, werde ich ausziehen. Aber ich werde dann auch die Firma verlassen und mich bei niemandem verabschieden.»

«Ich mache dir einen besseren Vorschlag. Du schreibst in einem Brief an das Komitee, dass du durch die schlimmen Erfahrungen während des Völkermords so traumatisiert bist, dass du keine neuen Aufregungen ertragen und deshalb nicht ausziehen kannst. Ich werde dir persönlich helfen.»

Ich bin sehr erstaunt darüber, dass dieser Generaldirektor, der neu in der Firma ist, mir helfen will, im Gegensatz zu den langjährigen Mitarbeitern, die mein Leid und Elend kennen und dennoch nicht davor zurückschrecken, mir neues Leid zuzufügen.

Ich schreibe einen Brief an das Komitee. In der nächsten Sitzung, zu der ich auch geladen bin, überzeugt der Generaldirektor die anderen Mitglieder des Komitees, dass mein Fall neu diskutiert wird. Während einer Unterbrechung gehe ich nach Hause und bitte Gott auf Knien, dass er die Sitzung zu meinen Gunsten ausgehen lässt.

Unter dem Einfluss des neuen Generaldirektors werden die Pläne, mich aus meinem Haus zu werfen, zurückgenommen. Ich bin überglücklich, danke Gott für seine Hilfe und bitte ihn, dass ich in Frieden mit den Menschen zusammenleben kann, die mir so viele Schwierigkeiten machen.

Am 11. Januar 1999 ruft mich der oberste Direktor der CIMERWA, ein Chinese, zu sich in sein Büro und teilt mir mit, dass sie in

Kigali ein neues Büro einrichten würden. Er fragt mich, ob ich bereit wäre, nach Kigali umzuziehen und dort mitzuarbeiten. Allerdings müsste es schnell gehen. Ich hätte nur zwei Wochen Zeit zum Packen und Umziehen.

Das Angebot ist eine große Gebetserhörung für mich, und ich sage sofort zu. Ich erfahre, dass mich in Kigali ein Fahrzeug der Firma jeden Tag von zu Hause abholen und nach Dienstschluss wieder heimfahren wird. Allerdings gibt es dort keine Dienstwohnung. Ich muss selbst ein Haus für mich suchen.

Für mich ist die Wohnungssuche ein zweitrangiges Problem. Ich bin einfach nur glücklich, dass ich endlich in Frieden leben kann, weit weg von den Menschen, die mich weiterhin hassen, weil ich eine Tutsi bin. Allerdings möchte ich nicht von Bugarama weggehen, ohne mit allen in der Fabrik Frieden geschlossen zu haben.

In dieser Zeit erhalte ich von Verwandten, die in Amerika leben, eine Einladung.

Ich bitte Gott, dass er mich in die USA reisen lässt, weil ich die Hoffnung habe, weit weg vom Schauplatz meiner Not endlich inneren Frieden zu finden.

Die Einladung ist für mich eine Gebetserhörung. Aber ist sie es wirklich?

Einmal, als wir zusammen beten, sagt Felix zu mir: «Denise, ich hatte einen Traum. Vielleicht spricht Gott dadurch zu dir?»

«Du hast von mir geträumt?»

«Ja, ich sah einen Hangar, in dem ein großes Verkehrsflugzeug abgestellt war. Das Flugzeug stand nicht auf der Startbahn, wo es hingehört, sondern im Hangar, und das Tor des Hangars war geschlossen.»

Ich schüttle den Kopf: «Felix, du verwirrst mich. Wie passt ein Verkehrsflugzeug in eine Halle?»

Auch Felix konnte es sich nicht erklären, wie es möglich ist, dass ein Flugzeug in einem Haus Platz hat, obwohl er es in seinem Traum gesehen hatte. Später habe ich mit eigenen Augen gesehen, dass es große Hallen gibt, in denen Verkehrsflugzeuge

Platz haben. Was will Gott mir mit diesem Traum sagen? Mir ist klar, dass er nicht will, dass ich in die USA auswandere, sondern hier in Ruanda bleibe.

Als bekannt wird, dass ich weggehe, kommen viele Mitarbeiter zu mir nach Hause und fragen, ob sie mir helfen können. Einige ernten mein Gemüse für mich, ohne etwas dafür zu verlangen. Andere waschen meine Wäsche oder putzen das Haus oder helfen mir beim Packen.

Einige aus der Gemeinde kommen und beten mit mir. Die Nachbarn verstehen nicht, dass ich meinen fruchtbaren Acker aufgebe. Sie sagen, dass ich in Kigali Hunger leiden werde. Für mich ist es nebensächlich, dass Bugarama in einer fruchtbaren Gegend liegt und ich in Kigali nichts anbauen kann. Ich will endlich an einem Ort leben, an dem ich meinen Frieden finde.

Einer der leitenden Angestellten, der auch versucht hat, mich aus meinem Haus zu werfen, fragt mich, warum ich jetzt doch gehen will. Ich antworte, dass ich das Angebot aus Kigali nicht ablehnen kann.

Kurz bevor ich Bugarama verlasse, kommt dieser Mann mit seiner Frau zu mir und bittet mich darum, im Frieden mit ihm zu gehen. Über diesen Wunsch, für den ich lange gebetet habe, freue ich mich sehr.

An dem letzten Sonntag vor meinem Umzug lade ich meine Freunde und Verwandten zu einem kleinen Abschiedsfest ein. Zur Feier des Tages bekommt jeder eine Flasche Fanta. Zabulon, der Pastor meiner Gemeinde, dessen Frau und Kinder bis auf eine Tochter im Tanganjika-See ertrunken sind, als sie nach Ruanda zurückkommen wollten, segnet meine Reise. Viele der Witwen und Waisen, die ich betreut habe, sind gekommen, ebenso der Gemeindechor, Nachbarn, Angestellte der Zementfabrik und Soldaten, die zu unserem Schutz hier sind. Einige der Gäste erzählen dankbar, wie Gott sie bewahrt und versorgt hat.

25. Ein neues Leben in Kigali

Am 2. Februar 1999 ziehe ich von Bugarama nach Kigali um. Bevor ich Bugarama verlasse, treffe ich mich mit meinen Gebetsfreunden. Während wir beten, spricht Gott in seinem Wort und durch meine Mitchristen zu mir. Er will mich in Ruanda und in anderen Ländern zum Segen für viele Menschen gebrauchen, denen ich von meinem Erleben mit ihm berichten soll.

Für mich ist klar, dass ich nur kurz in Kigali leben und arbeiten will. So bald wie möglich will ich in die USA ausreisen, um weit weg vom Horror des Völkermords zu sein. Ich bin noch immer stark traumatisiert. Nachts träume ich davon, dass Menschen mich jagen, um mich zu töten.

In einem dieser Träume versucht eine Hutu-Frau mich zu ermorden. Ich fliehe im Traum aus meinem Haus in ein nahes Tal, in dem Reis angebaut wird. Die Frau verfolgt mich mit einer Machete in der Hand. Während ich fliehe, frage ich sie, warum sie mich töten will. Sie erwidert nur, dass sie mich töten wird. Schließlich erreicht sie mich und schneidet mir mit der Machete den Kehlkopf durch. Ich stürze zu Boden und habe große Schmerzen.

Auf der anderen Seite des Tals sehe ich viele weißgekleidete Ärzte und Krankenschwestern. Auch mein Vater ist mit dabei. Wenig später kommt Felix, ein Freund, mit dem ich mich oft zum Gebet getroffen habe, zu mir. Als er mich stöhnend am Boden liegen sieht, ist er erschüttert und traurig. Da ich nicht sprechen kann, mache ich ihm ein Zeichen mit den Händen, dass er meinen Vater holen soll, um mich zu retten. Doch Felix kennt meinen Vater nicht, weil er ihn nie zuvor getroffen hat.

Mein Vater schaut plötzlich herüber, sieht mich am Boden liegen und kommt schnell zu mir. Als er meine Verwundung sieht, legt er seine Hand unter mein Genick und fragt mich traurig: «Wer hat das getan?» Dann wache ich auf.

Ich bin überzeugt, dass meine Feinde vorhaben, mich doch noch zu töten. Ich nehme meine Bibel, schlage Psalm 12 auf und lese Vers 6:

«Weil die Elenden verstört werden und die Armen seufzen, will ich aufstehen, spricht der Herr; ich will Hilfe schaffen dem, der sich darnach sehnt.»

Jetzt weiß ich, dass Gott mich retten und an einen sicheren Ort bringen wird.

Ich wohne bei meinen Eltern, weil CIMERWA kein Haus für mich anmieten will. Zu Hause werde ich wieder wie ein Kind behandelt, trotz meines Alters und meiner drei eigenen Kinder. Das ist üblich in unserer Kultur, und ich bin auch bereit, das vorerst zu akzeptieren, weil ich weiß, dass Gott mich hier in Kigali haben will. Ich passe mich dem Rhythmus meiner Familie an.

Jeden Morgen stehe ich um 5.00 Uhr auf und gehe mit meinem Vater in die Kirche zum Morgengebet. Nach einer Stunde eile ich zurück und nehme ein schnelles Frühstück ein. Danach wartet schon das Firmenauto, um mich ins Büro zu bringen. Meine Kinder bekommen einen Platz in der Rugunga-Grundschule. Sie werden jeden Morgen von Eugène, einem Taxifahrer, abgeholt, der sie, zusammen mit ein paar Nachbarskindern, zur Schule fährt und danach wieder nach Hause bringt.

In meiner neuen Arbeit bei CIMERWA in Kigali-Kanogo habe ich als Geschäftsführerin des Zementverkaufs eine große Verantwortung. Dem chinesischen Verwaltungsdirektor verspreche ich, als er mich an meinem Arbeitsplatz besucht, dass ich meine Arbeit gut machen werde, damit CIMERWA einen guten Ruf in der Hauptstadt hat.

Jeden Morgen um 7.00 Uhr halte ich eine kurze Andacht mit meinen Angestellten. Kunden, die um diese Zeit schon da sind, nehmen gerne daran teil. Manche kommen sogar extra früh, um die Andacht nicht zu versäumen.

Unter denjenigen, die regelmäßig zu unserer Andacht kommen, ist auch François, ein Geschäftsmann. Er spricht mich an und sagt: «Denise, ich komme sehr gerne zu deiner Andacht. Ich erhalte dadurch einen Segen für den ganzen Tag und für mein Geschäft.»

Mein direkter Vorgesetzter in der CIMERWA-Zweigstelle in Kigali, ein Chinese, kann mich nicht leiden. Er glaubt, dass ich als Witwe eine Last für die Firma bin. Von ihm darf ich keine Unterstützung erwarten. Wenn ich etwas brauche, muss ich warten, bis einer der Direktoren vom Hauptsitz der Firma in Bugarama kommt.

Schon wenn ich den Chinesen nur um einen Kugelschreiber bitte, kritisiert er mich und sagt, dass ich den Kugelschreiber meinen Kindern geben würde.

Ich weiß genau, warum er etwas gegen mich hat. Ihm ist schnell klar geworden, dass die Firmenleitung in Bugarama mich nach Kigali gesandt hat, um das Büro auf Vordermann zu bringen. Ich lasse mich durch seinen Widerstand nicht entmutigen, sondern beweise ihm, dass ich meine Arbeit gut mache.

Ein wenig später geschieht etwas Eigenartiges. Eines Morgens kommt ein Kunde vom Bergbau- und Industrieministerium, dem CIMERWA unterstellt ist. Er ist völlig überrascht, als er mich, meine Mitarbeiter und einige Kunden, vor Arbeitsbeginn beim Gebet antrifft. Er macht mir heftige Vorwürfe: «Wer hat Ihnen erlaubt, in einem staatlichen Büro zu beten?»

Ich antworte: «Bevor ich mit der Arbeit beginne, muss ich beten.»

Er wird noch ärgerlicher und ruft: «Das ist verboten!»

Wütend verlässt er mein Büro und geht zu meinem Vorgesetzten, dem Chinesen, der mir so viele Schwierigkeiten macht. Diesem sagt er ins Gesicht: «Die Angestellte Denise betet, anstatt zu arbeiten!»

Mit großem Erstaunen höre ich die Antwort meines Chefs: «Nein, Denise macht ihre Arbeit sehr gut. Sie ruft ihre Mitarbeiter vor Beginn der Arbeitszeit zusammen. Danach beginnen alle pünktlich mit der Arbeit.»

Der Angestellte des Ministeriums verlässt ärgerlich das Büro. Meine Mitarbeiter haben die Szene aus nächster Nähe erlebt und bestärken mich darin, die morgendlichen Andachten auch weiterhin zu halten.

Einige Tage später erfährt Amuli, der Generaldirektor von CIMERWA, ein Moslem, von dem Vorfall. Er kommt nach Kigali in mein Büro, sieht meine Bibel auf dem Schreibtisch und bestimmt: «Die Bibel muss vom Schreibtisch verschwinden!»

Ich erwidere: «Die Bibel bedeutet mir sehr viel. Ich kann sie nicht wegnehmen.»

«Wir haben vom Ministerium eine Anzeige gegen dich bekommen. Du darfst keine Andacht im Büro abhalten; das bringt die Arbeit durcheinander.»

«Das ist nicht wahr!», entgegne ich ihm. «Du kannst selbst prüfen, ob die Andacht gut oder schlecht für die Arbeit ist. Warum kommst du nicht morgen Früh vor Arbeitsbeginn hierher und bildest dir eine eigene Meinung?»

Amuli lehnt leider ab. Er kennt mich und meine guten Absichten für meine Mitarbeiter und für die Firma. Als ich noch in Bugarama wohnte, hat er mich öfters zusammen mit seiner Frau besucht und mich auch zu sich nach Hause eingeladen. Er weiß, dass ich eine ernsthafte Christin bin.

Der Samstag ist normalerweise ein freier Tag für unsere Arbeiter. Doch manches Mal kann es passieren, dass der Zementtransporter auf dem Weg von Bugarama nach Kigali eine Panne hat und erst am Samstag bei uns ankommt. In diesem Fall sind wir verpflichtet, ihn auch samstags abzuladen.

In Kigali und Umgebung brauchen Architekten, Staatsbeamte, öffentliche Einrichtungen, Privatleute und Nichtregierungsorganisationen Baustoffe, um damit das Land wieder aufzubauen. CIMERWA ist nicht in der Lage, die gewünschte Menge an Zement herzustellen. Schon bald gibt es Geschäftsleute, die mit unserem Zement spekulieren. Sie kaufen ihn bei uns zum Tagespreis, horten ihn und verkaufen ihn mit Gewinn weiter.

Immer wieder wird Zement gestohlen. Eine meiner Kolleginnen, deren Aufgabe das Schreiben von Rechnungen ist, befindet sich im Urlaub. Ein Mann, der die Kollegin kennt, schreibt Rechnungen in ihrem Namen und fälscht ihre Unterschrift. Dann schickt er einen Fahrer mit der falschen Rechnung, die er angeblich bezahlt hat.

Als der Fahrer zum ersten Mal kommt und eine Anzahl Säcke auflädt, schöpfe ich noch keinen Verdacht. Doch ich bin plötzlich unruhig und gehe in der Mittagspause nicht zum Essen. Als der Fahrer während der Pause wiederkommt, um weitere Säcke aufzuladen, schaue ich mir die Rechnung genauer an und stelle fest, dass das Formular nicht genau mit den unsrigen übereinstimmt. Eine innere Stimme sagt mir, dass die Rechnung falsch ist.

Ich frage den Fahrer, woher er die Rechnung hat. Er gibt mir ohne weiteres die gewünschte Auskunft, da er und sein Fahrzeug nur für den Transport gemietet sind. Ich erfahre, wohin er den Zement bringen soll. Sofort informiere ich meinen Chef und die Polizei. So bekommen wir einen Teil des bereits gestohlenen Zements wieder zurück.

Oft denke ich an die zwölf Jahre zurück, die ich in Bugarama erlebte und erlitt. Es waren Jahre des Kampfes auf allen Ebenen meiner Existenz. Ich bin geistlich, seelisch und körperlich erschöpft und brauche dringend neue Kraft. Noch immer leide ich an Gastritis, verursacht durch den permanenten Stress, dem ich in Bugarama ausgesetzt war. Ich dürste danach, in meinem neuen Lebensumfeld Freunde zu finden, die mich lieben und sich um mich kümmern.

Ich habe eine feste Anstellung, worüber ich sehr froh bin, aber ich weiß nicht genau, wo ich mich geistlich engagieren soll. Am liebsten würde ich mich mit Christen in verschiedenen Gemeinden treffen, um durch die Gemeinschaft mit ihnen und durch das Studium von Gottes Wort ermutigt zu werden und Klarheit darüber zu bekommen, wie mein Leben weitergehen soll. Ich lese oft und gerne in der Bibel, weil Gottes Wort auch in schweren Zeiten immer ein Licht auf meinem oft dunklen Weg war.

Gottes Wort ist für mich wie ein Spiegel. Immer wenn ich in diesen Spiegel schaue, erkenne ich, dass ich ein sündiger Mensch bin und Jesus meine Sünden durch sein am Kreuz vergossenes Blut reingewaschen hat. Jesus zeigt mir, wie ich vergeben und selbst Vergebung bekommen kann. Er macht mir deutlich, dass ich auch mit meinen Feinden in Frieden leben und ihnen vergeben soll.

Gott hat mich durch sein Wort in der Bibel so verändert, dass ich meine eigenen Pläne für mein Leben aufgegeben habe und seinen Plänen für mich gefolgt bin. Jesus hat in der Zeit, als er auf der Erde lebte, mit vielen Problemen kämpfen müssen. Viele seiner jüdischen Volksgenossen stellten sich gegen ihn und lehnten ihn als den verheißenen Messias und Sohn Gottes ab. Jesus versteht mich in meiner Angst und in meinen Zweifeln. Dennoch fühle ich oft eine tiefe Leere in mir, weil ich ständig kämpfen muss. Ich brauche ständig geistliche Nahrung, um neue Kraft für meinen Kampf zu bekommen. Manchmal sagt eine innere Stimme zu mir: *Es ist jetzt genug! Du musst nicht jeden Morgen zur Andacht gehen. Gott weiß doch Bescheid! Warte auf seine Antwort. Er wird deine Probleme lösen!*

Nachdem ich nach Kigali umgezogen bin, beschließe ich, in meiner Mittagspause von 12.00 bis 14.00 Uhr in die Mittagsgottesdienste der Inkuru-Nziza-Gemeinde zu gehen. Es gibt viele Menschen hier in der Hauptstadt, die sich nach geistlicher Nahrung sehnen und daher die Gottesdienste besuchen. Diejenigen, die ihren Arbeitsplatz nicht verlassen können, weil sie ständig erreichbar sein müssen, organisieren Andachten in ihren Büros.

In dieser Zeit kommen viele Prediger aus dem Ausland nach Kigali. Ihre Botschaften ermutigen und segnen mich.

Der 22. Februar 1999 ist ein besonderer Tag. Noch sehr bedrückt von meinen schrecklichen Erlebnissen, an die ich mich täglich erinnere, besuche ich den Mittagsgottesdienst in der Inkuru-Nziza-Gemeinde. Steven G. ist der Prediger des Tages. Sein Thema lautet: «Mach weiter!»

Zuerst liest er aus dem Lukas-Evangelium, Kapitel 18, Vers 1: «Er [Jesus Christus] sagte ihnen ein Gleichnis davon, dass man immer beten muss und nicht damit aufhören soll.» Danach liest er aus dem Galaterbrief, Kapitel 6, Vers 9: «Lasst uns aber Gutes tun und nicht müde werden, denn zu seiner Zeit werden wir auch ernten, wenn wir nicht aufgeben.»

Die Botschaft spricht mich an, weil ich gerade dabei bin, meine Gebetszeiten einzuschränken.

Steven sagt: «Hör nicht auf, Gutes zu tun! Hör nicht auf zu beten! Du hast die Kraft, weiterzumachen! Hör nicht damit auf, morgens um 5.00 Uhr aufzustehen, um zu beten.»

Als er diese Uhrzeit nennt, fühle ich mich persönlich angesprochen, weil ich mich entschieden habe, nicht mehr um 5.00 Uhr zum Beten aufzustehen. Mir wird klar, dass Jesus durch die Predigt zu mir persönlich spricht.

Der Prediger fährt fort: «Du hast viele schlimme Dinge erlitten und bist entmutigt. Gott wird alles neu machen in deinem Leben. Deshalb solltest du nicht aufgeben, sondern ihm weiter dienen. Jetzt ist nicht die Zeit, weniger zu beten, sondern mehr.»

Deutlicher kann Gott nicht zu mir sprechen. Ich beschließe, ihm zu gehorchen und den Weg weiter mit ihm zu gehen.

In einem der Gottesdienste bekomme ich die Gelegenheit, meine Geschichte zu erzählen. Viele sind beeindruckt, als sie erfahren, wie Gott mich bewahrt hat.

Der Moderator kommentiert meinen Bericht mit den Worten: «Wir haben heute gehört, wir wunderbar Gott Denise bewahrt hat, so wie Daniel in der Löwengrube. Wir können heute nicht nur sagen: ‹Der Gott Daniels›, sondern heute sagen wir: ‹Auch der Gott von Denise›!»

In Kigali denke ich wieder an die Einladung nach Amerika und bemühe mich, die notwendigen Reisedokumente zu bekommen.

Einmal kommt Ben, ein Mitarbeiter der Hilfsorganisation «Compassion International», in mein Büro, um Zement zu kaufen. Weil ich ihn gut kenne, rede ich mit ihm über meine Pläne.

Als Charles im Gefängnis war, besuchte mich Esther, die Mutter von Ben, zusammen mit Frau Serugoum. Beide wurden später im Völkermord getötet.

Esther sagte mir damals: «Denise, wir haben für dich nur eine Hilfe: das Gebet! Wir sind gekommen, um mit dir zu beten und dich zu trösten. Sei mutig, der Herr Jesus ist bei dir!»

Ben erzählt mir, dass er auch nach Amerika ging, aber Gott habe ihn wieder nach Ruanda zurückgeschickt.

Als ich wieder einmal am Mittagsgottesdienst in der Inkuru-Nziza-Gemeinde teilnehme, bringe ich meine Reisepläne vor Gott und bitte ihn, alle Hindernisse aus dem Weg zu räumen und mir zu zeigen, ob jetzt der richtige Zeitpunkt für die Reise nach Amerika ist. An diesem Tag predigt Pastor Massasu.

«Unter unseren Zuhörern heute gibt es einige, die den Völkermord überlebt haben. Warum habt ihr überlebt? Weil Gott euch hier in Ruanda braucht. Viele von denen, die überlebt haben, sind ins Ausland gegangen. Sie warfen ihre Ausweise weg, um ihre Identität nicht preiszugeben, und belogen die Regierung des Gastlandes, indem sie behaupteten, Flüchtlinge zu sein. Bitte, ihr Überlebenden, Gott braucht euch hier in Ruanda! Später einmal wird er euch ins Ausland schicken, damit ihr von den Wundern erzählen könnt, die Gott in eurem Leben getan hat. Doch jetzt werdet ihr hier gebraucht.»

Diese Worte treffen mich ins Herz. Ich überlege, welche Identität ich wohl haben werde, wenn ich in die USA gehe? Ich möchte kein Flüchtling sein. Es ist wahr, Gott hat mich im Völkermord wunderbar bewahrt. Ich kann doch nicht ins Ausland gehen und sagen, ich sei ein Flüchtling? Das wäre eine Lüge. Krieg und Völkermord sind vorbei, und jeder Ruander, der kein Verbrechen begangen hat, kann hier in Frieden und Freiheit leben. Die Milizen haben ihre Macht verloren, auch wenn sie in den Grenzgebieten noch einzelne Terroranschläge verüben.

Ich beschließe, meinen Verwandten in Amerika ein Fax zu schicken und sie zu fragen, welche Identität ich in den USA hätte, wenn ich dorthin reisen würde. Die Antwort erhalte ich umgehend: «Du wirst genauso behandelt werden wie alle anderen. Zuerst musst du alleine kommen, ohne deine Kinder, die später vielleicht nachkommen können.»

Die Antwort schockiert mich. Ich bin kein Flüchtling, und ich bin auch nicht wie alle anderen, sondern ich habe eine eigene Identität. Was werden meine Kinder dazu sagen? Ich bitte Gott, mir zu zeigen, ob die Worte von Pastor Massasu auch für mich gelten. Dann schlage ich die Bibel auf und lese Jesaja, Kapitel 52, Vers 12:

«Denn ihr sollt nicht mit Eile ausziehen noch mit Flucht wandeln; denn der Herr wird vor euch her ziehen; und der Gott Israels wird euch sammeln.»

Ich danke Gott für seine klare Antwort, die mir deutlich macht, dass ich nicht übereilt wie ein Flüchtling reisen soll. Wenn die Zeit gekommen ist, dass ich nach Amerika gehen soll, wird Gott es mir zeigen und mich dabei unterstützen.

Meine Reisesehnsucht ist in diesem Augenblick verschwunden. Sofort rufe ich bei dem Mann an, dem ich meine Unterlagen gegeben habe, damit er mir dabei hilft, das Visum für die USA zu bekommen, und sage zu ihm: «Bitte gib mir alle Unterlagen zurück, die du von mir bekommen hast!»

«Warum willst du sie zurückhaben, Denise?»

«Ich habe jemand anderes gefunden, der sich noch besser um meine Reise kümmern kann als du.» Damit meine ich Gott.

Am nächsten Tag bringt er mir alle Dokumente zurück, die er von mir bekommen hat. Ich lege sie in meinen Büroschreibtisch und hebe sie dort zur Erinnerung auf.

In einem der Mittagsgottesdienste in der Inkuru-Nziza-Gemeinde soll Dr. Larry aus den USA die Predigt halten. Er tritt nach vorn und öffnet seine Bibel. Wir warten gespannt auf seine Botschaft, doch er redet kein Wort. Er schaut uns erstaunt an, wie jemand, der sich nicht vorbereitet hat und jetzt nicht weiß, was er sagen soll. Nach einer Weile spricht er endlich.

«Bevor ich die meiner Predigt zugrunde liegende Bibelstelle vorlese, muss ich euch etwas sagen. Gerade als ich meine Bibel aufschlug und den Text lesen wollte, machte Gott mir deutlich, dass ich euch eine bestimmte Geschichte erzählen soll:

Einer meiner Pastorenkollegen lieh sich 10.000 Dollar von mir.

Er dachte nicht daran, mir mein Geld zurückzugeben, obwohl er es mir versprochen hatte. Ich erinnerte ihn immer wieder daran, aber ohne Erfolg. Ich ärgerte mich sehr über ihn und war nahe daran, ihn zu verfluchen.

Als ich meiner Frau erzählte, was ich vorhabe, riet sie mir dringend davon ab, meinen Kollegen zu verfluchen. Ich ärgerte mich jetzt auch über meine Frau und sagte ihr, sie solle in die Küche gehen; mein Geld gehe sie nichts an.

Als ich das nächste Mal predigte, spürte ich, dass ich keine Vollmacht von Gott hatte. Ich redete zu der Gemeinde, aber nichts geschah. Niemand schien von meiner Predigt angesprochen zu sein. Ich ging traurig nach Hause. Meine nächste Predigt war ebenso kraftlos und ohne erkennbares Ergebnis.

Nachdem ich mich entschieden hatte, meinen Kollegen zu verfluchen, was ich bisher nicht getan hatte, konnte ich nachts nicht mehr schlafen. So ging das viele Tage.

Dann hörte ich eine Stimme in meinem Herzen: *Warum willst du deinen Pastorenkollegen verfluchen? Vergib deinem Kollegen seinen Betrug und kümmere dich nicht mehr um das Geld!*

Ich begriff, dass Gott mit mir geredet hatte, und war erleichtert, dass ich die Geschichte nicht mehr mit mir herumtragen musste. Sofort rief ich meinen Kollegen an, vergab ihm und sagte, er könne das Geld behalten.

Am nächsten Tag musste ich wieder predigen. Bald erkannte ich, dass Gott durch meine Worte wirkte. Menschen bekehrten sich, und ich erlebte, wie Gott meine Arbeit sichtbar segnete.

Ein paar Monate später erhielt ich einen Telefonanruf. Ein mir unbekannter Mann war am Apparat und sagte: ‹Pastor, ich habe gehört, dass du jemandem vergeben hast, der dir 10.000 Dollar schuldete und dir das Geld nicht zurückzahlen konnte. Gott drängt mich dazu, dir 25.000 Dollar für deinen Dienst zu geben.›

Vielleicht ist jemand von euch in einer ähnlichen Lage, wie ich es war? Bitte überlege nicht lange, ob du deinem Schuldner vergeben sollst oder nicht! Vergib ihm, lass ihn los und vergiss!»

Dr. Larrys Worte gelten mir. Ich habe Umvira 700 Dollar von den 1000 Dollar geliehen, die ich von Joseph für unseren Landrover erhalten hatte. Wie oft habe ich Umvira gefragt, wann er mir das Geld endlich zurückgibt. Dabei kam es jedes Mal zum Streit. Umvira sagte stets, dass er gerade kein Geld habe, aber er würde seine Schulden bei mir bezahlen, sobald er es könne. Meine Freunde konnten mir auch keinen Rat geben. Seitdem fühle ich mich schlecht, und ich habe keinen inneren Frieden mehr. Die Worte von Dr. Larry zeigen mir, was ich tun soll.

Nach dem Gottesdienst nehme ich mein Handy und rufe Umvira an: «Mein lieber Umvira! Gott hat zu mir gesprochen wegen des Geldes, das ich dir geliehen habe. Ich vergebe dir und werde dich nicht mehr nach dem Geld fragen, das du mir schuldest.»

Umvira weiß, dass ich das Geld dringend brauche, und kann nicht verstehen, dass ich jetzt darauf verzichte. Einige Zeit später erkennt Umvira, dass er ein sündiger Mensch ist und Gottes Vergebung braucht. Er bekehrt sich und wird ein Nachfolger Jesu.

Ich lade ihn zu den Gottesdiensten in der Inkuru-Nziza-Gemeinde ein. Er trifft ein Mädchen in der Gemeinde, mit dem er früher öfters den Cadillac-Nachtclub besuchte. Beide sind sehr erstaunt darüber, sich jetzt in einer Kirchengemeinde zu treffen anstatt in einem Nachtclub.

Ich bin glücklich darüber, dass Umvira durch mein Verhalten einen Anstoß bekommen hat, über seine Schuld und über die Vergebung Gottes nachzudenken, und dass er sich bekehrt hat.

Gott hat mich vom Tod errettet und mir zusätzliche Lebenstage geschenkt. Ich will diese Zeit nutzen, um mein Leben in Ordnung zu bringen, wie Paulus es im Titusbrief, Kapitel 1, Vers 5 schreibt: «Deshalb ließ ich dich in Kreta [Gott ließ mich am Leben], damit du die Dinge in Ordnung bringst, die noch getan werden müssen.»

Ich bin entschlossen, ein neues Leben zu beginnen, in dem es mir zuerst darum geht, Jesus zu gefallen und ihm in allem die Ehre zu geben. Außerdem möchte ich Gottes dauerhaften Segen in meinem Leben erfahren, wie es beim Propheten Jesaja, Kapitel 65, Vers 16 steht:

«Wer sich auf Erden segnen will, der segne sich in Gott, dem Herrn, und wer auf Erden schwören will, der schwöre beim wahrhaftigen Gott, denn die alten Ängste sind vergessen und sie sind vor meinen Augen verborgen.»

26. Mein Dienst an Witwen und Waisen in Kigali

In meinem Büro treffe ich viele Menschen. Die meisten kommen, um Zement zu kaufen.

Mitte 1999 kommt ein Herr vorbei und stellt sich als Jean Gakwandi vor. Er möchte ebenfalls Zement kaufen. Er kommt regelmäßig, meistens am Morgen.

Ich habe ja die Angewohnheit, zusammen mit den anderen Angestellten am Morgen vor der Arbeit zu beten. Durch diese Gebetstreffen finden einige der Angestellten zu Gott. Auf meinem Schreibtisch liegt immer eine Bibel.

Jedes Mal, wenn Jean kommt, ermutigt er mich, in der Bibel zu lesen. Weil er das bei jedem seiner Besuche tut, entschließe ich mich, ihn näher kennenzulernen. Bei seinem nächsten Besuch stelle ich mich vor und sage ihm, dass ich eine Christin und Witwe mit drei Kindern bin, die den Völkermord überlebt hat.

Jean arbeitet für eine Hilfsorganisation mit dem Namen «World Relief International» (WRI), die sich auch um Völkermordwitwen und Völkermordwaisen kümmert. Er lädt mich zu einem Treffen von Witwen und Waisen in dem kleinen Raum von WRI ein.

Am nächsten Samstag um 11.00 Uhr warte ich vor dem Haus meiner Eltern auf Jean. Ich bin sonntäglich gekleidet, um den anderen Witwen und Gott damit Ehre zu geben. Das erste Treffen, das ich besuche, findet in Rwamagana, im Osten Ruandas, statt und wird von «Avega-Gahozo» (Association des Veuves du Genocide Agahozo) organisiert.

Wir reisen mit Rose Mukamusana zusammen, ebenfalls eine Völkermordwitwe, die bei Avega in Kigali arbeitet. Eine weitere Frau, die ihren Mann durch den Völkermord verloren hat, Odeta Kayirebwa, koordiniert die Arbeit von Avega im Osten Ruandas, wo sie Hunderte von jungen und älteren Witwen zu Versammlungen einlädt.

Die Teilnehmerinnen in Rwamagana erzählen von ihren Erlebnissen während des Völkermords. Als die schrecklichen Erfahrungen wieder ans Tageslicht gebracht werden, weinen wir zusammen. Der Austausch und das gemeinsame Weinen tun uns allen gut. Wir fühlen uns in unserem Schmerz miteinander verbunden. Wir lesen miteinander Bibelstellen, die uns trösten, wie Jesaja, Kapitel 40, Vers 1: «Tröstet, tröstet mein Volk!, spricht euer Gott.»

Und 2. Korintherbrief, Kapitel 1, Vers 4: «Gott, der uns tröstet in aller unserer Trübsal, dass wir auch trösten können, die in Trübsal sind, mit dem Trost, mit dem wir von Gott getröstet werden.»

Die Gesichter der Frauen drücken Verzweiflung und Hoffnungslosigkeit aus, weil sie körperlich und seelisch verwundet wurden und noch immer zutiefst traumatisiert sind.

Ich kann ihren Schmerz sehr gut nachempfinden und ermutige sie, ihr Leben Jesus Christus anzuvertrauen. Wir haben den Völkermord nicht deswegen überlebt, weil die Milizen Mitleid mit uns gehabt haben, sondern weil Gott uns bewahrt hat – obwohl wir nicht besser sind als die anderen, die sterben mussten.

Dann erzähle ich ihnen, dass ich viele Stunden im Blut meiner Verwandten liegen musste, um nicht entdeckt zu werden, und dass ich mein Kind in der Nacht bekam, als um mich herum fast alle Tutsi in unserer Siedlung ermordet wurden. Es ist mir bewusst, dass ich durch meinen Bericht die schrecklichen Erlebnisse wieder neu ans Tageslicht hole. Wie werden die leidgeprüften Frauen darauf reagieren?

Nach dem Ende des Treffens kommen einige der Frauen auf mich zu und danken mir für meine ermutigenden Worte.

Eine sagt zu mir: «Wie kommt es, dass du als junge Witwe, die Furchtbares erlebt hat, in der Lage bist, uns zu ermutigen?»

Ich antworte ihr: «Jesus gibt mir die Kraft dazu, obwohl ich, ebenso wie ihr, noch immer tief verletzt bin. Was Jesus in mir und mit mir tut, geht weit über mein Verstehen hinaus.»

An einem Sonntag nach unserem Besuch in Rwamagana werde ich zu einem Treffen von WRI in Kacyiru, in der Nähe des König-Faysal-Hospitals, eingeladen. Die Treffen, zu denen regelmäßig zwischen dreißig und fünfzig Menschen zusammenkommen, beginnen jeweils mit ein paar ermutigenden Worte von WRI-Mitarbeitern.

Als ich das erste Mal teilnehme, empfinde ich einen tiefen inneren Frieden. Der liebevolle Umgang der Teilnehmer miteinander macht die Last auf meinem Herzen leichter. Bevor ich zu diesen Treffen gegangen bin, habe ich gedacht, dass ich mehr gelitten habe als die meisten, was sich schnell als Irrtum herausstellt, als ich die Berichte der anderen höre.

Zur tiefen Traumatisierung kommt eine unbändige Wut auf die Milizionäre, die uns das alles angetan haben. Viele der Völkermordopfer nennen die Hutu nur noch «Inyamaswa», Tiere. Wenn man sie fragt, warum sie diesen harten Begriff verwenden, erzählen sie die Geschichte von Killy, einem jungen Tutsi-Mädchen aus Gikongoro, das noch in die Grundschule ging:

Als die Interahamwe in ihr Dorf kamen, rannte sie, bekleidet mit ihrer blauen Schuluniform, davon. Sie suchte Schutz im Haus eines Hutu in der Hoffnung, zwischen den Kindern der Familie unbemerkt zu bleiben. Der Mann hatte seine Frau verloren und bot Killy an, sie wie sein eigenes Kind bei sich aufzunehmen. Dankbar nahm Killy das Angebot an und glaubte sich in Sicherheit. Wenig später vergewaltigte er Killy und machte das kleine Schulmädchen zu seiner Frau. Der Mann hatte AIDS und infizierte Killy ebenfalls. Sie bekam einige Kinder von diesem Mann. Weil ihre eigene Familie nicht mehr existierte, blieb ihr nichts anderes übrig, als bei diesem Mann zu bleiben.

Zu wissen, dass solche und ähnliche Geschichten tausendfach

geschehen sind, lässt unsere Wut auf die Hutu immer größer werden. Als die Verbrechen geschahen, waren wir dem Terror ohnmächtig ausgeliefert. Diese Ohnmacht wird uns heute im Nachhinein immer stärker bewusst und stürzt uns in eine tiefe Verzweiflung, die uns auch die Zukunft nur in tiefstem Dunkel erscheinen lässt. Viele von uns leben noch immer unter Schock und sind in ihrem Denken und Handeln gelähmt. Hunderttausende von Frauen sind vergewaltigt worden. Viele von ihnen fühlen sich schuldig, ekeln sich vor sich selbst und haben Angst vor jedem Mann, dem sie begegnen. Manche werden von Scham und Ekel in den Selbstmord getrieben.

Daphrose war eine ungewöhnlich schöne Frau, der die Interahamwe das Gesicht mit Macheten zerschnitten. Prisca hieben sie mit ihren Schwertern beide Beine ab. Mama Viva steht noch immer unter Schock und leidet unter viel zu hohem Blutdruck. Viele Opfer können nachts nicht mehr schlafen, leiden unter ständigen Kopfschmerzen, unter Gastritis und Magengeschwüren. Ich selbst habe große Magenprobleme und muss mich mehrmals am Tag erbrechen. Kein Medikament hilft mir.

Die meisten der Opfer und Täter bezeichnen sich als Christen. Das hat zur Folge, dass viele Opfer sich weigern, wieder in ihre Kirche zu gehen. Sie wissen, dass sie dort Priester und Pastoren treffen, die selbst aktiv am Völkermord beteiligt gewesen sind oder sich geweigert haben, den Verfolgten zu helfen.

Später treffe ich Lautharie, die durch Machetenhiebe schwer verletzt und in eine Toilettengrube geworfen worden ist. Sie überlebte und entschloss sich, wieder in ihre katholische Kirchengemeinde zu gehen. Als der Priester in der Messe am Sonntag das Abendmahl feiern wollte, klagte sie ihn an, am Völkermord aktiv mitgemacht zu haben. Sie verbot ihm, Wein und Oblaten, Leib und Blut Christi, zu berühren, da sie heilig seien und an seinen Händen das Blut unschuldiger Menschen klebte.

Wir fühlen uns einsam und von der Gesellschaft ausgestoßen. Viele von uns haben alle ihre Angehörigen verloren. Wir leben in tiefer Armut, weil unsere Häuser zerstört und unser Eigentum geraubt wurde. Wir wissen nicht, wo sich die Leichname unserer

Lieben befinden, und können nicht an ihren Gräbern weinen und trauern. Wir haben unser Vertrauen in die Menschen verloren und fühlen uns seelisch und körperlich so sehr gelähmt, dass wir kaum in der Lage sind zu arbeiten.

Wie kann man einer Frau helfen, die vergewaltigt und ausgestoßen wurde und alles verloren hat: Mann, Kinder, Verwandte, Freunde, Nachbarn, Haus und Besitz?

Wie kann man einem Kind helfen, das seine Eltern und Verwandten verloren hat; das nie wieder die Liebe seiner Eltern spürt, das noch an der Brust der Mutter getrunken hat, als diese bereits ermordet war?

Wie kann man einer Mutter helfen, die ihre Kinder herausgeben musste, damit sie getötet werden konnten? Oder die gezwungen wurde, ihre Kinder selbst zu töten, wie es Imma tat?

Wie kann man eine Hutu-Frau trösten, die von ihrem Bruder gezwungen wurde, die Kinder, die sie mit ihrem Tutsi-Mann hatte, selbst zu töten?

Wie kann man einer Frau helfen, die mit ansehen musste, wie ihr Mann ermordet und sein Fleisch aufgespießt und gegrillt wurde? Wie kann man ihren Kindern helfen, denen man erzählte, was mit ihrem Vater geschah?

Es ist mir ein großes Anliegen, für diese Menschen, die unsagbar schweres Leid erfahren haben, zu beten. Je mehr Geschichten ich höre, desto mehr wachsen mein Mitleid und mein Mitgefühl.

Die meisten dieser Menschen wollen nicht mehr in ihren Heimatort zurückkehren, weil sie noch immer Angst davor haben, dass ihre Hutu-Nachbarn ihnen auflauern und sie töten. Andere sind so schwer traumatisiert, dass sie nicht an den Ort ihres Leidens zurückkehren wollen.

Die meisten von ihnen sehen keinen Sinn darin zu arbeiten. Sie sagen: «Wir haben keine Familie mehr. Für wen sollen wir arbeiten?»

Ein Junge sagt: «Warum sollte ich wieder zur Schule gehen?

Meine Geschwister wurden ermordet. Mein Vater, ein Ingenieur, wurde ermordet. Ich will nicht wieder zur Schule gehen!»

Viele Völkermordopfer werden von World Relief mit Lebensmitteln und Decken versorgt. Einige lehnen die Hilfe ab, und eine Witwe sagt: «Mein Mann und meine Kinder sind tot. Warum sollte ich etwas zu essen kochen und alleine essen? Ich habe es nicht verdient, am Leben zu sein und zu essen.»

Die Witwe Mukamazimpaka sagt zu ihrer Freundin Mama Dieudonne, ebenfalls eine Völkermordwitwe: «Sind wir denn so gierige und selbstsüchtige Frauen geworden, dass wir essen können, obwohl unsere Männer und Kinder tot sind? Das kann doch nicht sein? Wir haben kein Recht zu leben. Komm, wir gehen in den Nyabarongo-Fluss und nehmen uns das Leben.» Mama Dieudonne ist aber nicht bereit, Selbstmord zu begehen. So tötet sich Mukamazimpaka allein.

Nach dem Sonntagsgottesdienst besuchen wir jedes Mal einige Witwen im Armenviertel von Kiyoyu. Sie erzählen ihre grauenhaften Geschichten, und wir weinen miteinander.

Der Wunsch in mir, nach Amerika zu gehen, wird immer schwächer. Ich spüre, dass ich mich mit all meiner Kraft für die Witwen und Waisen, die den Völkermord überlebt haben, einsetzen soll.

Wir sind ein gutes Team, das in gegenseitiger Liebe und Achtung versucht, vielen Witwen und Waisen zu helfen. Es sind Witwen, die andere Witwen trösten, indem sie ihnen zuhören und durch das Erzählen ihrer eigenen Erlebnisse ihr Verständnis zeigen. Dadurch werden sie zu Schwestern.

Kinder reden mit anderen betroffenen Kindern und werden zu Geschwistern. So führt Gott einsame Witwen und Waisen zu neuen Familien zusammen. In der Organisation von Solace-Ministries (Trostdienste) treffe ich viele Witwen, mit denen mich bald eine tiefe Freundschaft verbindet. So tröstet Gott uns und gibt uns die Kraft, auch andere zu trösten.

Dank dieser Treffen spüre ich, wie Gott meine Seele zu heilen beginnt. Bald vergesse ich ganz, dass ich nach Amerika auswandern wollte. Als es mir finanziell besser geht, spende ich so viel Geld wie möglich für den Dienst an den Witwen und Waisen des Völkermords. Oft werden ich und andere Helfer eingeladen, Witwen an verschiedenen Orten in Ruanda zu besuchen und zu trösten.

Schon bald leitet ein neuer chinesischer Direktor das Büro von CIMERWA in Kigali. Er hat Verständnis für meine Arbeit mit den Überlebenden des Völkermords und gewährt mir fast immer Urlaub für meine Besuche bei Witwen und Waisen. Ich beantrage eine zusätzliche Mitarbeiterin, die mich entlasten soll, und bekomme eine neue Kollegin. Sie ist immer im Büro, wenn ich unterwegs bin.

Einmal kommt der Leiter der Trostdienste mit seiner Frau, auch eine Völkermordwitwe, in mein Büro und erzählt mir, dass er dabei sei, ein Zentrum zu bauen, in dem Witwen und Waisen des Völkermords ein Zuhause finden und an Leib und Seele betreut werden.

Ich bin begeistert von dieser Idee und spende gleich fünf Säcke Zement dafür aus meiner eigenen Tasche, obwohl ich selbst nicht viel habe. Gott hat mein Herz für den Dienst des Tröstens weit geöffnet. Gerade weil ich selbst noch stark unter den Folgen der Verfolgung leide, erkenne ich, wie wichtig es ist, den Betroffenen zu helfen.

Diese Arbeit ist so lange wichtig, wie es Menschen in Ruanda gibt, die unter dem Völkermord gelitten haben. Deshalb setze ich meine Zeit, mein Geld und meine Gebete für diesen wichtigen Dienst ein. Ich mache das gerne, weil ich ein Herz für diejenigen habe, die Hilfe brauchen.

Im Oktober 1999 fahre ich für drei Tage in die Provinz Cyangugu, um im CIMERWA-Werk in Bugarama zu arbeiten. Bei einem Gebetstreffen dort begegne ich Francine, eine Hutu-Frau. Sie kam nach dem Völkermord nach Bugarama. Ihr Mann arbeitet bei CIMERWA.

Während des Morgengebets hat sie eine Botschaft für mich:

«Denise, Gott hat mir klargemacht, dass du dich für ihn bereithalten sollst. Er wird dich vielleicht an einen anderen Ort senden, um dort für ihn zu arbeiten.»

Ich nehme diese Botschaft zur Kenntnis, kann aber nicht viel damit anfangen. Um diese Botschaft nicht zu vergessen, schreibe ich sie mir auf. Als ich später mit den Trostdiensten in Kontakt komme, erinnere ich mich wieder an die Worte von Francine und erkenne, dass Gott mich in diese Arbeit geführt hat.

Der Monat Dezember bedeutet mir sehr viel. Ich wurde im Dezember geboren, im Dezember getauft, habe Charles im Dezember geheiratet, meine vier Brüder und meine jüngere Schwester haben im Dezember geheiratet. Einer meiner Brüder wandte sich von Gott ab und kam in einem Dezember zu Gott zurück. Meine Mutter litt an Krebs und wurde im Dezember durch Gebet geheilt.

Am 13. Dezember 1999, meinem Geburtstag, treffe ich mich mit meinen Eltern und meinen Geschwistern. Nach einer Gebetsnacht beschließen wir, eine Woche zusammenzubleiben und uns an all das zu erinnern, was Gott Großes in unserem Leben getan hat.

Ich bin sehr dankbar dafür, dass ich diese Familie habe, dass mein Vater uns die Bibel liebgemacht hat und Mutter uns durch ihren Lebenswandel ein großes Vorbild war. Ich lasse das vergangene Jahr Revue passieren und erkenne, wie Gott mich geführt und bewahrt hat. Dafür danke ich ihm und bitte ihn, mein Leben auch in der Zukunft in die Hand zu nehmen und mir Kraft und Weisheit für meinen Dienst zu geben.

Am Ende des Jahres 1999 machen sich viele Menschen auf der ganzen Welt große Sorgen darüber, ob die Umstellung der Computer auf das Jahr 2000 funktionieren wird. Es ist das Hauptthema in den Medien in den letzten Tagen und Wochen des alten Jahres. Eine große Unsicherheit liegt in der Luft.

Ich habe vorgesorgt und das neue Jahr in die Hände Gottes gelegt. Dieser Gott, der mich im Völkermord bewahrt hat, würde den Menschen die nötige Weisheit schenken, mit dem Problem fertig zu werden.

In diesen Tagen bitte ich Gott darum, meine Probleme mit dem alten Jahrtausend zu beenden und mir im neuen Jahrtausend Wege zu öffnen, auf denen ich ihm besser dienen kann. Ich bitte Gott um Frieden in meinem Land und für eine gute Regierung, die dafür sorgt, dass in Ruanda eine neue Zeit ohne Hass und Trennung zwischen den Volksgruppen anbricht.

Im Buch Jesaja, Kapitel 52, lese ich die Verse 7 und 8:

«Wie lieblich sind auf den Bergen die Füße der Boten, die da Frieden verkündigen, Gutes predigen, Heil verkünden, die da sagen zu Zion: Dein Gott ist König! Deine Wächter rufen laut mit ihrer Stimme und rühmen miteinander; denn man wird's mit Augen sehen, wenn der Herr Zion bekehrt.»

Gott wird auch uns in Ruanda den Frieden bringen, und wir werden Gott wieder ehren und achten.

Im Februar 2000 mache ich meinen ersten Kurs in der Beratung von Witwen. Während des fünftägigen Kurses lerne ich wertvolle Menschen kennen, die zu meinen Freunden werden. Bisher bestand mein Dienst an den Völkermordopfern darin, dass ich mit den Betroffenen geweint und gebetet habe. Jetzt bekomme ich ein professionelles Rüstzeug.

Drocella, die bei Avega-Gahozo arbeitet, nimmt mit mir an diesem Kurs teil. Dr. James aus den USA ist der Kursleiter. In einem Workshop empfiehlt er uns, einen 5-Jahres-Plan aufzustellen. Wir schütteln den Kopf. Jemand sagt zu Dr. James: «Wir haben mit unseren Männern auch einen Plan aufgestellt. Es hat überhaupt nicht funktioniert. Warum sollten wir es jetzt tun?»

Die ganze Gruppe lacht lauthals hinaus. Dieser Mann hat keine Ahnung, wie das Leben hier in Ruanda läuft. Wie kommt er dazu, ausgerechnet uns Witwen zu sagen, dass wir einen Plan für unsere Zukunft machen sollen? Wir sind immer noch schwer traumatisiert und verstehen nicht, warum wir uns einen Plan für unser Leben zusammenstellen sollen. Wir fragen uns, ob wir jemals aus unserem Trauertal herauskommen und wieder ein normales Leben führen können.

Ich spreche mit meiner Freundin Jeanne, einer vorbildlichen Christin, mit der ich oft zusammen bete, dass ich meine Situation nach wie vor als negativ einstufe. Ich kann noch immer nicht lachen und empfinde kaum einmal so etwas wie Freude.

In dieser Zeit habe ich einen Traum. Ich träume, dass ich Oscar treffe, einen unserer Freunde, der beim Völkermord getötet wurde. Oscar war ein gläubiger Christ und ein echter Freund. Als er und seine Frau ermordet wurden, betete er für andere, auch für mich.

Als ich ihn im Traum sehe, weine ich und rufe: «Ich sehe Oscar wieder. Aber er ist doch tot?»

Oscar sieht mich an, lächelt und grüßt mich mit beiden Händen, wie es bei uns in Ruanda Sitte ist.

Im Traum bin ich plötzlich unendlich erleichtert. Es ist, als ob eine schwere Last von mir abfällt, und ich fühle eine große Freude.

Als ich aufwache, ist die Freude verschwunden und die Last wieder da. Ich stelle fest, dass ich im Traum in einer anderen Welt war. Die Freude, die ich in der anderen Welt empfand, kann ich in dieser Welt, die voll mit Sünde und Verdorbenheit ist, nicht empfinden.

Nach dem Kurs mit Dr. James lädt mich meine Freundin Drocella zu einem Treffen ein, das nur von Witwen organisiert ist und zu dem keine Waisen kommen. Wir nennen das Treffen «Eben-Eser» (Stein der Hilfe Gottes). Manchmal laden wir einen Pastor ein, damit er uns zu Beginn der Zusammenkunft eine Mut machende Andacht hält. Manchmal sind wir dabei auf uns selbst angewiesen.

Die Art des Treffens hängt von dem Ort ab, wo wir zusammenkommen. Leider kann ich die anderen nicht zu mir nach Hause einladen, weil ich noch immer bei meinen Eltern wohne. Oft leisten wir einander ganz praktische Hilfe bei der Bewältigung des Alltags. Wir tauschen uns darüber aus, auf welchem Amt und bei welcher Organisation man das bekommt, was man braucht. Aber unser Hauptproblem, mit dem wir uns jedes Mal beschäftigen, ist nach wie vor unsere Traumatisierung als Völkermordwitwen.

Wir treffen uns alle drei Monate. Am Ende eines Treffens essen wir zusammen. Durch eine Tombola erhält jede Teilnehmerin den Namen einer Witwe, um die sie sich bis zum nächsten Treffen durch Besuche, Ermutigungen und kleine Geschenke kümmern soll.

Uns ist es als Team wichtig, den Witwen ganz praktisch zu helfen. Jeder leistet seinen Beitrag dazu. Da ich bei CIMERWA arbeite, helfe ich den Witwen, die ein Haus bauen wollen, mit Zement. Da viele Witwen keine Wohnung haben, bitten wir Gott, dass er ihnen ein Haus oder ein Grundstück zukommen lässt. In unseren Treffen wird auch für mich gebetet, weil ich noch immer bei meinen Eltern wohne. Auch ich bitte Gott, dass er mir die Möglichkeit gibt, mein eigenes Haus zu bekommen, in dem ich viele Witwen und Waisen empfangen kann.

Vom 18. bis zum 20. August 2000 findet eine große Konferenz in Togoto-Kikuyu in Kenia statt. Die Leiter der Trostdienste sind der Meinung, dass mir und meinen freiwilligen Mitarbeiterinnen Beatha, Drocella und Anasthasie die Teilnahme an dieser Konferenz guttun und wir eine neue Schau für unsere Arbeit bekommen würden. Die Konferenz wird von der anglikanischen Kirche in Kenia organisiert. Die Teilnehmer kommen aus Uganda, Ruanda, Kenia und aus Deutschland.

Wir treffen Dr. Schumacher und Frau Christel Heiner vom «Missionswerk Frohe Botschaft» (MFB). Aus Ruanda nehmen eine Delegation von «Partners in Mission» (PIM) und Christen der ostafrikanischen Erweckung teil. Das Thema der Konferenz lautet: «Jesus Christus spricht: Ich bin das Licht der Welt. Wer mir nachfolgt, der wird nicht in der Finsternis wandeln» (Johannes 8,12).

Auf der Reise sehen wir zum ersten Mal eine Eisenbahn, den Nil und riesige Steine, die aufgetürmt übereinander liegen. Das alles und vieles mehr begeistert uns so sehr, dass unser Vertrauen auf Gott immer stärker wird. Er kann all das tun, was für uns unmöglich ist. Er wird uns segnen, und wir werden ein Segen für andere sein. Unterwegs im Toyota singen wir: «Wir danken Gott, der uns einst gemacht hat und der uns kennt.»

Während der Konferenz lernen wir die unterschiedlichsten Christen kennen. Zum ersten Mal in meinem Leben sehe ich Menschen aus dem Volk der Massai mit ihren Ohren-Piercings. Wir treffen viele alte Frauen, die in ihren Bibeln lesen. In Ruanda können nur wenige der alten Frauen lesen. Alle heißen uns herzlich und liebevoll willkommen. Sie ermutigen uns, dem Herrn Jesus treu zu bleiben und ihm als unserem König zu dienen.

Ein besonderes Erlebnis ist es, wenn Menschen aus verschiedenen Volksgruppen, wie den Kikuyu, Massai, Banyakole, Baganda, Batutsi, Bahutu, und viele andere zusammen Gott loben mit dem Lied: «Tukutendereza Yesu. Lasst uns Jesus preisen!»

Obwohl in Ruanda drei Volksgruppen in einer Nation leben, in der es Trennung, Hass und Missverständnisse gibt; obwohl es in Ostafrika noch viele andere, sehr unterschiedliche Volksgruppen gibt und sich deren Vertreter auf dieser Konferenz treffen, sind wir doch ein gemeinsames Volk der Nachfolger Jesu. Zu sehen, wie völlig unterschiedliche Menschen sich in der Liebe Gottes annehmen und verstehen, ist ein unvergessliches Erlebnis für mich und meine Begleiterinnen.

Die Konferenz gibt uns neue wichtige Impulse. Als Erstes beschließen wir, ein Gebetsteam zu gründen, um die Arbeit geistlich zu unterstützen. In dieser Zeit arbeite ich weiter bei CIMERWA für meinen Lebensunterhalt.

Am 5. September 2000 habe ich in der Nacht einen Traum. Ich sehe einen kleinen See vor mir, in dem einige Bäume gepflanzt worden sind. Eine Stimme spricht zu mir: «Hier wird dein Haus einmal stehen.» Ich bin skeptisch und frage im Traum: «Wie kann ein Haus in einem kleinen See gebaut werden, in dem Bäume stehen? Selbst wenn die Bäume gefällt werden, so sind die Baumstümpfe den Bauleuten im Weg.» Doch die Stimme wiederholt nur das Gesagte: «Hier wird dein Haus einmal stehen.»

Am Morgen kann ich mich nicht mehr an den Traum erinnern. Als ich im Büro bin, bekomme ich überraschend Besuch von Bernard, einem jungen verheirateten Polizisten, den ich nach dem Völkermord in Bugarama kennenlernte. Er sagt zu mir: «Denise, ich weiß, dass du ein Grundstück suchst. Ich habe zwei Grundstücke; eines befindet sich in Kagugu, das andere in Nyabisindu, beides Stadtteile von Kigali. Entscheide dich für eines der beiden! Ich schenke es dir. Ich brauche beide nicht, weil ich bald versetzt werde.»

«Nein, Bernard!», entgegne ich, «du sollst mir das Grundstück nicht schenken. Ich habe nur wenig Geld, aber ich will das Grundstück trotzdem bezahlen, weil ich weiß, dass du in Cyangugu ein Haus bauen willst. Nyabisindu klingt für mich besser als Kagugu, weil wir vor dem Völkermord immer Milch von der Molkerei Nyabisindu gekauft haben.»

«In Ordnung! Komm, wir schauen uns den Platz an!»

Ich rufe ein Taxi, und wir fahren nach Nyabisindu. Als wir vor dem Grundstück aussteigen, sehe ich Bäume in einem kleinen See und erinnere mich wieder an meinen Traum von der vergangenen Nacht. Gott hat meine Bitte erhört und mir ein Baugrundstück in Kigali gegeben.

Am 25. Dezember 2000 nehme ich an einem Trauergottesdienst in der katholischen Kirche in Kigali, im Stadtteil Remera, teil. Ein junger Mann, Sohn eines ehemaligen Direktors von CIMERWA, ist bei einem Motorradunfall tödlich verunglückt.

Weil ich viel zu tun habe und mein Büro nicht rechtzeitig verlassen kann, komme ich ein paar Minuten zu spät zum Gottesdienst. Ich setze mich still auf die hinterste Bank, ohne nach rechts und links zu schauen, und verfolge die Zeremonie bis zum Schluss.

Wie es bei den Katholiken hierzulande üblich ist, bittet der

Priester uns am Ende des Gottesdienstes, unseren Sitznachbarn den Frieden zuzusprechen. Ich blicke nach links und erschrecke. Neben mir sitzt ein junger Hutu, den ich gut kenne. Er war mein Nachbar in Bugarama und aktiv in den Völkermord verwickelt. Ich weiß auch, dass seine Frau mich verraten und bestohlen hat. Einige meiner Möbel stehen heute noch in seinem Haus. Es ist unglaublich. Gott hat dafür gesorgt, dass ich neben diesem Mann sitze und ihm den Frieden zuspreche. So nimmt Gott die Dinge in die Hand.

Ich sage zu ihm in meinem Herzen: *Du, Jesus, hast ein Tor geschossen!*

Jesus hat gewonnen, ich habe verloren. Er hat den Platz vorbereitet und mich neben einen Hutu gesetzt. Hätte ich das vorher gewusst, hätte ich mich nicht auf diesen Platz gesetzt. Gott erinnert mich an den 14. Vers im 12. Kapitel des Hebräerbriefes:

«Jaget nach dem Frieden gegen jedermann und der Heiligung, ohne welche niemand den Herrn sehen wird.»

Es fällt mir noch immer schwer, den Menschen zu vergeben, die offensichtlich ihre Schuld nicht erkennen und bekennen wollen. Gott hilft mir dabei, Fortschritte auf diesem Gebiet zu machen.

Das Jahr 2001 ist ein besonderes Jahr für mich. Seit dem Völkermord 1994 gehe ich jeden Abend weinend zu Bett. Tagsüber sieht niemand meine Tränen. Ich reiße mich zusammen und lächle die Kunden an, die bei mir Zement kaufen. In diesem Jahr 2001 heilt Gott meine Seele, und ich gehe nicht mehr weinend zu Bett.

Im Jahr 2001 kommt auch Bewegung in meinen Hausbau. Ich muss mich um die Papiere für mein Grundstück kümmern, weil die Gefahr besteht, dass mir das Grundstück wieder weggenommen wird, was rechtlich möglich ist, wenn ich kein Haus darauf baue. Ich beschließe, das Fundament für mein Haus setzen zu lassen. Es sind noch viele Fragen offen, und ich bin froh, dass meine

Witwenkolleginnen mich mit Rat und Tat und ihren Gebeten unterstützen.

Erfreut stelle ich fest, dass der blinde Augustin Gakumba, der mich vor fünf Jahren in Bugarama besucht und ermutigt hat, hier im Stadtteil Nyabisindu, ganz in der Nähe von meinem Grundstück, wohnt. Ich suche ihn auf und berichte ihm, dass ich bald seine Nachbarin sein werde.

Gakumba freut sich darüber und sagt: «Denise, ich werde dir helfen! Ich weiß, dass du eine Witwe bist und Hilfe brauchst. Obwohl ich blind bin, kann ich nützlich für dich sein. Ich werde die Arbeiter, die den Baugrund bearbeiten, überwachen.»

Ich vertraue Gakumba, weil ich weiß, was er während des Völkermords durchmachen musste und wie Gott ihn und seine Familie bewahrt hat, und gebe ihm 40.000 Ruanda-Francs für die Erdarbeiten. Die Arbeit ist schwierig, weil sich das Grundstück auf einem Abhang befindet. Hier hat keine Maschine Platz, und es kann nur mit der Hand gearbeitet werden. Es ist ein Wunder, wie sicher sich Gakumba auf dem Hügel bewegt, obwohl er blind ist.

Im April spricht er auf einem Völkermord-Gedenktag vor Überlebenden des Völkermords und erzählt seine eigene Geschichte. Am Schluss sagt er zu den Witwen und Waisen und zu den anderen Zuhörern: «Niemand soll sagen, dass er zu nichts nütze ist! Obwohl ich blind bin, kann ich Denise helfen. Auch ihr könnt einander unterstützen und den Schwachen unter euch in ihrer Not helfen.»

Valerie, ebenfalls eine Witwe, lässt mich wissen, dass sie die Herstellung und den Transport der Ziegelsteine für mein Haus überwachen will. Wenig später steht das Fundament meines Hauses.

Im Jahr 2002 wird damit begonnen, im ganzen Land kommunale Strafgerichte, Gacaca genannt, einzurichten, um Menschen abzuurteilen, die aktiv am Völkermord beteiligt gewesen sind. Insgesamt finden in den folgenden Jahren über eine Million Gacaca statt.

Im Radio wird gemeldet, dass die Prozesse stattfinden müssen, damit das Land zu seiner Einheit zurückfindet. Dazu muss Ruanda sich mit seiner schrecklichen Vergangenheit auseinandersetzen, diese verarbeiten und sie nicht, wie in den Jahrzehnten vor 1994 geschehen, totschweigen. Um ein Klima der Versöhnung und des Neuanfangs zu schaffen, haben die Gerichte weitreichende Vollmachten. Sie können die Strafen drastisch reduzieren, wenn die Angeklagten geständig sind und Reue zeigen. Auch ist es möglich, dass die Dauer einer Haftstrafe halbiert wird, wenn der Häftling bereit ist, seine Arbeitskraft in den Dienst der Öffentlichkeit zu stellen, und dadurch mithilft, das Land wieder aufzubauen.

Weil es viel zu wenige professionelle Richter im Land gibt, werden weise Männer mit einer großen Lebenserfahrung, Inyangamugayo genannt, vor Ort als Richter eingesetzt. Sie hören sich die Aussagen der Opfer und der Täter an und sprechen verbindliche Urteile. An einem bestimmten Tag in der Woche findet über einen längeren Zeitraum ein Gacaca für mehrere Ortschaften auf einem zentral gelegenen Hügel so lange statt, bis alle Beschuldigten gehört und verurteilt oder freigesprochen sind.

Wir erfahren, dass Angeklagte, die ihre Schuld bekennen, eine geringere Strafe bekommen. Einerseits sind wir froh, dass es die Gacaca gibt, weil die Prozesse in den staatlichen Gerichten Jahrhunderte dauern würden.

Andererseits glaube ich zu dem Zeitpunkt nicht daran, dass die angeklagten Mörder ihre Taten wirklich bereuen. Ich denke, sie heucheln Reue, um eine geringere Strafe zu erhalten. Heute weiß ich, dass manche auch von Herzen bereuen.

Goretti und ich werden nach Bugarama eingeladen, um gegen C. auszusagen. C. wird aus dem Gefängnis geholt. Als er vor uns steht, blickt er uns nicht an. Ich sage alles, was ich von ihm weiß. Dabei erinnere ich mich daran, wie er und seine Kollegen von CIMERWA mich gezwungen hatten, die Klinik zu verlassen. Niemand hat etwas gegen meine Aussagen einzuwenden. Ich frage C., ob er bereit sei, um Vergebung zu bitten. Doch er zeigt keinerlei Gefühle und antwortet nicht. Ich lasse ihn in Ruhe und fahre nach Kigali zurück.

Auch acht Jahre nach dem Ende des Völkermords hört das Morden der Milizen nicht auf. Consoletia, meine Schwiegermutter in Mukoma, wird in der Nacht in ihrem Haus überfallen. Die Angreifer schlagen ihr mit der Machete auf den Kopf, lassen sie blutend liegen und denken, sie wäre tot. Sie überlebt damit zum zweiten Mal einen Angriff der Hutu-Milizen. Als ich von dem Vorfall höre, fahre ich zu ihr.

Consoletia ist voller Dank, dass Gott sie bewahrt hat, und sagt: «Denise, Gott hat mir mein Leben neu geschenkt. Ich will ihm dienen, indem ich Witwen und Waisen des Völkermords ermutige und mit ihnen bete, dass Gott sie bewahrt.»

Ich frage meine Schwiegermutter: «Gibt es hier niemanden, der dich beschützen kann?»

«Wer sollte sich schon um mich kümmern? Thérèse, meine Nachbarin, auch eine Völkermordwitwe wie ich, half mir nach dem Überfall und rief die Nachbarinnen, damit sie mich ins Krankenhaus bringen. In meinem Dorf hat kein Mann den Völkermord überlebt; auch die Jungs wurden vor den Augen ihrer Mütter getötet. Wer also soll mich schützen, wenn es hier keine Männer mehr gibt?»

Die Sicherheitslage im Land ist nach wie vor schlecht. Die Behörden beginnen, in den besonders gefährdeten Orten Wachdienste zu organisieren. Dazu werden Männer aus der Umgebung angeleitet, nachts durch die Orte zu patrouillieren, um die Milizen abzuschrecken oder festzunehmen. Doch das Morden geht trotz dieser Maßnahme weiter.

Uns ist es ein wichtiges Anliegen, dass die Gacacas gerecht ablaufen und die Mörder die Wahrheit sagen, damit die Opfer wissen, wer von ihren Angehörigen von den Angeklagten ermordet worden ist. Wir beten für die weisen Männer, die Inyangamugayo, dass sie nicht käuflich sind, sondern die Schuldigen richtig beurteilen und verurteilen.

Ich aber weiß noch immer nicht, wo mein Mann ermordet wurde und wo sich sein Leichnam befindet. Wie mir, so geht es auch vielen anderen Witwen.

27. Gottes Auftrag für mich

Anfang 2003 entschließe ich mich dazu, an der Universität zu studieren. Inzwischen habe ich zwei weitere Waisen bei mir aufgenommen, die zum Studieren nach Kigali gekommen sind. Ich bin froh, dass die beiden im Haus sind und auf meine Kinder aufpassen, wenn ich weg bin.

Die neue Regierung legt großen Wert darauf, dass jeder eine gute Ausbildung erhält. Jetzt sollen auch die Tutsi freien Zugang zu den Universitäten erhalten, der ihnen vor dem Völkermord durch die damalige Regierung verwehrt worden war.

CIMERWA legt mir nahe, einen Abendkurs in «Gestion» (Management) an der Freien Universität Kigali (ULK) zu besuchen. Da alle meine Dokumente, darunter auch sämtliche Schulzeugnisse, beim Völkermord vernichtet worden sind, kann ich mich nicht ohne weiteres für den Kurs einschreiben. Doch ich möchte unbedingt die Management-Ausbildung machen, damit ich besser verdiene und mein Haus fertigstellen kann.

In der Universität hat man großes Verständnis für meine Lage und sucht nach einer Lösung. Man teilt mir mit, dass es für den Fall des nachweisbaren Verlusts der Zeugnisse eine Regelung gibt. Ich soll drei Menschen suchen, die bezeugen können, dass ich meinen Oberschulabschluss gemacht habe. Diese müssten bei einem Notar eine eidesstattliche Erklärung unterschreiben.

Phocas, mein Bruder, mein Freund Joram und Charles, ein Freund aus meiner Zeit im Kongo, erklären sich bereit, mit mir zum Notar zu gehen. Ein anderer kongolesischer Freund besorgt meine Zeugnisse in meiner alten Schule im kongolesischen Bideka. Wenig später wird mein Schulabschluss anerkannt, und ich kann mich für den Kurs einschreiben.

Der Aufbau im Land macht rapide Fortschritte. Die Zementproduktion von CIMERWA reicht bei weitem nicht aus. Das zuständige Ministerium und das Management der Firma beschließen, keine neuen Kunden mehr anzunehmen. In den folgenden acht Monaten arbeiten wir nach und nach die Aufträge der alten Kunden ab.

In dieser Zeit macht mir Gott klar, dass ich vollzeitlich für die Witwen und Waisen bei den Trostdiensten arbeiten soll. Er verspricht, mich zu versorgen, wenn ich meine Arbeit bei CIMERWA aufgebe. Ich erzähle meinen Eltern und meinem Bruder Phocas, dass ich meinen Job kündigen und meine Zeit und Kraft für die Arbeit mit den Witwen und Waisen einsetzen werde.

Sie fragen mich: «Hast du dafür gebetet und bist du überzeugt, dass es die richtige Entscheidung ist?»

Ich bin mir ganz sicher und bejahe die Frage.

Meine Familie kennt meine Geschichte und weiß, dass Gott viele Wunder in meinem Leben getan hat. Sie wissen, dass Gott mich versorgen wird, und sind mit meiner Entscheidung einverstanden.

Meine Kollegen bei CIMERWA sind anderer Ansicht. Sie können nicht verstehen, dass ich meinen seit sechzehn Jahre bestehenden unbefristeten Vertrag so einfach kündigen und die damit verbundene finanzielle Sicherheit aufgeben will.

Der Generalsekretär der Firma, ein Chinese, ruft mich an, nachdem er meine Kündigung erhalten hat, und sagt zu mir: «Denise, bist du sicher, dass du deine Stelle aufgeben willst?»

«Ja, ich bin ganz sicher», antworte ich.

«Gibt es irgendwelche Probleme an deinem Arbeitsplatz?»

«Nein. Ich möchte mich nur mit meiner ganzen Kraft und Zeit um die Völkermordwitwen und die Waisen kümmern.»

Mit der Kündigung verliere ich nicht nur ein sicheres Einkommen, sondern auch das Auto mit Fahrer und eine Krankenversicherung, die jede Art der Behandlung und alle Medikamente zu einhundert Prozent bezahlt. Ich lasse das alles gerne zurück und gehe meinen weiteren Weg im Glauben an Gott, der mich versorgt.

Bei der neuen Arbeit bin ich nicht mehr privat krankenversichert, und es gibt kein Auto, das mich morgens zur Arbeit fährt. Dennoch weiß ich, dass meine Entscheidung richtig ist. Endlich kann ich mich ganz auf meine Arbeit mit den Witwen und Waisen konzentrieren.

Im August 2003 wird Präsident Kagame mit 94 % aller Stimmen in seinem Amt bestätigt, weil die große Mehrheit seine Politik der Einheit, Versöhnung und des Fortschritts schätzt.

Während der Wahl 2003 erinnere ich mich an die Nacht auf den 22. April 2000, dem Tag, an dem Paul Kagame seinen ersten Amtseid ablegte. Damals sagte ich zu meiner Freundin Jeanne: «Du weißt, Jeanne, dass Gott mir während des Völkermords gesagt hat, dass ich in der Zukunft noch viele Dinge sehen und erleben werde. Morgen werden alle Ruander sehen, wie Kagame zum Präsident Ruandas ernannt wird. Lass uns schon früh um 6.00 Uhr ins Amahoro-Stadion zur Vereidigung gehen, damit wir gute Plätze bekommen!»

Wir bekamen Plätze in der ersten Reihe. Während wir auf den Beginn der Zeremonie warteten, erinnerte ich mich an ein Lied von Billy Graham, in dem es heißt: «Die Königreiche dieser Welt kommen und gehen. Die Menschen, die Gott nicht lieben und nichts von ihm wissen wollen, werden vergehen. Aber die unvergleichliche Liebe, mit der Gott uns liebt, wird niemals vergehen.»

Die Vereidigung unseres neuen Präsidenten im Jahr 2000 war ein Zeichen für mich, dass unser geschundenes Land endlich den Frieden bekommt, nach dem es sich so lange schon gesehnt hat.

Meine Stellung bei den Trostdiensten ist eher untergeordnet. Ich bin weder Abteilungsleiterin, noch bin ich an Entscheidungen beteiligt, und ich habe auch keinen Einfluss darauf, welche finanziellen Hilfen die Bedürftigen bekommen. Dafür bin ich viel unterwegs, um traumatisierte Witwen und Waisen zu trösten. Frauen, die während des Völkermords vergewaltigt und mit AIDS infiziert worden sind, brauchen besonders viel Trost und Zuspruch.

Ich bin Sozialarbeiterin, Evangelistin und Seelsorgerin in einem. Dabei ist es mir wichtig, den seelisch und körperlich Verletzten Jesu Liebe zu zeigen und sie dabei zu unterstützen, ein neues Selbstwertgefühl zu entwickeln. Immer mit dem Ziel, sie aus ihrer Lethargie herauszuholen und zu einem aktiven Leben zu motivieren.

Jeden Mittwoch treffen wir uns mit Witwen und Waisen zum Austausch und Gebet. Zu diesen Treffen laden wir auch die überlebenden Verwandten der von uns betreuten Menschen ein. Mama Lambert, ebenfalls eine Völkermordwitwe, organisiert die Treffen und findet immer jemanden, der zu Beginn eine ermutigende Andacht hält. Im Laufe der Zeit sehen wir Fortschritte. Witwen und Waisen, die bisher lethargisch in ihrer Trauer versunken waren, schöpfen neuen Mut und ergreifen wieder die Initiative, um im täglichen Leben vorwärtszukommen.

Zweimal im Monat treffen wir uns mit den von uns betreuten Menschen zu einem Sonntagsgottesdienst, für den ich verantwortlich bin. Damit wollen wir den Glauben dieser traumatisierten Menschen an Gott stärken und ihnen helfen, ihr Vertrauen in die Christen zurückzugewinnen. Diesen Gottesdienst bieten wir an, da viele beim Völkermord Verfolgte nicht wieder in die Gemeinden zurückkehren wollen oder können, die sie in ihrer Not im Stich gelassen haben. Wir erleben, wie Menschen neue Kraft und neuen Mut bei unseren Treffen schöpfen und auch andere einladen, die noch Hilfe brauchen.

Jeden Freitag treffen wir uns abends zum Gebet für unsere Arbeit, unser Land, für unsere Unterstützer, für die Mitarbeiter und natürlich für die Witwen und Waisen. Jeder, der mit uns beten möchte, kann kommen, auch Menschen, die während des Völkermords nicht gelitten haben. Immer wieder heißen wir auch Besucher aus dem Ausland bei unseren Gebetstreffen willkommen.

Viele von uns haben einen Großteil ihrer Verwandten und Freunde verloren. Während der Treffen bitten wir Gott, dass er uns neue Mitarbeiter schenkt, die eine Liebe für die Witwen und Waisen haben. Gott schickt uns wertvolle Menschen, die uns helfen. Darunter ist Emmanuel Ngoga von WRI mit seiner Frau Mary, die viele Jahre in Tansania im Flüchtlingslager waren und jetzt zurückgekommen sind. Er versteht es sehr gut, Menschen zu trösten und ihnen neuen Mut zu geben.

Auch Ben Kayumba von Compassion International mit seiner Frau Stephanie ermutigt die Betroffenen mit dem Motto «Du bist etwas Besonderes». Heute ist Ben für die Organisation «Good News International» verantwortlich.

Die Parlamentarierin Harriet Sebera, eine Witwe, setzt sich für die Überlebenden des Völkermords ein, ebenso wie die Witwen Rose und Drocella Mukamusana von Avega-Gahozo. Drocella ist heute verantwortlich für die Versöhnungsarbeit von «Shalom-Ministries». Beatha Mukarubuga, genannt Mama Lambert, war früher Lehrerin und ist jetzt eine wichtige Trauma-Seelsorgerin.

Jacques Rusirare schenkt sein Grundstück den Trostdiensten. Auch Dr. Nicolas Hitimana und seine Frau setzen sich für die Trostdienste ein.

Aus dem Ausland schickt Gott uns Helfer, wie Dr. Wolfgang Reinhardt, der später Hunderte von Christen für die Unterstützung der Trostdienste gewinnen kann. Die Witwen freuen sich, wenn unsere Freunde aus dem Ausland kommen, und nennen sie «unsere Schwestern und Brüder». Wolfgang bezeichnen sie heute als «unseren Schwager», weil er inzwischen mit mir verheiratet ist.

Dr. Callum Henderson aus Schottland macht eine Fahrradtour von Kagitumba im Norden Ruandas bis nach Kanyaru im äußersten Süden, um durch diese Aktion das «Kuh-Projekt» zu finanzieren: eine Kuh für jede Familie einer Witwe.

Sein Engagement berührt uns sehr. Dadurch erhalten einige von uns Witwen eine Kuh und haben jetzt die wertvolle Milch zu Hause. Eine Kuh ist jetzt ein Zeichen von Ehre und Reichtum, denn die Milizen haben beim Völkermord fast alle Kühe geschlachtet.

Auf einem Treffen sagt mir eine der Witwen: «Denise, ich bin jetzt eine Königin! Mein König, der Herr Jesus, hat mir eine Kuh geschenkt!»

Wir trösten die Witwen und Waisen nicht nur, sondern wir helfen ihnen auch ganz praktisch, wenn sie in Not sind.

Im Büro gibt es auch genügend Arbeit für mich. Ich führe genau Buch darüber, wen ich wann besucht habe, verfasse Berichte über die Treffen, an denen ich teilgenommen habe, und halte Kontakt mit Organisationen wie Avega-Gahozo (Verein für die Betreuung für Witwen), «Ibuka» (Schutz für Überlebende), «SURF» (Survivor's Fund, eine Organisation aus England, die in vielfältiger Weise Unterstützung leistet) und anderen.

Unter den vielen Personen, um die ich mich kümmere, ist ein junger Mann, dessen Schicksal mich besonders berührt. Eugène ist ein Polizist aus Nyagasambu, der seine Eltern und Geschwister beim Völkermord verloren hat. Er ist 27 Jahre alt und schwer traumatisiert. Eugène hat seinen Vorgesetzten nichts vom Tod seiner Familie erzählt. Er wird in die Stadt Kibuye geschickt, um dort mitzuhelfen, die öffentliche Sicherheit zu gewährleisten.

Eugène erzählt mir, dass er oft seinen Arbeitsplatz verlässt, um zum Bisesero-Memorial-Zentrum, das im Gedenken an den Völkermord errichtet worden ist, zu gehen und dort viele Stunden zu sitzen und um seine Familie zu trauern. Er hat mit Trinken angefangen, um seinen Schmerz zu vergessen. Als Eugène zum ersten Mal zu mir kommt, weint er nur. Wir beschließen, seinen Vorgesetzten zu informieren, damit Eugène professionell geholfen werden kann.

Wir arbeiten in einem Team, in dem jeder seine besondere Aufgabe hat. Meine Aufgabe ist es festzustellen, wo Treffen für Witwen und Waisen nötig sind, diese Treffen vorzubereiten und mit unserem Team durchzuführen.

Unser Team besteht aus der Seelsorgerin Mama Lambert, dem Fahrer Aphrodis, den Krankenschwestern Karin und Gloriose, der Laborantin Laetitia und einigen Freiwilligen. Jeder von uns hat seine speziellen Begabungen, die er therapeutisch einsetzt.

Aphrodis, ein ehemaliger Soldat der Befreiungsarmee, singt und tanzt für die Traumatisierten und animiert sie mitzumachen. Das hilft diesen Menschen, die sich oft in sich selbst verkriechen, an etwas anderes als an ihr Trauma zu denken.

Die Krankenschwestern testen die Frauen, die vergewaltigt worden sind, auf AIDS. Wir ermutigen die Frauen und Kinder durch Gottes Wort in der Bibel und geben ihnen Ratschläge, wie sie ihren Alltag bewältigen können.

Nach dem Ende eines Treffens lade ich zu einem persönlichen Gespräch ein. Ich setze mich unter einen Baum in der Nähe oder hinter eine Hauswand und spreche mit denjenigen, die zu mir kommen, unter vier Augen.

Wir ermutigen die Menschen vor Ort, diese Treffen auch ohne uns weiterzuführen. Ich gehe auch in verschiedene Häuser, um zu sehen, wie die Menschen leben. Manche Menschen haben keine Matratze, auf der sie schlafen können, kein Geschirr, nicht einmal einen Becher zum Trinken. Einige Häuser sind noch immer so schwer beschädigt, dass der Regen ins Innere eindringt. Ich notiere mir, was diese Menschen brauchen, und gebe diese Informationen an die dafür zuständigen Stellen weiter.

Manchmal treffen wir kranke Menschen an, die nicht zum Arzt gehen können, weil sie kein Geld haben und nicht versichert sind. Glücklicherweise hat die neue Regierung ein öffentliches Gesundheitssystem eingerichtet, in dem jeder Bürger für einen geringen Betrag versichert ist. Allerdings gibt es bis heute Witwen, die so arm sind, dass sie nicht einmal diesen kleinen Betrag aufbringen können.

28. Reisen nach Europa

Mitte 2005 kommt einer der Leiter zu mir und sagt: «Denise, du hast eine Einladung, im September nach Deutschland zu kommen.»

«Was soll ich dort tun?», frage ich erstaunt.

«Du wirst an einem wichtigen Treffen vom Missionswerk Frohe Botschaft MFB teilnehmen», erklärt mir Jean.

Ich fühle mich geehrt, habe aber viele Fragen: Möchte Gott, dass ich jetzt meinen Dienst im Ausland beginne? In welcher Sprache soll ich zu den Leuten sprechen? Deutsch ist mir völlig fremd, und mein Englisch ist schlecht. Wahrscheinlich darf ich auf Französisch reden und werde übersetzt.

Wenig später erhalte ich einen Telefonanruf von dem Theologen Dr. Wolfgang Reinhardt. Er teilt mir mit, dass ich meine Geschichte in einigen Kirchen und Schulen erzählen soll. Es ist schon lange mein Traum, in anderen Ländern zu berichten, wie wunderbar Gott in meinem Leben gewirkt hat.

Das Visum für Deutschland bekomme ich ohne große Schwierigkeiten. Phocas, mein Bruder, seine Frau Jacky und mein Vater bringen mich in der Nacht zum Flughafen in Kigali. Vor dem Völkermord bin ich einmal mit einem kleinen Flugzeug von Kamembe nach Kigali geflogen. Aber noch nie zuvor saß ich in einem großen Flugzeug und bin daher schrecklich aufgeregt. Obwohl es Nacht ist, kann ich nicht schlafen, sondern blicke ständig auf den kleinen Bildschirm, auf dem unsere Reiseroute dargestellt wird. Ich erinnere mich an meinen Kindheitstraum vom Fliegen, der jetzt wahr geworden ist.

Als wir über das Mittelmeer fliegen, sehe ich weit unten ein großes Schiff. Später fliegen wir über die hohen Berge der Alpen, die mit einer weißen Schicht überzogen sind, die ich für Salz halte. Ich komme gar nicht auf die Idee, dass es Schnee ist.

Am Flughafen in Frankfurt heißt mich Dr. Reinhardt willkommen und bringt mich direkt zum Evangeliumsrundfunk ERF nach Wetzlar, wo ein kurzes Interview mit mir gemacht wird. In den folgenden Tagen besuchen wir viele Kirchengemeinden, wo ich meine Geschichte erzähle. Wir besichtigen auch das Holocaustdenkmal in Berlin. Als ich vom schrecklichen Leid der Juden erfahre und an das Leid meines Volkes denke, bin ich tieftraurig und muss weinen.

Wieder zurück in Ruanda haben wir wochenlang keinen Strom; auch die Wasserversorgung ist immer wieder unterbrochen. Einmal lese ich am Abend in meinem Bett bei Kerzenlicht in der Bibel und schlafe dabei ein. Ein Zipfel meines Kissens rutscht in die Kerzenflamme und entzündet sich. Wenig später erwache ich durch die Hitze des Feuers. Ich schlage die Flammen mit der Hand aus und verbrenne mich dabei. Doch ich bin Gott dankbar, dass nichts Schlimmeres passiert ist.

Ich lebe seit einiger Zeit nicht mehr bei meinen Eltern, sondern in einem gemieteten Haus, das der Besitzer jetzt für sich selbst beansprucht. Ein anderes Haus, in dem ich für eine akzeptable Miete mit meinen Kindern wohnen kann, ist nicht in Aussicht. Da ich kein Geld habe, um das Haus auf meinem Grundstück fertigzustellen, trage ich mich ernsthaft mit dem Gedanken, dort ein Zelt aufzustellen.

Doch zunächst steht im Mai 2007 meine zweite Reise nach Europa auf dem Plan. Dieses Mal reisen wir als Team in die Schweiz. Besonders eindrucksvoll ist die 1. internationale Konferenz der Freunde unserer Arbeit in Ruanda mit Teilnehmern aus den USA, Europa und Australien. Wir genießen die große Einheit. Danach machen wir Besuche in Schulen und Kirchengemeinden.

Während einer Konferenz höre ich von Lorna Miller zum ersten Mal vom Völkermord an den Armeniern durch die Türken im Jahr 1915, der noch bis heute von der Türkei bestritten wird. Nach Abschluss der Konferenz machen wir einen Abstecher nach Deutschland, um unsere Freunde an verschiedenen Orten zu treffen.

An einem Abend treffen wir uns im Gästehaus von Jacqueline Roulet zum Gebet. Ich danke Gott für offene Türen für meinen

Dienst. Da ich noch immer eine Wohnung in Kigali suche, bitte ich Gott um seine Hilfe. Dann betet Dr. Callum für meinen Dienst unter den Witwen und Waisen. Danach bittet Norbert Gott, dass mein Haus gebaut werden kann. Die Gebete der beiden Männer berühren mich, und ich bekomme neue Kraft und neue Hoffnung in der Gewissheit, dass Gott mit mir unterwegs ist.

Vor unserem Rückflug nach Ruanda treffen wir uns mit Hartmut Krause, dem jetzigen Leiter des MFB, zum Abschied in einem Restaurant. Im Verlauf unseres Essens erzähle ich von meinem Wohnproblem. Hartmut Krause tröstet mich mit den Worten: «Mach dir keine Sorgen! Jesus hat alles unter Kontrolle.»

Zurück in Kigali treffe ich Mama Byukusenge, die mir dieselbe Botschaft wie Hartmut übermittelt: «Denise, humura Yesu abirimo – Denise, keine Sorge, Jesus hat alles unter Kontrolle!» Ich freue mich, dass Gott mich in Ruanda ebenso ermutigt wie in Deutschland.

Wenig später komme ich mit einem ehemaligen Kunden von CIMERWA ins Gespräch. Als er von meinem Problem hört, vermittelt er mir innerhalb von drei Tagen ein Haus ganz in der Nähe meiner alten Wohnung zu einem erschwinglichen Mietpreis.

29. Ein neues Leben in Deutschland

Soll ich noch einmal heiraten? Nein, ich will Jesus voll und ganz dienen und mich um meine Kinder kümmern! Ein Mann würde mich bei meiner Arbeit nur stören.

Immer wieder aber sagen meine Freunde: «Denise, du bist noch jung und hübsch und brauchst einen Mann, der dir bei der Erziehung der Kinder hilft.»

Meine Antwort ist immer dieselbe: «Wenn Gott will, dass ich

wieder heirate, wird er mir den richtigen Mann schicken. Aber ich werde nicht nach einem Mann suchen.»

Meine Mutter sagt zu mir: «Ich bete jeden Tag dafür, dass Gott dir wieder einen Mann gibt.»

«Oh, Mama! Das ist für mich nicht so wichtig. Bete lieber dafür, dass ich endlich mein Haus fertigstellen, mit meinen Kindern darin wohnen und dort Witwen und Waisen empfangen kann.»

Wenn ich doch wieder heiraten sollte, muss es ein Mann sein, der meine Kinder liebt, der mir zuhört, wenn ich von meinem Schmerz rede, der mit mir leidet und trauert und der mir in meinem Dienst an Witwen und Waisen hilft.

Wolfgang aus Deutschland ist ein Mann, der die Menschen, die so sehr unter dem Völkermord gelitten haben, liebt und achtet. Er kommt oft nach Ruanda und bringt auch Freunde mit, um mit uns zu trauern und uns mit Gottes Wort zu trösten und praktisch zu helfen.

Er hat 1997 sofort nach seinem ersten Besuch in Ruanda begonnen, in Deutschland einen Freundeskreis für die Überlebenden des Völkermords aufzubauen. Nicht nur in unzähligen Veranstaltungen, sondern auch bei jeder Gelegenheit im Alltag oder unterwegs hat er von den Trostdiensten erzählt und versucht, neue Freunde und Sponsoren zu gewinnen.

Mehrfach hat er große Deutschlandtourneen mit Überlebenden organisiert, damit der Völkermord nicht in Vergessenheit gerät, aber vor allem auch, damit von Gottes Wirken in Ruanda erzählt wird und neue Freunde gewonnen werden können.

Für die Ruander war es ermutigend, dass sie dabei offene Ohren und Herzen fanden, auch als sie von Bundestagsabgeordneten aller Parteien in Berlin und der First Lady, Frau Köhler, im Schloss Bellevue empfangen wurden.

Die Besuche von Wolfgang und deutschen Gruppen helfen uns bei der Heilung unserer verletzten Seelen. Manchmal kommt mir der Gedanke, ob Wolfgang vielleicht der große weiße Mann aus Seraphines Traum ist, dem ich helfen soll, sein Auto zu lenken? Durch viele E-Mails und Telefonate und wenige persönliche Begegnungen in Ruanda und Deutschland lernen wir uns näher kennen und lieben.

Am 22. Februar 2008 besuchen Wolfgang und ich Gahini, den Ursprungsort der ostafrikanischen Erweckungsbewegung, über den Wolfgang auch Forschung betreibt. Wir betreten eine kleine Gebetshütte. Dort macht Wolfgang mir einen Heiratsantrag, den ich gerne annehme.

April, Mai und Juni sind Monate der Trauer in Ruanda. In diesen drei Monaten fand der grausame Völkermord statt. Wir setzen daher den Termin für die Hochzeit auf Anfang Juli fest.

In der Zwischenzeit setze ich meine Abendstudien an der ULK fort. Tagsüber besuche ich Witwen und Waisen auf deren Einladung hin in Bisesero, Kaduha und Gisenyi.

Ich sammle viele Berichte von Frauen, die beim Völkermord vergewaltigt und mit HIV infiziert worden sind. Damit habe ich einen Teil zu dem Buch *The men who killed me* («Die Männer, die mich ermordet haben») von Anne-Marie Brouwer beigetragen. Frau Brouwer ist Professorin für Kriminalrecht und veröffentlichte ihr Buch in Kanada und in den Niederlanden. Da in dem Buch einige Frauen vorkommen, die ich betreue, werde ich zur Vorstellung des Buches eingeladen und halte einen Vortrag über meine Arbeit.

Diese Arbeit werde ich auch nach meiner Hochzeit weiterführen. Ich bin gewiss, dass Gott mir Wolfgang zur Seite stellt, um mich bei meiner Arbeit zu unterstützen.

Am 5. Juli 2008 heiraten wir in Nyamata, dem Wohnort meiner Eltern, im Kreis von fast fünfhundert Gästen. Wolfgang hatte gefragt, ob denn nicht einhundertfünfzig ausreichten.

Ich antworte ihm: «Unmöglich, mich kennen so viele Leute, und ich möchte auch den Ärmsten Gelegenheit geben, an meiner Hochzeit teilzunehmen.»

So kommen viele Witwen und Waisen aus vielen Teilen des Landes, meine jetzigen Kollegen und auch Mitarbeiter von CIMERWA, ruandische und internationale Freunde, meine Verwandten und, worüber ich mich besonders freue, meine kranke Mutter.

Es sind insgesamt vier Hochzeitsfeiern an zwei Tagen. Nach der standesamtlichen Trauung mit vielen anderen Paaren folgt zunächst die traditionelle «Dowry-Feier» (Mitgift-Feier) mit vielen humorvollen Dialogen der Familie von Braut und Bräutigam (die bei mir von ruandischen Freunden vertreten wird), der Kuh-Zeremonie, dem Gesang und Tanz eines Hirten, traditionellen Riten wie dem, dass drei junge Männer nacheinander die mit Speeren bewehrten Brüder der Braut um die Hand der Braut bitten. Ich werde gefragt, ob ich die jungen Männer kenne, was ich verneine, bis dann schließlich der Richtige kommt. Die kirchliche Feier leitet der lutherische Bischof von Ruanda, und anschließend gibt es die «Reception», die große Feier mit viel Programm, Gesängen, Gedichten, ruandischen Tänzen, Essen und offenem Ende.

In vielen Grußworten danken Menschen mir für meinen Einsatz in der Firma und unter den Witwen und Waisen. Ich bekomme viele Briefe von Menschen, die selbst nicht zu meiner Hochzeit kommen können.

Eine Witwe von meiner Gebetsgruppe, die mit HIV infiziert ist, überrascht mich mit einem großartigen Geschenk. Sie schneidert das Kleid für meine standesamtliche Hochzeit, das ich bis heute gerne trage. Dieses Geschenk gibt mir Liebe, Freude, Kraft und Mut und motiviert mich immer wieder neu, den Witwen zu helfen.

Anschließend erholen wir uns zwei Tage am Muhazi-See in einem der Gästebungalows der anglikanischen Kirche. Danach kehren wir nach Kigali zurück, wo ich mein Management-Studium mit den Abschlussprüfungen erfolgreich beende.

Danach fliegen Wolfgang und ich nach Deutschland. Meine Kinder kann ich nicht mitnehmen, weil sie keine Visa bekommen. Meine Schwester Clementine ist bereit, zu den Kindern zu ziehen und sie zu versorgen, bis sie nachkommen können.

Am 15. Juli 2008 kommen Wolfgang und ich in Deutschland an. Ich erhalte zunächst keine Aufenthaltsgenehmigung, weil ich in meinem Heimatland nicht genügend Deutsch gelernt habe. Daher beginne ich sofort mit einem Intensivkurs der deutschen Sprache und erreiche auch bald den erforderlichen Abschluss. Danach setze ich meine Sprachstudien fort, um möglichst gut Deutsch sprechen zu können.

Im September haben wir noch unsere kleine Hochzeitsfeier mit deutschen Freunden in einer Gemeinde in Kassel-Wilhelmshöhe. Später lädt mich Frau Regine Parzany zu einem «Frauen-Frühstück» ein. Die Zuhörerinnen sind so tief von meiner Geschichte bewegt, dass mehrere von ihnen mich zu ihren lokalen Frauen-Frühstücks-Treffen einladen.

In dieser Zeit bieten mir Helga und Rosi an, mir Nachhilfe in Deutsch zu geben.

Bevor ich nach Deutschland kam, hatte ich Angst, dass die Menschen dort Vorurteile gegen mich haben und ich nicht willkommen sei. Doch das Gegenteil ist der Fall. Überall, wo wir hinkommen, werde ich herzlich aufgenommen, sowohl in den Gemeinden als auch bei Freunden und Verwandten von Wolfgang.

Im Jahr 2009 ist es mein größtes persönliches Anliegen, dass meine Kinder endgültig nach Deutschland kommen dürfen. Ich mache mir Tag und Nacht Sorgen um ihre Sicherheit. Auch fünfzehn Jahre nach dem Ende des Völkermords werden noch immer Überlebende von Hutu-Milizen verfolgt und ermordet.

Die deutsche Ausländerbehörde erlaubt Christian, der jetzt sechzehn Jahre alt ist, die Einreise nach Deutschland nicht, obwohl er von allen drei Kindern am meisten traumatisiert ist. Die Beamten verweigern die Einreise, weil er nicht fließend Deutsch sprechen kann. Für sie spielt es keine Rolle, dass Christian mich ganz besonders dringend braucht. Fast täglich redet Wolfgang mit den Beamten, doch zunächst ohne Erfolg. Wir klammern uns im Gebet an die Jahreslosung: «Was bei den Menschen unmöglich ist, das ist bei Gott möglich.»

Im Mai rufe ich in Christians Schule in Ruanda an und erkundige mich nach ihm. Ich erfahre, dass es ihm nicht gut geht. Der

Schuldirektor sagt mir, dass mein Sohn und andere Schüler immer noch sehr stark traumatisiert seien.

In diesem Jahr feiere ich meinen 45. Geburtstag. Ich bete zu Gott und sage ihm, dass es für mich das größte Geburtstagsgeschenk wäre, wenn meine Kinder zu mir kommen könnten. Viele Menschen in Deutschland und Ruanda beten für dieses Anliegen, und Gott tut das Wunder. Genau an meinem Geburtstag, dem 13. Dezember, einem Sonntag, dürfen meine drei Jungs nach Deutschland fliegen. Endlich sind wir als Familie wieder zusammen.

Wolfgang nimmt mich mit auf eine Dienstreise in die USA. Dort habe ich Gelegenheit, einige meiner lieben Verwandten in Indiana und New York zu treffen. Sie können lange nicht verstehen, warum ich meine Pläne, in die USA auszuwandern, aufgegeben habe. Als ich ihnen erzähle, wie Gott mich geführt hat, freuen sie sich mit mir.

In New York machen wir eine Stadtbesichtigung, in deren Verlauf wir auch zum Sitz der Vereinten Nationen kommen. Als wir das Gebäude betreten, sehe ich die Blauhelme wieder. Ich werde schmerzlich daran erinnert, dass die Blauhelme uns zu Beginn des Völkermords im Stich gelassen haben. Doch ich will vergeben und schreibe eine entsprechende Notiz in das Gästebuch mit dem Zusatz, dass die UN sich um die Opfer des Völkermords kümmern sollte.

In New York bekomme ich von einem Waisenmädchen drei Portraitbilder geschenkt, zwei von Michael Jackson und eines vom Präsidenten Barack Obama. Eines der Bilder von Michael Jackson ließ ich in New York. Was sollte ich mit den Portraits machen – bei mir zu Hause an die Wand hängen? Dabei habe ich nicht einmal ein Bild vom ruandischen Präsidenten aufgehängt. Was will mir Gott durch diese Bilder zeigen? Ich bin kein Fan von Michael Jackson, weil ich es nicht gut finde, dass er seine schwarze Hautfarbe weiß machen ließ, anstatt zu seinem natürlichen Wesen zu stehen. Selbst wenn es eine Folge der Medikamente gegen seine Vitiligo-Erkrankung war. Für mich gibt es keine Zufälle. Gott will mir durch die Bilder etwas sagen, aber was?

Als ich wieder im Flugzeug sitze, danke ich Gott für die schöne Zeit in den USA und dafür, dass ich den UN vergeben konnte. Dann denke ich wieder über die Portraits nach. In meinem Denken höre ich eine Stimme: *Denise, schau mal in deinen Pass! Was steht da, wo bist du geboren?*

Ich antworte: *Ich bin in Burundi geboren.*

Überrascht lese ich in meinem Pass, dass ich in Kaziba, also im Kongo, geboren wurde.

Die Stimme spricht weiter: *Dein Vater hatte Kaziba in den Pass schreiben lassen, weil ihr Flüchtlinge wart und du keine Schule gefunden hättest, wenn du nicht im Kongo geboren worden wärst. So ist es auch mit Jackson. Die Schwarzen wurden in den USA und in anderen Ländern schlecht und ungerecht behandelt. Deshalb wollte Jackson kein Schwarzer mehr sein.*

Ich erinnere mich, dass ein Bekannter von Wolfgang ihm Vorwürfe gemacht hat, weil er eine Schwarze geheiratet hatte.

Die innere Stimme redet weiter: *Statt Jackson zu verurteilen, solltest du alle Menschen lieben und für die Opfer des Rassismus, der Gewalt, der Diskriminierung und des Unrechts beten.*

Ich höre ein Lied in meinem Herzen in der Swahili-Sprache mit dem folgenden Text: «Die Liebe Gottes ist wunderbar. Man kann nach vorn gehen, man kann nach hinten gehen, man kann nach oben gehen, man kann nach unten gehen. Sie ist an der Seite von allen Menschen.»

Das Lied macht mich froh.

Ich höre, wie Gott zu mir sagt: *Denise, du wirst mir dienen und ein Segen für alle Menschen sein.*

«Aber wie soll ich das schaffen?»

«Schau auf das zweite Portrait! Auf dem steht: ‹Yes, we can!›»

Mir fällt ein Vers aus der Bibel ein. Im Philipperbrief, Kapitel 4, Vers 13 steht: «Ich vermag alles durch den, der mich stark macht, Christus.»

Später entdecke ich in dem Buch *Faith under Fire* von Andrew White die Bedeutung meines Namens Sakina. In Hebräisch heiße ich Shekinah, «Herrlichkeit Gottes». Doch der Name hat auch die Bedeutung «schön und besonders». Ich begreife, dass Gott mich mit viel Schönem und Besonderem gesegnet hat, das ich mit anderen teilen darf. Ich werde alles dafür tun, dass Gott geehrt wird.

Zurück in Deutschland bekomme ich fast täglich Post von Witwen und Waisen aus Ruanda. Mein Einsatz für diese Menschen ist noch lange nicht zu Ende.

Gott öffnet uns einen neuen Dienst, der «Iriba Shalom», Quelle des Friedens, heißt. Es gibt noch sehr viel zu tun für die Witwen und Waisen in Ruanda. Ich denke an die Arbeit von Consoletia Nyirabiribite, einer alte Witwe. Sie hat beim Völkermord sechs Söhne verloren. Ihr siebter Sohn war bei der Befreiungsarmee RPF und ist nach dem Völkermord an einer Krankheit gestorben.

Später wurde sie während eines Gacaca-Ortsgerichts von Hutu-Mördern angegriffen und schwer am Kopf verletzt. Doch Gott hat dafür gesorgt, dass sie überlebt hat. Bei einem Besuch sagte sie mir: «Ich lobe Gott und danke ihm, dass er mich vor den Mördern bewahrt hat. Er hat mir eine Aufgabe gegeben. Ich soll traumatisierte Witwen und Waisen zu mir einladen. Denise, meine Tochter, wir beide werden unsere Erfahrungen austauschen und alle Probleme vor Jesus bringen!»

Meine Freundin Karin Schnur sagt zu mir: «Denise, ich möchte mit dir nach Ruanda gehen, um das Leben der Witwen und Waisen kennenzulernen.»

Wir verbringen neun Tage in einem Dorf. Karin lernt das Leben ohne fließend Wasser und Strom kennen. Gerne teilen wir das Leid der Witwen und Waisen. Wir arbeiten mit ihnen auf dem Feld, wir beten, singen und tanzen zusammen, wir hören ihre Geschichte, und wir besuchen sie. Ihr schönes Lied heißt «Die Quelle des Friedens»: «Ich bin froh, dass ich an der Quelle bin. Durch sie habe ich Frieden bekommen.»

Gott hat uns eine Quelle der Freude, der Rettung, des Segens, der Liebe, der Vergebung, der Versöhnung und der neuen Geschwister geschenkt. Heute bin ich Teil von «Iriba Shalom», der Quelle des Friedens. Ich möchte weiter die Witwen und Waisen unterstützen. Das ist ein wichtiger Teil meines Lebens.

Was heute in Ruanda geschieht, ist Gottes Wunder – unglaublich, aber wahr. Niemand hat während des Völkermords damit gerechnet, dass in der Zukunft ein Hutu etwas mit einem Tutsi zusammen unternehmen kann. Ich habe Louitpold, einen Hutu-Freund von mir, gefragt, warum er weder am Töten noch am Verraten der Tutsi beteiligt war, obwohl er doch aus dem Norden von Ruanda kommt, der Region von Präsident Habyarimana. Louitpolt begründet es damit, dass er ein Christ ist.

Ich erwidere: «Aber es gab doch viele Christen, die Leute getötet und verraten haben.»

Louitpolt erklärt: «Nein, Denise, die meisten waren keine Christen. Man ist kein Christ nur dem Namen nach, sondern aus dem Herzen, das an die Rettung durch Jesus glaubt und ihm nachfolgt! Alle Religionen und auch Atheisten waren am Völkermord beteiligt. Ist das Böse nach dem Völkermord in Ruanda beendet? Nein, absolut nicht. Nach meiner Erfahrung wirkt nach dem Völkermord das Böse immer noch im Herzen der Menschen. Deswegen braucht Gott sein Volk, um jeden Tag gegen das Böse zu kämpfen.»

Ich bin nicht die beste Christin und nicht die größte Beterin. Ich habe nur durch die Gnade Gottes überlebt. Gott hat damit einen Zweck verfolgt. Die Mörder haben auch Gottes Gnade erlebt, indem sie die Chance bekommen haben, ihre Schuld zu bekennen und um Vergebung zu bitten. Wir sind froh und dankbar, dass in Ruanda nach dem Völkermord ein neues Zusammenleben möglich geworden ist:

Liebe statt Hass.
Frieden statt Krieg.
Ein Prozess der Heilung statt Wunden und Traumata.
Rettung statt Verlorenheit.

Freundschaft statt Feindschaft.
Vergebung und Versöhnung statt Rache.
Ruhe statt Depression.
Gerechtigkeit statt Straflosigkeit.
Eine «alternative Familie» statt bitterer Einsamkeit.
Hoffnung statt Verzweiflung.

Viele sagen: «Je länger wir leben, desto mehr wächst die Hoffnung.»

Witwen und Waisen haben eine gute Nachricht: Gott hat im Südwesten des Landes eine Quelle des Friedens für sie geöffnet durch «Iriba Shalom». Diese überkonfessionelle christliche Gemeinschaft hilft mit einem breit gefächerten Angebot allen Opfern des Völkermords, ihr Trauma zu überwinden und wieder Fuß in der Gesellschaft zu fassen (siehe Anhang).

Es ist erstaunlich, unglaublich und ermutigend zu sehen, wie viele Witwen des Völkermordes heute aktiv für andere da sind. Sie waren tief traumatisiert und ohne Zukunftshoffnung, sie litten an den Folgen des Genozids. Jetzt helfen sie anderen verwundeten Witwen und Waisen aus Armut, Trauma und Einsamkeit heraus!

- Juli sagt: «Ich will nicht noch mehr Tod sehen, ich brauche Leben, ich habe eine Aufgabe.» Alle ihre fünf Kinder und ihr Ehemann wurden getötet. Sie wurde vergewaltigt und mit AIDS infiziert.
- Obwohl Beata immer noch unter den Folgen des Genozids leidet und oft im Bett liegen muss, erklärt sie: «Ich habe mich ganz der Aufgabe verschrieben, anderen überlebenden Witwen aus ihrer Armut und Einsamkeit herauszuhelfen.» Sie macht weite Reisen, um andere anzuleiten, kunsthandwerkliche Gegenstände herzustellen, deren Verkauf dem Lebensunterhalt dient, und erklärt: «Ich muss nur einen Schritt machen, und dann werden mich die Engel auf schlechten Straßen tragen.»

- Eine Frau sagt in tiefer Trauer: «Heute wäre mein Sohn achtzehn Jahre alt geworden.» Eine andere erklärt: «Seit achtzehn Jahren leide ich, weil ich immer die Stimmen meiner geliebten Söhne höre; die Milizen hatten mich gezwungen, sie zu töten.»

Ich, Denise, freue mich, wenn ich mit Witwen und Waisen, denen ich geholfen habe, unterwegs bin, um anderen mit unseren Gaben zu helfen. Es gibt noch viele andere, die sich für die Entwicklung und das Wohl des Landes Ruanda einsetzen. Augustin, ein Hutu, hat sich mit Gracia, einer überlebenden Tutsi, deren Mann und Verwandte er getötet hatte, versöhnt.

Er sagt öffentlich: «Ich habe um Vergebung meiner Schuld gebeten. Als ich aus dem Gefängnis kam, habe ich mit einigen Kollegen eine Kooperative namens «Ruganeheza» gegründet. Dieser Begriff drückt den Wunsch aus, dass Ruanda in der Zukunft ein besseres, friedliches und wirtschaftlich starkes Land sein möge.»

Natürlich gibt es auch Ewiggestrige, die nichts gelernt haben. Darunter sind gefährliche Kräfte im Ausland, auch in Europa, die den von radikalen Hutu geplanten Völkermord an den Tutsi leugnen und das Rad der Geschichte zurückdrehen wollen.

Gott hat uns neu die Gelegenheit gegeben, eine neue, wertvolle Nation zu werden. Ich wünsche, dass wir unsere Identität nicht mehr durch ethnische Kategorien bestimmen lassen, die uns aufgrund unserer Geschichte spalten, sondern dass wir alle stolz sind, Ruander zu sein, die nach der Apokalypse von 1994 gemeinsam eine neue Nation in Einheit bauen.

Was in Ruanda geschieht, kann ein Modell für viele andere Krisengebiete sein, die unter Hass und Zerstörung gelitten haben. Die Menschen in Ruanda, die in ihrem unsäglichen Leid von der Welt im Stich gelassen wurden, brauchen noch für lange Zeit Ermutigung, praktische Hilfe und viele Freunde.

Wir haben in unserem Land die Hölle erlebt. Über eine Million Menschen sind brutal ermordet worden. Die Welt ist schockiert, dass so etwas möglich ist. Dabei wird vergessen, dass täglich Menschen in der ganzen Welt durch böse Worte und Taten viel

Not und Unheil über andere bringen. Wir Christen sind dazu berufen, das Böse zu bekämpfen, die Wunden der Opfer zu verbinden und ihre Schmerzen zu lindern.

Gott segne alle, die diese Botschaft lesen und sie sich zu Herzen nehmen.

Anhang: «Iriba Shalom» in Mukoma

Denise Uwimana liegt die Gemeinschaft Iriba Shalom besonders am Herzen, weil sie schon am 17. April 1994 von einem Milizionär, der sie und ihre Söhne töten wollte, hören musste, dass er bereits alle Jungen in Mukoma getötet hätte. Außerdem haben die Witwen und Waisen in dieser abgelegenen Gegend keine Trauma-Seelsorge bekommen. Sie hatten Denise eingeladen, damit sie mit ihr den Kummer teilen können.

Hintergrund und Zielsetzung von Iriba Shalom

Der Name «Iriba Shalom» bedeutet «Quelle (oder Brunnen) des Friedens».

Iriba Shalom ist eine überkonfessionelle Gemeinschaft in Mukoma am Kivu-See in der Südwest-Provinz von Ruanda, ganz in der Nähe des Kongo. Sie wurde 2001 von einer alten Witwe gegründet, die viel gelitten hatte und sich mit anderen Leidensgenossinnen zusammentat, um ihre Erfahrungen auszutauschen und zu Jesus zu bringen. Im ganzen Land wurde viel gelitten, aber hier kamen noch besondere Qualen dazu. Sie berichten:

«Wir Mütter wurden von den Milizen gezwungen, unsere eigenen Jungen zu diesem Ort zu holen. Dort mussten sie ihren Kopf auf einen Baumstamm legen, auf dem ihre Köpfe abgehackt wurden. Eine von unseren Frauen hat ihre zwei Söhne so unter Druck töten müssen und leidet bis heute unter Albträumen. Eine andere Frau hatte ihren Jungen als Mädchen verkleidet, um ihn zu retten. Aber die Mörder merkten das und töteten ihn. Zuvor versuchte er seine Mutter noch zu trösten: ‹Mama, ich gehe zu Jesus, aber du sollst leben.›»

Ihr rannen die Tränen über das Gesicht, während sie uns das erzählte.

In Gruppengesprächen mit deutschen Freunden erfuhren wir, dass in einer Gruppe außer einer Tutsi-Frau nur Hutu-Witwen waren, die so untereinander ihr Leid frei sagen konnten. Denn diese Frauen, die beim Völkermord litten, weil sie Tutsi halfen, oder deren Ehemänner ermordet wurden, weil sie Tutsi waren, stehen heute oft zwischen den Fronten. Von Tutsi-Witwen und Hutu erleben sie Misstrauen und keine rechte Annahme.

Die Witwen und Waisen in Iriba Shalom wollen für die durch den Völkermord traumatisierten Menschen eine Quelle des inneren und äußeren Friedens sein. Sie wollen ihnen ein lebenswertes Leben vermitteln, sie wieder befähigen zu lieben und zu vergeben, sie trösten und ihnen zeigen, wie sie aktiv und positiv in der Gesellschaft leben können. Sie wollen den Waisen eine gute Ausbildung gewährleisten und sie aus ihrer Armut herausholen.

Biblische Verheißungen bekommen eine große Aktualität, zum Beispiel die aus Jesaja, Kapitel 12, Vers 3: «Seine Hilfe gleicht einer sprudelnden Quelle. Voller Freude werdet ihr Wasser daraus schöpfen.»

Aufgaben und Aktivitäten von Iriba Shalom

1. Christliche Traumatherapie

- Durch Erfahrungsaustausch, individuelle und Gruppen-Seelsorge, spezielle Seelsorge für vergewaltigte, HIV-infizierte Frauen.
- Durch die Kraft des Wortes Gottes in der Bibel und intensive Gebete.
- Heilungsprozess durch Gemeinschaft und praktische Arbeit.
- Hausbesuche bei Witwen.
- Einüben von Theaterstücken zum Thema Heilung und Vergebung.

- Tanz- und Gesangstherapie.
- Seminare für Überlebende in Trauma-Seelsorge.
- Das Wichtigste sind Verständnis und Liebe.

2. *Ausbildungshilfe*
- Für Schule, Studium, Berufsausbildung.
- Kurzseminare mit praktischen Anwendungen, zum Beispiel in Solarenergie oder ICT (Information and Communication Technology).
- Jugendfreizeiten in den Ferien.
- Nachhilfeunterricht, Beratung und finanzielle Hilfen zur Berufsausbildung.

3. *Gemeinsame Arbeit in kleinen Kooperativen, die Einkommen schaffen*
- Land- und Viehwirtschaft (neue Modellfarm für Kühe und Schweine).
- Schneiderwerkstatt (Herstellung von Pullovern mit gespendeten Strickmaschinen).
- Kunsthandwerkliche Gegenstände, die durch Partner im Ausland verkauft werden.

4. *Dringende praktische Hilfen*
- Reparatur oder Neuaufbau von Häusern, die baufällig waren und durch ein Erdbeben zerstört wurden.
- Kleine Solaranlagen und Tanks für sauberes Wasser.
- Krankenversicherung für extrem Arme.

5. *Multifunktionszentrum in Mukoma*

Wichtig ist auch ein Zentrum, in dem die durch den Völkermord traumatisierten Witwen, Waisen, älteren Menschen und jungen Frauen, die zum Teil unter den Folgen von AIDS, Verstümmelung und Vergewaltigung leiden, einen geschützten Ort finden, an dem der Prozess der Heilung all der Wunden ganzheitlich gefördert wird; einen Ort, der auch künftigen Generationen dienen soll. Hier sollen künftig die Seelsorge, Beratung, Ausbildung und Planung der Kooperativen stattfinden.

Das Zentrum soll für alle traumatisierten Völkermordwitwen und Völkermordwaisen im Nyamasheke- und Rusizi-Distrikt offen sein, wo sie «lebendiges Wasser» – Ermutigung, Freude, Liebe – «schöpfen» können. Die Erfahrungen, die Menschen in diesem Zentrum machen, können auch die Gesellschaft in der Umgebung verändern und für traumatisierte Menschen im Dreiländereck Ruanda, Burundi und dem Kongo offen machen.

Danksagung

Ich danke Gott, der mich für einen ganz speziellen Zweck überleben ließ. Du hast meine Zweifel gehört und meine Angst gesehen. Du hast deine Verheißung in hoffnungslos erscheinenden Situationen erfüllt. Lieber Vater im Himmel, du enttäuschst niemals.

Ich danke meinen lieben Eltern Joyce und Simeon, dem lieben Onkel Elie, Tante Marthe, die mich und meine Geschwister und ihre Enkel im Glauben erzogen haben. Bis heute leben wir noch von eurer Liebe, eurem Segen und guten Rat.

Ich danke Consoletia: Du hast mich immer als deine Tochter behandelt, auch als dein Sohn Charles, mein Mann, schon getötet war. Als ich durch einen Menschen in Ruanda eine große Enttäuschung erlebt habe, warst du für mich ein Trost und hast mich mit einer ganz persönlichen Botschaft von Gott überrascht.

Ich danke dir, lieber Phocas, unserem ältesten Bruder in der Familie, und allen meinen Geschwistern und ihren Ehepartnern, Cousinen, Neffen und Nichten, dass ihr mich im Gebet und in Liebe begleitet und mir Vertrauen geschenkt habt.

Dank sei auch meinen lieben Kindern Charles Vital, Charles Christian und Grâce de Dieu für eure Liebe und euer Verständnis in der schweren Zeit unserer traumatischen Erlebnisse. Ohne eure Zustimmung hätte ich keine anderen Waisenkinder in unsere Wohnung bringen können. Ihr habt das Wenige mit anderen geteilt. Ich freue mich, und ich bin stolz auf euch.

Ich danke Gott auch für die Waisenkinder, die er in mein Haus geschickt hat: Evelyne, Esther, Justine und Justin. Ihr habt mir im Haus geholfen, damit ich meinen Dienst an Witwen und Waisen erfüllen konnte.

Ich danke Dir, Marie Goretti, und deiner Familie, dass ihr mir so nahe wart. Du bist meine ältere Schwester geworden. Deine Liebe, dein Rat, dein Handeln haben mich getröstet. Danke, Joséphine, Anne Marie, Thérèse, Louitpolt, Toto, Martine, Celestin und Gerard für eure Liebe und Hilfe in großer Not. Ich freue mich immer, euch in Bugarama zu sehen.

Ich danke dir, Jeanne D'Arc, meiner besten Freundin und Vertrauten im Gebet, für deine Ermutigung. Ich bin nicht mehr «unter null Grad». Jesus hat deine Gebete gehört. Dein Mann Didace hatte dir erlaubt, am Dienstagabend bei mir im Gebet zu sein.

Ich danke meinem Gebetsnetz in Ruanda, Uganda, Kongo, Burundi, Großbritannien, USA, Belgien, Norwegen, meinem Hauskreis und Chor in Deutschland und besonders meiner Gebetsgruppe in unserem Haus in Remera-Kigali für eure Gebete, dass ich zur Ehre Gottes einen Verlag finde, um meine Geschichte zu veröffentlichen. Danke, lieber Dele, für deine Bemühung, einen Verlag für eine englische Ausgabe zu finden.

Ich danke euch Waisen und Witwen, Francine, Louise, Peresa, Beatha, Julienne, Antoinette, Bellancile, Laurence, Theresie und Venantie für Trost und Ermutigung in der Not. Besonders danke ich Drocella, Flora, Jacqueline, Rose, Beathe und Valerie für eure Gebete und schnelle Reaktion auf meine Bitten in unserem Dienst.

Ich danke euch, Alfred und Lucie Tobler, dass ihr die Töchter meiner Tante Priscille gerettet und ihnen später in Not und Trauma-Verarbeitung geholfen habt.

Ich danke meinen lieben Glaubensgeschwistern in Deutschland und überall von Herzen, die unseren Dienst in Iriba Shalom in Ruanda unterstützt haben. Ich danke auch dem MFB e.V. sehr, mit dem mein Mann und ich für Ruanda zusammenarbeiten, damit wir den Überlebenden des Völkermords eine bessere Zukunft geben können.

Ich danke euch, Karin und Eckart, Birgit und Reinhard, Ditmar, Barbara mit Familie, Elke, Ben, Norbert, Sabine, Dele, die ihr mit uns schon Gruppenbesuche gemacht und viel für die Witwen und Waisen in Ruanda getan habt.

Ich danke den Schwestern der Diakonissen-Kommunität Zionsberg e.V., in deren schönen Räumen ich Stille und neue Kraft finden konnte, um meine Geschichte aufzuschreiben. Ich danke dir, liebe Schwester Helga Joshi, für deine Gebete, deine Liebe, deinen Rat und deine Weisheit. Danke, liebe Irmgard und Oscar Achenbach und eurem Seniorenkreis, für eure Hilfe für die überlebenden Seniorinnen in Ruanda.

Ich danke dem Lektoratsleiter des Schweizer Brunnen Verlags, Christian Meyer, der von sich aus auf mich zukam und meinen Traum erfüllt hat. Ich danke meinem «Ghostwriter» Johannes Pfründer, der mit Begeisterung, großem Arbeitseifer und Geduld bei der Sache war. Ich danke dir, Beate Pfründer, für deine Ideen, mit denen du deinem Mann geholfen hast, das Buch besser zu machen.

Ich danke Romy sowie Jonas Fickar für die Zeichnungen und meinem Sohn Grâce de Dieu für praktische Hilfen. Und vor allem danke ich meinem Mann für Ermutigung und vielfältige Zusammenarbeit.

Ich danke auch den lieben Töchtern meines Mannes, Sonja, Britta mit ihrem Mann Jan und den lieben Kindern, und Schwägerin

Margit, für eure Liebe und all die Besuche, um mich und meine Kinder in eure Familie zu integrieren.

Zuletzt danke ich ganz besonders meinem lieben Mann Wolfgang, meinem Trost und Schatz. Danke, dass ich bei dir echte Liebe zu mir und meinen Kindern gefunden habe, aber auch zur Familie in Ruanda und den geliebten Witwen und Waisen in jenem leidgeprüften Land.

Kontakt

Dr. Wolfgang Reinhardt
(Theologe, Koordinator deutscher Partnerschaften
mit Überlebenden des Völkermords in Ruanda im MFB e.V.)
und **Denise Uwimana-Reinhardt**
Heinrich-Schütz-Allee 287
D-34134 Kassel
Deutschland

E-Mail:
Wolfgang Reinhardt:
dunir@online.de

Denise Uwimana-Reinhardt:
sakinadeniseu@yahoo.fr